本书受山西大同大学2019年度博士科研启动项目"隶楷阶段俗体字形演变研究（2018-B-09）"资助

九州文库

隶楷阶段俗体字形演变研究

罗薇 著

九州出版社
JIUZHOUPRESS

图书在版编目（CIP）数据

隶楷阶段俗体字形演变研究／罗薇著 . -- 北京：
九州出版社，2024. 6. -- ISBN 978 - 7 - 5225 - 3025 - 3

Ⅰ. H123

中国国家版本馆 CIP 数据核字第 2024SP7943 号

隶楷阶段俗体字形演变研究

作　　者	罗　薇　著
责任编辑	云岩涛
出版发行	九州出版社
地　　址	北京市西城区阜外大街甲 35 号（100037）
发行电话	（010）68992190/3/5/6
网　　址	www. jiuzhoupress. com
印　　刷	唐山才智印刷有限公司
开　　本	710 毫米×1000 毫米　16 开
印　　张	19. 5
字　　数	261 千字
版　　次	2024 年 6 月第 1 版
印　　次	2024 年 6 月第 1 次印刷
书　　号	ISBN 978 - 7 - 5225 - 3025 - 3
定　　价	98. 00 元

摘　要

　　汉字字体在甲骨文、金文、战国文字、小篆、隶书、楷书等主流字体和行书、草书等变异字体的演变过程中，一直遵循着"简化"这一总趋势。汉字字形的简化与书写有着密切关系。汉字形体在"区别律"与"简易律"对立统一的双重要求下，在书写中不断调整以逐渐优化，在形体优化过程中产生的新字体往往比当时官方认可的正体字形更简洁、更利于书写。新字体在出现的时候以及其后的相当长时间内可能都未能取得官方认可，也就一直被看作"俗体"。当前使用的简化字大多来源于历代的俗体字形。这些简化字始见于何时？在被认可之前是如何演变的？有鉴于此，本书从动态书写角度对非类推简化的 482 个简化字在隶、楷阶段字形的演变过程进行梳理。

　　本书一共分为五章：绪论部分交代本书的研究目标、研究意义、指导理论、研究方法和材料范围。

　　第一章为文献综述，主要对俗体字研究及隶书、楷书汉字及行草书等变异字体的相关研究内容进行梳理。

　　第二章为相关概念辨析，主要阐明正俗字、正俗体的内容和范围，以及俗字与异体字、假借字、古今字及繁简字之间的区别和联系。

　　第三章为隶变过程中俗体字的笔形、构件及整字的变异，主要讨论隶变过程中俗体字单笔笔形变异的方法，由笔形变异引发的隶书构件混同、分化与省减，以及隶变过程中正俗体间同字异形、异字同形的字际关系，总结隶变过程中俗体字形演变的主要规律。

　　第四章为楷化过程中俗体字的笔形、构件及整字的变异，主要讨论在楷化过程中俗体字单笔笔形变异的方法，由笔形变异引发的楷书构件混同与分化，楷化过程中正俗体间的字际关系，以及在楷化过程中，行、草书字体所起到的作用等，最后总结楷化过程中俗体字形演变的主要规律。

　　本书所选材料主要为写本文献，因此第五章为写本文献俗体字的主要特点，这些特点是与字书和刻本文献等其他材质所见俗体字形相比较而得出的。

　　第六章为应用研究，主要讨论草书楷化对汉字简化的影响，通过对《通用规范汉字表》中所见草书楷化字的数据测查，评价草书楷化法的优劣得失。

目 录
CONTENTS

绪　　论

一、研究目标

从商代甲骨文至今的三千多年历史中，汉字字体随着书写工具、书写方法、书写载体等因素的变化，历经甲骨文、金文、小篆、隶书、楷书五种主流字体及行书、草书等变异字体的演变过程。在汉字字体演变过程中，"简化"是总趋势，而简化与汉字书写有密切关系，或者说，"书写"这一实践活动是汉字字体演变的内在动力和根本原因。汉字是记录汉语的视觉符号，是一种表意体系的文字。就识读来说，这种符号的表意性越丰富，越便于学习和记忆；就书写来说，字形越简单，越便于应用和书写。[①] 因此，汉字在"区别律"与"简易律"对立统一的双重要求下，在书写中不断调整形体达到优化。在优化过程中产生的新字体往往比当时官方认可的正体字形更简便。新字体在未取得官方认可时，被看作"俗体"。当新字体的优点逐步显现，进一步扩大使用范围后，官方便对新字体进行整理和规范，从而使其转为正体。"中国文字史上每一'正字标准'的出现，都是将已有的书体（文字的书写形态）有意识地约定为'通行字体'的。标准、规范的'字体'形成后，书法家再次创造，把实用的'字体'升华为艺术的'书体'。"[②] 有鉴于此，我们认为从

[①]　王凤阳 . 汉字学：下 [M]. 北京：中华书局，2018：807.
[②]　李印华 . 从隶变过程看书体演变规律 [J]. 书法赏评，2008（6）：29.

动态书写角度研究汉字俗体，探寻动态书写及汉字简化规律对当前和今后的汉字规范化工作有十分重要的意义。

现代汉字的规范化工作与近代汉字的归纳、整理紧密相连，而我们的研究内容和研究材料正是隶变、楷化时期的写本书献材料，属于近代汉字的范畴。我们发现，对于汉字学研究内容来说，近代汉字的研究远不及古文字和现代汉字研究。就目前学术界而言，近代汉字学的研究已取得了一定重视和相应成果，但不可否认"重古轻今"现象依然存在。追其原因，一是古文字学者以释读不断出现的新古文字材料和疑难字为己任，时间和精力难以顾及近、现代汉字；二是近、现代汉字由于字形趋于稳定，存在研究意义和研究价值较小的"认识误区"；三是研究历史发展的学者不懂汉字演变规律，研究难以全面。

此外，汉字在隶变、楷化过程中产生的变异体字——行书和草书，与标准隶书和楷书相比，因书写便捷的特性使其对汉字形体和构形的变化均产生一定影响。草书楷化也是汉字形体简化的一个重要手段。

鉴于此，我们认为从动态书写角度研究汉字俗体，探寻动态书写及汉字简化规律对当前和今后的汉字规范化工作有十分重要的意义。本书选取1964年首次发布、1986年重新发布的《简化字总表》（以下简称《总表》）中第一表、第二表所收录的非类推简化的482个简化字字头，对其在隶、楷阶段写本文献中的俗体字形进行动态书写方面的研究。

二、研究意义

从动态书写角度研究汉语俗体字，不仅具有理论意义，而且具有现实意义。一方面，可以还原汉字的本来面目，使人们更好地了解汉字过去的使用情况；另一方面，还可为今后汉字的规范化工作提供理论依据，使人们更好地把握现代汉字的未来发展方向。

首先，可以对汉字俗体现象进行更深入的理论探讨。当前的俗体字研究多只关注俗字，尤其是楷书俗字在构形方面与正字的联系，总体上看属于汉字的静态研究。而"字是写成的，光研究写好的字却不关注字是怎么写出来的，不是完整的汉字学，因为静态的研究很难深入开掘汉字发展的内在规律，也无法对汉字发展中出现的诸多现象进行解释"①。《总表》第一表、第二表中的 482 个简化字使用频率都非常高，与各行各业人们的生活息息相关。整理这部分汉字所对应的隶楷阶段俗体字形的发展演变，可以帮助我们对汉字俗体的性质、特点及其他字际关系进行全面的考察，从而得出科学的结论。

其次，汉字除了在使用领域中呈现出纷繁复杂的现象之外，在贮存领域里出现的问题也不容忽视。自《说文解字》问世以来，历代各种字书收字求多、求全，正字字头下俗体、异体本就纷乱复杂，传抄印刷产生的错讹现象又时有发生。这些问题中的很大一部分是在书写过程中产生的。整理研究 482 个简化字对应隶楷阶段的写本文献俗体字，有助于我们探讨贮存领域内汉字存在的各种问题，为古籍整理、大型辞书编纂提供参考。

最后，研究隶楷阶段写本文献俗体字，可以普及汉字知识，有利于汉字教学。汉字经过历时的发展，部分字形已经出现了理据重构或理据丧失的现象。因此，要对当前使用的非类推简化字字形进行溯源，就需要从历代民间手书俗体字中寻找依据，说明简化字的"前世今生"，这也是在回应当前不少人对简化字字形来源的质疑，从而普及汉字基础知识。当今已进入信息化时代，各种电子产品的快速发展导致人们的书写能力不断减弱。从动态书写的角度研究俗体字得出的汉字简化规律，也可以为汉字教学提供帮助。

---

① 王宁. 从释读的静态文字学到当代书写的动态文字学：论启功先生文字学的特点[J]. 陕西师范大学学报（哲学社会科学版），2008(6)：59-60.

三、指导理论

文字、音韵、训诂等传统"小学"在很长一段时间里依附于经学，是作为释读经书的工具而存在的。先前学者在研究过程中由于难以分清汉语和汉字的关系，长久以来将二者杂糅在一起，致使文字学和训诂学没有明确界限。20 世纪初章太炎《论语言文字之学》指出"小学"其实当名为"语言文字之学"更显确切。唐兰《中国文字学》重申文字学的研究对象仅限于"字形"。在此基础上，学者们逐步意识到只有"字形"才是汉字的本体，研究汉字当从字形入手。

（一）汉字构形学理论

北京师范大学王宁教授受许慎整理小篆的启发，在汉字表意特征和汉字构形系统这两个基本原则的基础上，创立了汉字构形学理论，提出了适用于古今各种字体的分析汉字结构的原理和方法。在此基础上，李运富教授又对汉字构形学进一步阐发，提出 20 种囊括古今汉字的结构类型。本书以汉字构形学理论为指导，考察 482 个简化字对应的俗体字形在历时发展过程中的字形和字用问题。

（二）汉字字体学理论

启功先生的《古代字体论稿》详细地阐释了汉字的各种字体现象。但很多人总认为"字体"是书法学的概念，与汉字理论研究关系较小，因而未注意到书写对汉字笔画乃至结构的影响。启功先生认为："汉字字体不仅是风格问题，而且直接影响字形结构的变迁，所以要想把汉字的构形历史梳理清楚，不深入考察字体的演变是难以做到的。"[1]王宁教授认为启功先生的字体理论包括四个重要观点："字体的渐变性；字体风格形成的原因及其多样性；字体名实之间的不对应性；字体风格描写

---

① 启功. 启功全集·第九卷[M]. 北京：北京师范大学出版社，2009：223.

的可操作性。"①以往的汉语俗体字研究多从构形的角度出发，而构形反映了汉字的静态分析。本书以汉字字体学理论为指导，从汉字动态书写的角度对俗体字进行隶楷阶段的历时研究。

（三）动态文字学理论

任平教授《说隶：秦汉隶书研究》一书提出要以"汉字的动态研究"考察汉字各字体的更替。作者认为："字符的构造变化总体上是一种渐变；汉字在书写形体特征上的变化远远大于内部结构的变化。"②字符结构和书写体式的变化是深层表层相互影响的互动关系。因此，本书从动态文字学角度，探讨隶变楷化过程中俗体字书写和结构的相互作用。

（四）汉语俗字研究理论

张涌泉教授的《汉语俗字研究》是"第一部俗文字学的概论性著作"③，该书细致地讨论了俗字的类型、特点等问题，部分观点如"俗字研究对汉字简化的正确认识"对我们的研究具有指导意义。

四、研究方法

（一）字料库分析法

在信息化时代，利用计算机创建语料库的方法已为语言学研究领域广泛采用，并取得重要的研究成果。北京师范大学李国英教授和周晓文教授仿照语料库的概念，首次提出了"字料库"的说法。字料库是指"以文字的整理和文字学的研究为目标，按照语言学和文字学的原则，收集实际使用中能够代表特定文字或文字变体的真实出现过的文字书写形

---

① 王宁．汉字字体研究的新突破：重读启功先生的《古代字体论稿》[J]．三峡大学学报（人文社会科学版），2001（3）：26.
② 任平．说隶：秦汉隶书研究[M]．北京：时代华文书局，2016：2.
③ 张涌泉．汉语俗字研究[M]．增订本．北京：商务印书馆，2010：3.

态，运用计算机技术建成的具有一定规模的大型电子文字资源库”①。以此概念为指导，我们将《通用规范汉字表》8105 字形音义源流电子检索系统作为一个小型字料库进行材料的整理，方法如下。

1. 切图入库

利用截图软件对所选取材料的电子版进行切图，将所切出的文字字形以图片形式录入、保存到系统里。

2. 属性标注

利用系统功能对每一个所切图片进行时代、字体及该文字的出处、使用层级（官方或民间）等方面进行人工标注。录入操作界面如下图。

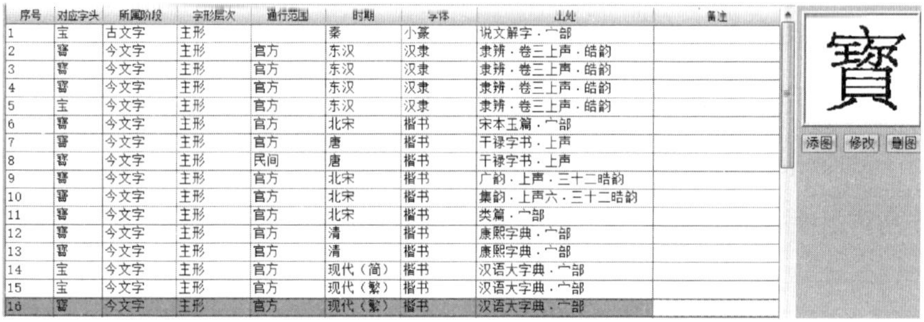

序号	对应字头	所属阶段	字形层次	通行范围	时期	字体	出处	备注
1	宝	古文字	主形		秦	小篆	说文解字·宀部	
2	寶	今文字	主形	官方	东汉	汉隶	隶辨·卷三上声·皓韵	
3	寶	今文字	主形	官方	东汉	汉隶	隶辨·卷三上声·皓韵	
4	寶	今文字	主形	官方	东汉	汉隶	隶辨·卷三上声·皓韵	
5	宝	今文字	主形	官方	东汉	汉隶	隶辨·卷三上声·皓韵	
6	寶	今文字	主形	官方	北宋	楷书	宋本玉篇·宀部	
7	寶	今文字	主形	官方	唐	楷书	干禄字书·上声	
8	寶	今文字	主形	民间	唐	楷书	干禄字书·上声	
9	寶	今文字	主形	官方	北宋	楷书	广韵·上声·三十二晧韵	
10	寶	今文字	主形	官方	北宋	楷书	集韵·上声六·三十二晧韵	
11	寶	今文字	主形	官方	北宋	楷书	类篇·宀部	
12	寶	今文字	主形	官方	清	楷书	康熙字典·宀部	
13	寶	今文字	主形	官方	清	楷书	康熙字典·宀部	
14	宝	今文字	主形	官方	现代（简）	楷书	汉语大字典·宀部	
15	宝	今文字	主形	官方	现代（繁）	楷书	汉语大字典·宀部	
16	寶	今文字	主形	官方	现代（繁）	楷书	汉语大字典·宀部	

图 0-1　8105 字形音义源流电子检索系统录入界面图

这样，所选 482 个简化字字头下都对应若干条标注了基本属性的图片信息。利用检索系统的功能，在检索栏输入被检字字头，则可以显示按时代排好顺序的已录入的全部信息。有了这个字料库，可以清晰地对研究目标进行历时分析和比较。检索结果见下图。

① 李国英，周晓文．字料库建设的必要性与可行性［J］．北京师范大学学报（社会科学版），2009（5）：48.

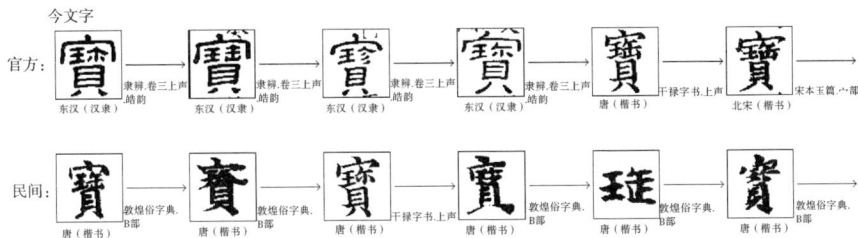

图 0-2　8105 字形音义源流电子检索系统字形检索界面图

(二) 历时比较法

周有光先生认为："俗体字的产生在历史上没有停止过……各种字体里都有俗体字。"①正俗体关系紧密，却不是一成不变的，前代的俗体可能因其书写便捷的特点进一步扩大使用范围成为后代的规范正字，前代的正字也可能因不符合社会的发展需要，退出交际领域而成为后代的俗体字。作为汉字系统的一部分，俗体字形本身也会随历史的发展而有所演变。所以我们在研究过程中，既要注意共时正俗关系的比较，也要注意比较俗体字本身历时产生的变化。

(三) 文献研究法

本书对 482 个简化字所对应隶楷阶段写本文献俗体字从动态书写角度进行研究，需要收集、鉴别、整理隶变和楷化两个阶段的相关文献来获得资料，包括直接反映隶楷阶段写本文献的材料和研究这部分材料的论文、论著两部分。所选写本文献俗体字形以表格的形式列于本书附录。

五、材料选取

"写本文献是指用软笔及硬笔书写在纸张上的古籍或文字资料"②，

---

① 周有光. 汉字改革概论 [M]. 北京：文字改革出版社，1961：299-300.
② 张涌泉. 敦煌写本文献学 [M]. 兰州：甘肃教育出版社，2013：绪论 4.

"从东汉到五代，继简帛之后，写本文献流行了一千多年，是这一时期中华文明传承的主要载体……1900 年 6 月 22 日，敦煌藏经洞被打开，人们从中发现了大批唐代前后的写本文献……民国以后，又有吐鲁番文书、黑水城文献、宋元以来契约文书、明清档案等众多写本文献陆续公之于世"①。有鉴于此，我们拟按照张涌泉教授在《敦煌写本文献学》中提出的按主体抄写时间先后为顺序，对最主要的写本文献中的俗体字进行历时研究。"至于使用时间更早的竹简木牍和缣帛文献虽然也系手写，但通常称为简牍帛书（简称简帛），一般不称写本。"②由于我们的研究对象是隶楷阶段的俗体字，以上所见的写本文献均处于汉字楷化过程中或楷化完成时期，从时间上看，只包含我们研究内容的其中一个阶段。因此在本书中我们认定，凡是通过手写方式产生的文献均是写本文献，而不对书写载体的差别进行区分。所以，本书的研究材料将汉字处于隶变时期所见的简帛文献等材料也涵盖进来。

本书依靠的材料如下。

（一）隶变参考材料

赵平安教授认为："从战国中期开始，秦系文字的小篆经由古隶到今隶的演变，就是隶变。"③该时期所选材料按时间顺序排列为：秦简→汉简（西汉）→碑刻（东汉）→走马楼简、楼兰简纸（具体材料来源详见附录一的说明）。由于在隶变时期官方认定的正体为小篆，所以我们将见于所选材料的手写字样都认定为俗体。

（二）楷化参考材料

汉字楷化指汉字字体由隶书演变为楷书的过程。楷化过程依上文所提到的按主体抄写的时间顺序排列为：吐鲁番文书→敦煌文献→黑水城

---

① 张涌泉. 敦煌写本文献学［M］. 兰州：甘肃教育出版社，2013：7.
② 张涌泉. 敦煌写本文献学［M］. 兰州：甘肃教育出版社，2013：绪论5.
③ 赵平安. 隶变研究［M］. 保定：河北大学出版社，1993：7.

文献→徽州文书。所选具体材料来源详见附录二的说明。

由于所选取材料卷帙浩繁，单凭一人之力所不能及，因此在上述所选材料范围的基础上，我们充分利用现阶段已有的与上述材料相关的俗体字研究成果，如当前所见硕博论文中收集的各阶段俗体字形及汇编性质的字表，已出版的书籍如方孝坤《徽州文书俗字研究》等，在此不胜感激。

（三）其他辅助材料

此外，从汉字字体演变的时间顺序来看，古文字阶段所需要的材料如《甲骨文编》《金文编》《战国古文字典》《说文解字》，今文字阶段研究所需材料如《玉篇》《康熙字典》等字书，专门收录汉隶字形的《隶释》《隶辨》等主流字体的著作，以及书法家的行草书字帖作品，行草书字体汇编性质的著作如《草字汇》《草书大字典》等变异字体的著作，由于对本书的相关论点有直接帮助，也包含在本书的研究材料范围之内。

第一章　俗体字及汉字形体演变研究述评

中国文字研究存在"重古轻今"的现象。古文字研究成果十分丰富，而隶楷阶段的今文字研究尤其是楷书阶段的汉字字形由于定形化而沿用至今，相关研究则相对薄弱。受"汉字神圣论"的影响，产生于民间的俗体字历来被认为是"破体"更受统治者和知识分子的排斥而未得到应有的重视。正如唐兰先生在《古文字学导论》所说："旧时的文字学，所研究的对象，只有小篆，隶书以下是学者们懒得去研究的，所以范围是很窄的……在我要创立的新文字学里所要研究的，是从文字起源，一直到现代楷书，或俗字、简字的历史。这范围是极广泛的。"①黎锦熙、蒋礼鸿、朱德熙、张涌泉等专家学者持续呼吁要重视并亲自从事俗文字的研究，近年来取得了一系列的成就。

第一节　俗体字研究

在历史发展过程中，汉字总会受书写等因素的影响而产生讹变或异体。除了汉字本身为了交际需要进行"优胜劣汰"的调节之外，历代政府也十分重视汉字的规范化工作，从周代的《史籀篇》到唐代的各种"字

---

① 唐兰．古文字学导论：下编［M］．济南：齐鲁书社，1981：134-136．

样学"著作乃至各朝各代颁布的字书、韵书等，都可以反映出汉字规范化的重要意义。没有经过政府规范、广泛流传于民间的通俗字形便成了"俗字"。

一、俗字理论研究

俗体字虽不能被官方"欣然接纳"，但在历代的官修字书中，或多或少都收录了一些俗体字。由于未经过统一规范，这部分俗体字的名目也呈现出多样性的特点。

最早收录俗字的文献是《说文解字》。据统计，"《说文》重文中含俗字 15 个"①，以"俗某从某""俗从某"的形式标明，如《衣部》："褎，袂也。从衣采声。袖，俗褎从由。"《印部》："归，按也，从反印。抑，俗从手。"许慎所谓的"俗体"即当时社会流行的不合于正篆的异体。

"俗字"作为一个专有名词首见于北齐颜之推《颜氏家训》一书。《颜氏家训·杂艺》："晋宋以来，多能书者，故其时俗，递相染尚，所有部帙，楷正可观，不无俗字，非为大损。至梁天监之间，斯风未变。大同之末，讹替滋生，萧子云改易字体，邵陵王颁行伪字，朝野翕然，以为楷式，画虎不成，多所伤败。至为一字，唯见数点，或妄斟酌，逐便转移。尔后坟籍，略不可看。北朝丧乱之余，书迹鄙陋，加以专辄造字，猥拙甚于江南，乃以百念为忧，言反为变，不用为罢，追来为归，更生为苏，先人为老，如此非一，遍满经传……"②。此段话真实记录了当时俗字发展的状况。

首次给"俗字"下定义的是唐代的颜元孙。唐代结束了魏晋以来中国长期的战乱局面，高度发达的经济水平促进了文化的繁荣，科举制度的兴盛对语言文字的发展起到了促进作用。为了维护政治上的大一统，进一步巩固儒学地位，官方诏令考订五经文字，供儒生学习。"字样

---

① 郝茂.《说文》所录俗字的古今传承[J]. 中国文字研究，2011(2)：83.
② 王利器. 颜氏家训集解[M]. 增补本. 北京：中华书局，1993：574-575.

学"正是在这样的背景下产生的。《干禄字书》亦是"字样学"的代表。书中明确指出"所谓俗者，例皆浅近，唯籍帐、文案、券契、药方，非涉雅言，用亦无爽，傥能改革，善不可加；所谓通者，相承久远，可以施表奏、笺启、尺牍、判状，固免诋诃。"①颜元孙意识到了汉字使用的层级性，将所收字以"正、俗、通"进行区分。通体也是俗体的一种，只是使用时间更长，通行范围及使用场合更广。与以往大部分字书对俗字呈"排斥"之势不同，颜元孙并没有否定俗字的使用，相反他十分肯定俗字的实用价值，认为俗字虽不能登大雅之堂，但经过规范之后，还是可以为官方所用。这种"不崇古"，只单纯讨论汉字实用价值的态度在当时是十分难能可贵的。这种思想倾向也为后人整理、研究俗体字奠定了良好的基础。

释行均所著《龙龛手镜》是继《干禄字书》后又一部对俗字有着较为科学认知的字书。该书的编纂目的虽主要是为了释读佛经，书中大量收录了写本佛经文献中使用的汉字，但书中所列文字利用正、同、或作、今、通、俗、俗通等大量复杂的名目沟通汉字字际关系的做法，是前代字书所不能及的，为后人研究字际关系提供了丰富的素材。《龙龛手镜》字头下出现"俗"这一术语共 4436 次，其中统管 1 个俗体的 3412 次，统管 2 个俗体的 711 次，统管 3 个俗体的 200 次，统管 4 个俗体的 55 次，统管 5 个俗体的 31 次，统管 6 个俗体的 15 次，统管 7 个俗体的 10 次，统管 8 个俗体的 1 次，统管 9 个俗体的 1 次。② 由此可见当时俗字的使用情况。书中所收俗字大部分出自汉译佛经典籍，且多数为音译字。这些音译字只流通于民间，无正字与其对应，作者将其认定为俗字的做法符合当时汉字的实际使用情况。书中关于"正""通"等名目统领所收字数的详细情况参见郑贤章教授《龙龛手镜研究》，此处不再赘述。与以往字书编纂的不同之处在于，行均在"俗""通"的基础上，又增列

① [唐]颜元孙. 干禄字书[M]. 东京：日本书化十四年(1817)：23.
② 郑贤章. 龙龛手镜研究[M]. 长沙：湖南师范大学出版社，2004：97.

了"俗通"字，如"麵"俗通"麪"，"酸"俗通"酸"，"糶"俗通"粜"等。"俗通"与"俗"常并提，如"漆"俗通"柒"、俗"漆"，但"俗通"与"通"从未并提，可以推断行均认为"俗通"与《干禄字书》中"通"的概念比较接近，"俗通"是比较流行且使用范围更广的字形，反而"俗"的字形相对生僻。这种分类以今天的眼光来看，存在一些交叉的情况。但对于作者来说，能根据汉字当时的具体使用情况进行如此细致的划分，是十分可贵的。

《龙龛手镜》之后的字书、韵书如《大广益会玉篇》《广韵》《康熙字典》等虽然在正字字头下也收录一些俗字，但由于俗字多是社会下层劳动者创造的，必然为历代统治者和知识分子所排斥，不仅收录的俗字数量少，且一直都没有专门对俗字进行研究的理论性著作。但汉字在规范过程中，异体、俗体使用纷繁的局面使得民间的一些知识分子自发整理日常用字，如明陈士元《古俗字略》、清蒲松龄《日用杂字》等。这些字书的编纂目的并不是为了研究异体字、俗字，而是通过对收录异体、俗体字形的辨析，提高人们书写正字的能力。

自鸦片战争开始，中国一步一步陷入了苦难的深渊。20 世纪初，新文化运动让不少激进的知识分子认为中国国力落后的根本原因在于汉字繁难，国民受教育程度太低，主张"废除汉字"，依照其他发达国家走拼音化的道路。一部分学者主张世界上所有的文字都是按照"象形—表意—表音"三个阶段来发展的，汉字属于表意性质的文字，与其他文字相比，是落后的。可几千年使用的汉字也无法在朝夕间废除，所以走汉字拼音化道路的第一步就是摒弃繁体字，使用简俗字。在这样的背景下，"汉字简化"工作提上议事日程，俗字研究因社会现实由"被动"转为"主动"。在民间，陆费逵于 1909 年提出"普通教育应当采用俗体字"的主张，1922 年钱玄同提出《简省现行汉字笔画案》，成为系统提出汉字简化方案的第一人。刘复、李家瑞编著的《宋元以来俗字谱》收集了宋代以来的 12 种民间刻本小说中使用到的简俗字 6000 多个，很多简俗字字形与当前我们使用的通用规范汉字完全相同。在官方，民国政府1935 年发布了《第一批简体字表》，字表收录 324 个繁体字及其对应的简体字。字表《说明》部分第二条指出："本表所列之简体字，包括俗字、古字、草书等体。"由此可见，俗字开始因其字形简便、方便书写的特点不得不为官方所接纳。该时期的汉字改革运动虽轰轰烈烈，但始终是为了政治因素而服务，一切举措都是为了汉字日后走拼音化道路而进行的，反对意见也不少。对俗字研究来说更是"为简而简"，未探究到其本质。迫于时局动荡，该项工作很快就被搁置了。

新中国成立后，为了加快新民主主义建设，快速实现国家的工业化，党中央将"简化汉字""推广普通话"和"制定、推行汉语拼音方案"三项工作作为文字改革的任务。在党中央的号召下，俗字研究进入了一个崭新阶段，成果较为突出。

蒋礼鸿《中国俗文字学研究导言》的发表对俗字的研究工作具有里程碑式的意义。文章对俗字和当时的汉字简化工作进行了详细说明，并总结研究了俗字的重要意义。陈建裕对 50 年来的汉语俗字研究工作进行了概括和总结，发现了其取得的成绩和不足之处。陈五云提到了俗文字学的内容、研究方法、材料，总结了俗字产生的规律，梳理了俗字发展的历史脉络，并对一部分俗字进行考释。黄征在《敦煌俗字典》的前言部分也对俗字研究的重要意义、俗字的含义以及敦煌俗字的特点、类型等内容进行了阐释。詹鄞鑫对俗字研究工作的历史和现状做了总结和评价，并对俗字研究尚待解决的问题进行了介绍。张涌泉《汉语俗字研究》(增订本)对俗字的含义、历史上的存在形式、类型、特点等问题进行了详细的剖析，还讨论了俗字研究与古籍整理、大型辞书编纂的关系，并总结了俗字的研究方法以及从事俗字研究所要具备的条件等。正如前文所提，裘锡圭先生评价该书是"第一部俗文字学的概论性著作"。

二、字书俗字研究

前文提到的一些字书如《干禄字书》《玉篇》《康熙字典》、韵书如《广韵》、专门收录俗字的著作如《宋元以来俗字谱》等材料中也收录了一些俗字。学者们对这部分俗字也有关注。

顾之川从"俗"的含义入手，讨论《说文解字》中俗字的使用情况，认为俗体代表着汉字形体的发展方向。刘洋对《说文段注》中的俗字归纳为假借型、义同形异型、义异形异型三种，认为义异形异类俗字研究应该受到重视。孔仲温在对《玉篇》俗字的范围、体例、衍变模式研究的基础上，将宋本《玉篇》俗字与其他字书如原本《玉篇》《干禄字书》《广韵》《类篇》俗字进行对比。郑贤章总结了考释《龙龛手镜》俗字的四种方法，探讨汉文佛典与《龙龛手镜》俗字的关系，最后对一部分疑难俗字进行了考释。刘中富利用汉至唐初的石刻文字材料对《干禄字书》中的俗字、通字、正字和易混字分别进行研究，总结《干禄字书》的收字特点，并分析其后世承用情况。何继军对唐代三部字样学专书即《干禄字书》《五经文字》《九经字样》中说收俗字概况、类型及数据统计做了分析。周志波对《古俗字略》中所收异体字如具有"古""俗""同上"等字际关系的汉字进行说解。柳建钰将《篆隶万象名义》前六卷所见俗字分为两类，考察本字、俗写过程及使用情况。彭琪对《字鉴》所收正字和俗字进行比较研究，分析其传承情况。艾东门以《广韵》所收俗字为研究对象，总结《广韵》俗字的收录模式、类型，并与《干禄字书》《大广益会玉篇》所收俗字进行比较。夏敏详细整理《康熙字典》中已标注来源的俗字，对未标注来源的俗字进行考释，并对《康熙字典》中所收俗字进行构件分析。

三、敦煌俗字研究

在所有俗文字材料中，敦煌文献的特殊性和重要性使学者的关注点多集中在此，研究成果也最丰富。受篇幅所限，本书只选择一部分进行述评。

台湾学者潘重规在《敦煌俗字谱》的序言部分分析了敦煌俗字的内容和特点。前文提到的《敦煌俗字典》收录了大量敦煌文献俗体字。井米兰从敦煌俗字材料整理辑录、理论研究和类型研究三方面介绍了敦煌俗字的研究现状。陈瑞峰在对《甘肃藏敦煌文献》中的俗字进行系统整理后，对其进行属性分析和字表制作，并对前人考辨不准确或不清楚的地方进行修正。陶家骏对敦煌研究院藏佚本《维摩诘经注》写卷中的俗字开展专题研究，并将其中的俗字与《隶辨》碑刻字、《说文解字》小篆进行对比，探讨演变轨迹，此外作者还对不少疑难俗字进行辑录和考辨。杨朝栋对《上海博物馆藏敦煌吐鲁番文献》佛教文献中的俗字进行研究，总结佛教文献中俗字的特点和类型。肖倩对国内六大馆藏的敦煌中古时期的纪年写卷中的俗字进行整理，分析俗字产生的方式。金双平对敦煌写本《四分律》中的俗字类型进行细致归纳，并通过分析俗字构件在俗写系统中的混同与变异等现象，探寻俗字的书写规律，最后考辨了敦煌写本《四分律》中的部分俗字。李艳对《敦煌俗字典》所收俗字的偏旁部件发生的变化、通用、混同等现象进行说明，总结敦煌俗字偏旁替换的规律。张涌泉《敦煌俗字研究》（第二版）分上下两编。上编全面系统地论述了敦煌俗字研究的诸多问题，如俗字的性质，敦煌俗字的概况、类型、研究意义，以及考辨敦煌俗字的方法，等等；下编将敦煌写卷中的俗字材料汇总，并与传世字书、碑刻等文献中的俗字材料相参证，上探其源，下明其变，分析每一个俗字的来龙去脉。

四、碑刻俗字研究

在我国很早就产生了碑刻，秦代就有"石鼓文"。碑刻因材质特殊，易于保存，其用途十分广泛。从政令到墓志，均有刻版流传至今。因此碑刻文字也是汉字史研究不可缺少的一部分。

赵之谦《六朝别字记》，罗振鋆、罗振玉《增订碑别字》，罗福葆《碑别字续拾》，秦公《碑别字新编》，这些属于碑别字汇编性质的著作。欧昌俊、李海霞对六朝唐五代的石刻俗字的类型、特点、产生原因和研究意义进行了详细说明。毛远明《汉魏六朝碑刻校注》全面收集碑碣1417通，制作成拓片图录，根据图录准确释文，精心校勘，对碑铭中的疑难词语进行简要注释和考辨，并辅以提要。陆明君以魏晋南北朝的碑别字为研究对象，从书写和结构两方面对这期间产生的碑别字进行分类，并总结该时期碑别字大量产生的原因。臧克和主编的《汉魏六朝隋唐五代字形表》以时间顺序将汉魏六朝隋唐五代所见石刻、简牍类材料按字体进行排列，清晰地展示了汉字演变过程中的隶变、楷化等主要现象。汪安安以大历年间所选73块石碑整理出的1334个俗字为研究对象，分析了石刻俗字的来源和特点，并与《宋元以来俗字谱》中收录的俗字进行比较。

五、俗字比较研究

黄征对传世写本欧阳询行楷《千字文》的各字进行分析，认为其中的俗字特征与敦煌俗字特征十分相似。俗字不仅属于敦煌地区，也不仅属于下层百姓，而是无处不在。井米兰通过对11个敦煌文献中所见，同时收录在宋本《玉篇》中的俗字为研究对象，发现敦煌俗字的特点，并在此基础上分析两种文献所收俗字差异产生的原因。薛皖东通过对《干禄字书》所收俗字与《敦煌俗字典》所收俗字进行比较研究，发现《干禄字书》及敦煌写本楷书俗字收字的特点，并对敦煌俗字的理据进行分析。

六、俗字考辨研究

张涌泉总结了偏旁分析、异文比勘、归纳类比、文献佐证、审察文意五种考辨敦煌俗字的方法。张涌泉《汉语俗字丛考》以《汉语大字典》

《中华字海》为纲，对历代字典、辞书中的疑难俗字进行了全面系统的考辨，包括字形楷定、注音、考释等方面的问题。张涌泉在《汉语俗字丛考》的基础上，利用敦煌出土文献等大量一手材料对《汉语大字典》中的20多个疑难俗字进行考辨。当前所见字书、字典中收录不少疑难字，而疑难字中有很大一部分是历代的俗字。杨宝忠教授在疑难字的考释方面成果颇丰，他对《汉语大字典》原版和《中华字海》所收录的部分疑难字进行考释，新出《疑难字三考》对《汉语大字典》（第二版）所收录的疑难字进行考释，论据翔实，结论可信。邓福禄、韩小荆对《汉语大字典》和《中华字海》两书的错误和缺失进行考辨和纠正。郑贤章对汉文佛典中的一些疑难俗字进行考辨。梁春胜对毛远明《汉魏六朝碑刻校注》中误释或不识的俗字进行了重新考释和说解。赵曜曜、周欣对敦煌写卷中的5个疑难俗字进行考证。

七、其他材料俗字研究

范登脉、赖文以医古文《太素》为研究对象，总结俗字研究对中医古籍整理的重要作用。周志锋对明清小说中所见俗字、俗语、吴方言与明清白话的关系以及俗字俗语与辞书编纂、古籍整理的关系进行研究。覃继红以走马楼吴简中的俗字为研究对象，探讨吴简俗字的类型、特点与理据，并对吴简俗字在现行通用字中的承用情况进行简要介绍。李义敏首次对明朝档案中的俗字的产生原因、类型进行具体分析，并考辨了档案中常出现的若干俗字，最后绘制明朝档案俗字表。方孝坤以徽州文书中的俗字为研究对象，分析徽州文书的俗字类型、特点、形成原因及徽州文书中特有的数字俗字和符号。范晓琳以《元刊杂剧三十种》中的俗字为研究对象，分析元代戏剧中俗字的简化类型，总结简化规律，并将其与敦煌俗字、《宋元以来俗字谱》所收俗字进行对比，认为戏剧俗字更有规律性和系统性。储小旵、张丽探讨了研究宋元以来契约文书的俗字对辞书编纂的重要意义。曾良对明清小说俗字进行研究，书中对明清小说所见俗字的研究价值与构形、识读俗字的方法、音借字与俗字关系等问题进行了详细阐述。

从以上内容可以看出学界对俗字的研究是多角度的，研究材料也比较丰富。但从研究成果来看却不平衡，特别是随着敦煌手书文献的出土，学界对敦煌文献的关注度持续走高，而敦煌文献中又以佛经为重，使得敦煌佛典文献俗字研究占了整个汉语俗字研究的"半壁江山"。此外，在已有的俗字研究成果中，学者多是从共时的角度出发对某个时代的字书、石刻或手书材料中的俗字进行研究，且研究方法多是静态的，在对俗字类型、构件和理据分析的基础上总结规律。我们认为俗字作为汉字系统中的一部分，同正字一样，也是有其发展演变的过程的。正如陈建裕所说："汉字有三千多年的历史，汉语俗字的历史也同样悠久。在对历代俗字辑录、考辨的基础上，勾勒每个俗字的演变谱系，是汉语俗字研究的基础工作，也是最有价值的工作。"①因此，本书从隶楷阶段写本文献材料中探讨俗体字动态演变轨迹，发现各阶段俗字发展演变的联系和特点。

第二节　今文字阶段汉字形体演变研究

汉字在由古文字发展演变到今文字的过程中，产生了隶书和楷书两种主流字体及行书、草书等变异字体。徐秀兵对近代汉字（即隶变楷化两个阶段）的形体演化机制进行研究；陶小军、王菡薇从隶变与楷化中探讨书法的时代性。学界更多将隶变、楷化等相关问题及在该过程中产生的行草书等辅助字形分开进行讨论。

---

① 陈建裕. 五十年来的汉语俗字研究[J]. 平顶山师专学报，1999(8)：21.

一、隶变研究

"隶变发生很早，然而把它作为研究对象却是很晚以后的事。"①随着近些年新材料的不断出土，学界对隶变现象的研究角度和成果也更为广泛和丰富。

杜镇球通过一些具体实例证明隶变过程中的"隶合""隶分"现象；蒋维崧认为隶变的原因不仅仅在于汉字的简化，而是汉字形声化和简化的共同要求；赵平安《隶变研究》是第一部系统研究隶变现象的专著，该书一改以往只用小篆和今隶进行对比的研究方法，而是利用大量出土文献，完整地再现了隶变过程，描述隶变现象，阐述隶变规律；刘凤山从概述、原因、过程、表现、规律和意义六方面探讨隶变现象；王贵元认为隶变始于战国晚期，其本质和产生原因是汉字形体系统由表示物象转化为表示词的音义，隶变现象并不仅仅存在于秦国；田芳利用新出土的如北大汉简、张家山汉简、走马楼汉简等材料梳理春秋晚期到唐初的隶变过程，并对与隶变相关的繁简分化、草书楷化等现象进行追溯；任平对隶书的产生、形体及构造进行详细阐释，并总结隶书研究的作用和意义。

丛文俊、李印华、郑振峰等、石正军、刘瑜等从书体的角度认识隶变，或从隶变现象中总结书体演变规律；杨宝忠、吴晓峰分析了隶变给汉字结构带来的变化；刘志基对隶书字形趋扁的原因进行分析；秦永龙、李洪智对隶变过程中的字形歧异现象进行总结，认为留存下来的字符是社会对其进行自然选择的最优结果；樊俊利从六国金文的角度探讨隶变。

---

① 赵平安.隶变研究[M].保定：河北大学出版社，1993：3.

二、楷化研究

在隶变逐渐完成、隶书发展到成熟之时，楷化现象萌芽其中。隶书与篆书相比，将诘屈的线条改为平直的笔画，大大提高了书写速度。但隶书缺乏笔画与笔画、构件与构件间的有机配合，且书写时的"一波三折"还是书写速度慢的主要原因，因此在行、草书书写规则的影响下，楷书应运而生。楷书自东汉末期产生，经魏晋时期发展，至盛唐时期定形并沿用至今，与其他主流字体相比，通行时间最长，使用范围最广。

王晓黎以书法的视角研究汉字楷化，用大量出土墨书文字资料从微观和宏观两方面把握汉字楷化现象；王晓黎、靳勇对汉字楷化的内容、标准及推动汉字楷化的因素进行阐释；臧克和从楷字的区别性入手，认为楷化过程就是汉字的记号化过程，虽然影响了表意功能，但并未改变汉字以形表意的机制，又对楷字使用的时代层次进行调查，认为传世字书中贮存的楷字不能作为断代的依据；刘靖文探讨了书法的发展、书写工具的改进、书写载体的变化以及家具（几、案、桌、榻、椅）的变化对汉字楷化的推动作用；梁春胜对楷书部件的源流发展演变情况进行详细描述，并对演变途径和演变规律进行深入探讨，在此基础上总结楷书部件演变的通例，用于疑难字的考释；郭瑞对魏晋南北朝时期石刻文字构件系统中存在的混同和分化现象进行描述并分析其成因；漆光其对隶变中的楷字形成因素进行研究。

三、行、草书等辅助字体研究

行、草书也产生于隶变过程中。行、草书因其在书写中的便捷，在隶变和楷化过程中具有重要作用。学界对行、草书的关注点多集中在行、草书的书写风格，以及行、草书与隶书、楷书间的相互关系上，如李永忠从书法学的角度对草书的释义、形体演变及实用审美价值进行探讨；周炜文对颜真卿传世的行书作品进行整体概述和梳理，分析其行书风貌，阐述其在书法史上的地位及对后世的影响等。尚磊明则从文字学的角度对唐代碑刻中行、草书的构形特征进行研究，并与魏晋时期的行草书进行比较研究，考察其发展演变规律。学界对行、草书的研究往往是结合在一起的，只有少部分学术成果将行书和草书分开研究。

（一）行书研究

单独研究行书的研究内容不多，何学森分析了行书演变过程中的重要环节和关键性问题，描摹了行书风格演变的历史，对行书与其他书体之间的关系进行了探讨；张枝铭研究唐代行书入碑的情况，文中部分内容涉及唐以前行书发展状况。专门从文字学角度出发研究行书与其相关内容的成果就更少了。刘延玲以其所选取的魏晋时期的出土文献、行书作品为研究对象，探讨魏晋行书的总体风格、构形特点及在汉字史上的地位。

（二）草书研究

刘家军主要从书法审美、文字构形等角度对晋以前的草书体势进行研究；寻鹏利用出土材料和传世书迹相结合的方法对章草及其流变脉络进行梳理，总结章草形体演变规律；彭砺志认为草书楷化对近代汉字改革大有裨益；罗明辉研究总结隶草、章草、今草等草书的形变现象及演变规律；李洪智对汉代草书的源流、草化方式、特点等问题进行研究；程福宁、王斌礼认为"标准草书"无法成为整个汉字的手写体，汉字的现代化书写改革应当采用与正楷字形体基本一致，满足社会各界书写快捷、易于辨认要求的连笔字。

此外，石梁《草字汇》、于右任《标准草书字典》、陆锡兴《汉代简牍草字编》、洪钧陶《草字编》等均属于草书字形汇编性质的工具书。

第三节　汉字简化历程及简化字的分类

汉字是表意性质的文字，是全世界几千年来唯一的一种从产生之日起性质从未改变且体系日益成熟的文字。汉字的形体和构形系统在记录汉语的过程中，不断在人为或系统内部自发调节的驱动下达到简化，"简化"是汉字形体发展演变的总趋势。需要指出的是，汉字简化并不是单纯看笔画数量的减少，而是需要将笔画数量、结构的合理性和书写的便捷性结合在一起看待。

"简体字"和"简化字"不是同一概念。"简体字"与"繁体字"相对，指的是在群众中流行、但未经整理和改进的形体简便易书写的俗体字，写法不固定，异体较多；"简化字"则是在简体字的基础上，经过政府整理后公布，变为法定的正体字，在整理过程中排除了其他异体，只保留一个标准字形。

简体字古已有之，并非始于近代的汉字简化工作。在商代的代表性文字——甲骨文中就已经出现简化的痕迹了。"甲骨文构形依据的对象是物象，而后代汉字构形依据的对象是词的音义。"[①]商周时期汉语单音节词大量派生，汉字个体字符也随之孳乳，产生了大量表意性较为突出的象形字。从现有的甲骨卜辞来看，它已经能较好地记录语言，所以我们认为商代甲骨文已经是一种体系较为成熟的文字了。用描摹具体物象的形式使得早期汉字"图画性"较强，字形比较繁难和复杂，字形中的团块、肥笔常见，如族名金文"牛"作"🐂"，铜器铭文"父""旦"分别作"🔱""🔰"。由于没有文字规范，同一个词的意义常常由不同的字形来记录，或同一字形的置向不固定，导致异体字众多，如"牢"的甲骨文

---

① 王贵元. 汉字形体演化的动因与机制[J]. 语文研究，2010(03)：1.

字形有""""""""等，构形可从牛可从羊，牢笼的形状不固定，开口的方向可向上可向下。商代占卜活动频繁，需要记录的文字量较大，而坚硬的龟甲、兽骨难于书写，费时费力，刻写卜辞的人只能通过将字形简化来降低书写难度。而简化最直接的手段就是去掉字形中的团块和肥笔，将字形中图画性强的部分用相对平直的线条、象形程度低的符号替代，或将字中的重复构件省去，如前面的"牛""父""旦"在甲骨文中写作""""""，"星"由""简化为""，"虎"由""简化为""。商代的铜器铭文数量较少，记载的多是家族图腾、名字等重大意义的内容，且青铜器多用丁祭祀、礼乐等重大场合，字形往往保守规整。所以，裘锡圭教授认为："我们可以把甲骨文看作当时的一种比较特殊的俗体字，而金文大体上可以看作当时的正体字。"[①]甲骨文通过"线条化"这一手段影响了后代文字，是古文字时期汉字演变的主要特征。通过线条化的改变，汉字形体得到简化，但从表意程度上看逐步由象形变得不象形。

西周是铜器铭文发展的全盛时期。与商代常见的族名金文不同，西周金文的内容多是长篇记叙性的内容。从字形上看，西周早期金文几乎完全承袭商代晚期的风格，象形程度高，弯曲的线条、加粗的肥笔和填实的团块在字中比较常见。随着长篇铭文风气的流行，繁复的字形无法满足快速书写的需求，就需要再次采用线条化和平直化的手法，对字形进行改造，如表1-1所示。

表1-1　西周至春秋各时期金文字形表

	西周早期	西周中后期	西周晚期-春秋早期
马			

---

① 裘锡圭. 文字学概要［M］. 北京：商务印书馆，1988：43.

续表

	西周早期	西周中后期	西周晚期-春秋早期
姜			
赤			

从上表不难看出，在西周早期，字形的象形程度都比较高，"马"的眼睛、鬃毛、腿、尾巴都非常明显，"姜"的构件"羊"角弯弯，"赤"中的构件"火"线条较粗，像一把火的样子；到了西周中后期，字形线条化和平直化比较明显，"姜"的构件"女"，以及"赤"中的"大"和"火"均写作直笔；西周晚期和春秋时代，字形的象形程度就更低了，各个构件几乎均用直笔替代了原本弯曲的线条。这些变化让书写效率得到很大提升，同时汉字的符号性变得更强了。

春秋时期，战事频繁，对于快速书写的要求就更高了。侯马盟书中的字形弯笔很少，写得简便且潦草，可看作当时的俗体字形，如"定""宗""宜"写作"　""　""　"，构件"宀"简写成"人"形，构件"示"的两点连写为一笔。春秋时期在某些国家还出现了与简化相反的繁化现象，在字中添加鸟形或虫形的饰笔，称为"鸟虫书"。我们认为鸟虫书是一种艺术字体，对日常用字来说，简化依然是一种潮流。

战国时代，受各国争霸的影响，文字的使用情况就更加混乱了。首先，文字的使用范围得到进一步扩大。为了增强国家实力，各国都采取了一些社会改革措施，原本由贵族阶级垄断的汉字逐步扩散到民间，使用文字的人越来越多，使得汉字形体发生了剧烈变化。其次，各国各自为政，文化交流的闭塞使文字讹变的情况非常突出，出现了"言语异声、文字异形"的局面。从总体上看，无论是秦系文字还是东方六国文字，最显著的特点就是俗体流行，而俗体中最常见的正是简体，如六国文字中"马"已简写为"　"，马的身体、腿和尾巴用两横替代，"从

（從）"去掉重复构件简写为"↓"，"它"用直笔改写为"↑"。由此可以看出六国文字形体的变化比较剧烈，而这种剧烈变化带来了俗体对正体的冲击。裘锡圭教授认为："在战国晚期，至少在某些国家里，俗体字已经在很大程度上取代了传统的正体字。"① 秦国由于地处周王室故地，其文字形体与西周文字一脉相承。受地理位置和历史的影响，秦国国力在战国早期远落后于东方六国，因此文字形体的改变也开始得较晚，文字形体的变化也比较保守。从形体上看，与东方六国类似，秦国文字的改变也有正、俗之分。与东方六国对文字结构大幅度减省不同的是，秦文字正体的简化更多是使字形规整、匀圆的程度不断提高，如石鼓文的"▨"与西周晚期的"▨"字形几乎无任何差别，只是在字体风格上变"圆"了。秦文字俗体则侧重于将字中弯曲的线条改写为方折、平直的线条，如睡虎地秦简中的"▨"与正体"▨"的风格截然不同，"▨"与"▨"相比，字中的方笔、折笔明显变多。在秦文字中，俗体和正体始终保持一定联系，但俗体并没有取代正体，而是各自发展。在秦统一六国后，正体发展为小篆，俗体逐步发展为隶书。战国文字书写载体比较复杂，又期缺乏对文字的统一整理和规范，俗体、简体在社会上非常流行，异体众多，不仅不能给书写带来便捷，反而增加了学习的负担。

单纯用象形的造字法记录语言有其局限性，很多抽象意义无法被恰当记录。当表意的字符难以记录更复杂多变的语言面貌时，人们开始从"音"的角度突破。秦统一六国后，结束了中国几百年的国家战乱、诸侯割据的局面。为了进一步维护大一统，秦始皇推进"书同文"政策，"罢其不与秦文合者"，这是中国历史上第一次由官方组织的文字整理工作。这次整理以小篆为统一标准字形，大大改变了战国文字异体众多的情况，对后代的文字规范和汉字简化产生了深远影响。从汉字发展史

---

① 裘锡圭. 文字学概要［M］. 北京：商务印书馆，1988：59.

的角度来说，小篆具有承前启后的作用，当代学者在考释古文字时，往往先从小篆入手。汉字发展到小篆阶段，语言环境变得丰富起来，词汇数量和词义的发展酝酿了汉字构形系统的改变。一方面利用已有汉字字符的"字音"作为基础字符创造新字，产生了形声字；另一方面则利用"音同"关系，产生了假借字。形声造字法的使用不仅使汉字数量迅猛上升，也使汉字构形系统逐步完善。假借字的大量使用对汉字"形义统一"进行一定程度的破坏，为了强势维护汉字的表意性，人们往往通过增加意符的手段，努力维护汉字的表意度。"象形法和形声法代表了汉字发展的两个阶段，象形阶段的'文'跟语言是不严格对应的；到了形声阶段，'文'和'字'才跟语言真正结合起来。"①许慎的《说文解字》对形声系统形成后的小篆进行了系统整理，归纳出一批汉字的基础构件。《说文解字叙》中提道："……史籀大篆，或颇省改，所谓小篆者也"②，这是大篆到小篆字形上的简化。据李国英教授统计，小篆中87%的汉字都是形声字。许慎又利用基础构件将小篆字形重新系联，这是小篆对汉字系统的整理和简化。如果说小篆之前的古文字字符如一盘散沙，那么小篆则像谱系树一样让9353个正篆字头按540部首在系统中找到自己的"位置"，可以说汉字系统从小篆开始变得严密起来。但秦朝短暂的历史使小篆很快退出历史舞台。

　　隶变是古今汉字的分水岭，"在汉字发展史上，由古文字演变为隶书，是最重要的一次字形简化。"③到汉代时，隶书已经完全取代了小篆成为当时社会通行的文字。"许慎所描写的这个构形系统确切地反映了汉字摆脱象形体制而进入形声体制后的内部规律，所以，后来的隶书和楷书，基本上都能适应小篆字系的规模。"④汉字形体发展到隶书阶段，

---

① 李运富．汉字学新论[M]．北京：北京师范大学出版社，2012：48.
② [东汉]许慎．说文解字[M]．北京：中华书局，1963：315.
③ 裘锡圭．谈谈汉字整理工作中可以参考的某些历史经验[J]．语文建设，1987(02)：5.
④ 王宁．论汉字简化的必然趋势及其优化的原则——纪念《汉字简化方案》公布35周年[J]．语文建设，1991(02)：27.

为字形和系统进一步简化提供了有利条件。首先，书写工具的改进、社会运行节奏加快对汉字简化有着直接要求，小篆曲折匀圆的线条被隶书的直笔取代，带有图绘性质的象形结构被横、竖、撇、点等笔画组成的符号取代，大大提升了书写速度；其次，汉语的造词方式已转变为以双音节合成词为主，对新造单音节词的需求降低使得创造新字的需求变低，人们对造字理据的理解也不再是具体物象，而转变为该构件所代表的音和义上。如"水"作为组字构件时在小篆中还保留着与正篆"⺤"相同的形体，但到了隶书中，作为组字构件时已简化为三短横"彡"，并没有因为形体的简化而失去表意功能。"这是汉字形体由象形到音义符号、由'篆（描画）'变为'写（笔划化）'的内在决定性原因。"①

隶变的发生和隶书的成熟与草书的影响有直接的关系。在主流字体由小篆到隶书的演变过程中，辅助字体——草书也在悄然发展。草写的篆书成为隶书的源头，而草书中一些特殊的使转笔形、替代符号和笔顺规则使隶书一步步从秦隶、汉隶到八分，趋直反逆，最终定型。但隶书绝不是汉字的最优造型，隶书中的波磔和挑笔，虽然让字形看起来更动感，但如果太多就会重复和雷同，于是在隶书中逐步形成了"蚕无二头，雁不双飞"的书写规则。而这种书写规则无法适应"急就"的场合，于是草写的隶书又成为楷书的源头。

汉字进入楷书阶段以来，每一步都是朝着更简省的方向发展的。楷书去掉了隶书的波磔，笔画横平竖直、简短。从书写上看，均是从左至右、自上而下，非常符合人们的生理习惯。楷书字形从总体上看虽然趋于稳定，在字形结构上与隶书差异并不大。但在日常书写中，还是有不少常用字因笔画数多、结构相对复杂而不便于书写，如"竈""屬""繼"等。对这部分字，有些民间百姓自发对这部分字进行改造，使社会下层出现大量简俗字。

---

① 王贵元. 汉字形体演化的动因与机制[J]. 语文研究，2010（03）：5.

　　由此可见，简俗字的出现反映了人民群众对汉字简化的强烈要求。只有将隶、楷阶段的俗体字形发展演变的脉络了解得更透彻，汉字简化的必然性和意义也就越明显。当前一些人呼吁全面恢复繁体字，正是不了解汉字，尤其是俗体字形演变的相关历史造成的。当前所见涉及汉字简化内容的介绍，多是将简化前的繁体字和简化字放在一起进行对比，只给出结果，却忽略中间的简化过程，难免给人一种"突兀"的感觉，造成很多误解，让一些人认为只有繁体字才是历代的正体，简化字就是新造字。实际上很多当前使用的简化字，都可以在历代俗体字中找到"原型"，如"乱""麦""继""夹"等，在唐朝时期已经写作"**乱**""**麦**""**继**""**夹**"。这些简体字已经具有相当长时间的使用基础及使用范围，甚至在官修字书中也收录了这样的简体字形。选取这样的字形作为简化字标准字形，完全符合"从俗从简"的工作要求。我们认为只有将汉字简化的动态过程细致地展现出来，才能更好的普及汉字知识。与此同时，当前简化字中还有一部分在简化时存在一些"瑕疵"，整理与其对应的隶楷阶段的俗体字形，可以为今后的汉字简化工作、汉字字形的优选提供一定的材料依据。

　　汉字简化具有很长的历史，但经过大规模、系统化，真正落实并得到有效执行的汉字简化政策却只有 1964 年颁布的《总表》。《总表》是新中国成立以来，由政府领导和专家学者共同参与的第一次汉字简化工作的最后总结，被确定为社会通用汉字的正字标准。我国之后颁布的汉字标准，如《现代汉语通用字表》《现代汉语常用字表》《通用规范汉字表》等，均以《总表》为基础。从《总表》482 个非类推简化字入手，对其进行隶楷阶段俗体字的形体演变研究，从理论上来说可以加深人们对汉字简化意义的认识。王宁教授认为："要正确使用这些字，必须认真学习《总表》，特别是第一表、第二表。"①

---

　　① 　王宁. 汉字学概要[M]. 北京：北京师范大学出版社，2001：121.

我们将《总表》第一表、第二表 482 个非类推简化字按其简化方式重新分类①，结果如下。

(一)减省部分笔画或构件

宝、标、触、产、籴、点、独、吨、冬、儿、飞、际、备、蚕、缠、厂、处、复、巩、广、胡、茧、疖、竞、戈、节、开、垦、恳、亏、壳、类、隶、离、卤、录、丽、么、亩、盘、亲、涩、声、虽、誊、枭、条、务、雾、习、县、悬、乡、医、业、凿、烛、浊、质

(二)保留轮廓，减省"不重要"的构件

夺、迟、堕、奋、粪、盖、龟、虏、虑、鼋、疟、宁、齐、乔、伞、随、椭、压、厌

(三)改换为形体简单的声符或意符

碍、肮、袄、帮、毙、补、笔、毕、宾、灿、忏、彻、衬、惩、础、窜、递、矾、坟、肤、赶、沟、构、购、国、沪、护、积、极、歼、硷、舰、讲、胶、阶、洁、剧、根、惧、进、块、怜、粮、疗、辽、邻、岭、庐、芦、炉、历、拟、酿、纤、窍、窃、迁、让、扰、认、态、厅、牺、虾、吓、宪、选、痒、样、钥、爷、亿、忆、痈、拥、佣、忧、优、邮、园、远、跃、运、酝、艺、犹、赃、脏、毡、钟、肿、种、桩、钻

(四)草书楷化

爱、报、罢、贝、称、聪、参、长、尝、偿、车、齿、刍、导、带、单、当、东、发、妇、顾、关、归、过、壶、获、画、会、拣、浆、桨、奖、酱、夹、监、见、将、尽、举、兰、联、练、炼、临、娄、陆、来、乐、龙、仑、两、梦、马、买、卖、麦、门、鸟、农、

---

① 汉字在简化过程中并非仅使用一种方式，有时是多种方法共同使用的。例如：简化字"汇"是将"匯"和"彙"同音合并的基础上，将部分构件省减、移位形成的。因此我们此处以在简化中采用的最主要方法进行划分。

牵、寝、穷、岂、金、庆、热、丧、扫、伤、湿、实、势、书、帅、
啬、师、时、寿、属、肃、孙、头、图、稳、为、韦、乌、袭、兴、
献、写、寻、养、应、誉、渊、亚、严、尧、页、隐、鱼、杂、昼、
庄、妆、装、壮、状、总、郑、执、专

（五）符号替换

办、币、边、层、搀、谗、谄、辞、仓、邓、敌、动、断、对、
凤、风、观、冈、汉、轰、怀、坏、欢、还、环、鸡、继、艰、仅、
驴、乱、刘、卢、罗、难、聂、权、劝、区、晒、适、树、苏、双、
坛、叹、团、戏、协、胁、盐、义、枣、斋、赵、这

（六）另造新字

尘、丛、华、惊、击、旧、拦、栏、烂、帘、霉、灭、恼、脑、
琼、审、岁、卫、显、响、阳、阴、灶

（七）选取形体简单的古字

电、表、丑、出、虫、从、冬、达、队、尔、刮、号、合、回、
家、卷、夸、困、礼、庙、辟、启、千、秋、气、杀、涂、网、无、
须、旋、踊、云、致、制、众、朱

（八）同音借用或通用

坝、板、别、卜、才、冲、淀、斗、灯、担、胆、党、范、丰、
干、个、谷、柜、后、划、伙、汇、价、姜、借、几、荐、克、腊、
蜡、累、垒、里、了、猎、灵、蒙、面、蔑、苹、凭、扑、仆、朴、
签、曲、确、洒、舍、术、沈、胜、松、兽、圣、台、体、铁、听、
洼、袜、万、系、咸、向、岬、药、叶、余、御、郁、愿、吁、与、
折、征、症、证、只、筑、准

从上面的分类可以看出：首先，简化字大多来源于历代已有的俗
体字形，都有出土或传世文献作为证据，甚至有一些俗体可以追溯至
甲骨文，如"达"作"ⵥ"。"另造新字"的简化字数量是最少的。在另

造新字的简化字中，只有"帘"才是"真正属于新中国成立后吸收当代群众创造的简体字"①，而认为简化字是"闭门造车的产物"这样的言论是毫无根据的。张书岩在《简化字溯源》中对简化字始见时代作了整理②，见表1-2。

表1-2 简化字历史来源表

简化字始见时代	数量(个)	占所选388字的百分比
先秦	49	12.63%
秦汉	62	15.98%
魏晋南北朝	24	6.18%
隋唐	31	7.99%
宋(金)	29	7.47%
元	72	18.56%
明清	74	19.07%
民国	46	11.86%
中华人民共和国成立后至1956年《汉字简化方案》公布	1	0.26%

从上表可以证实，我们的汉字简化工作是完全遵循"述而不作"原则的。

其次，利用草书楷化的方法进行简化的汉字数量是最多的，所以行、草书的书写规律在汉字简化中有很重要的指导和影响作用，必须对这部分简化字进行客观认识，以更好地为将来的汉字简化提供理论基础。

因此，从动态书写角度研究所选482个简化字隶楷阶段的俗体字形的发展演变，将汉字简化的过程展现出来是十分必要的。

---

① 张书岩. 简化字溯源[M]. 北京：语文出版社，1997：6.
② 张书岩. 简化字溯源[M]. 北京：语文出版社，1997：6.

第二章　俗体的含义及俗字与其他
字际关系之分野

受传统"汉字神圣论"理念的影响，产生于民间的俗体字历来得不到重视，即使有学者注意到这种用字现象，也多是简单带过，并未客观地看待，致使汉语俗字、俗体研究起步较晚。即便当前我们的俗文字学研究取得了很大成就，但学界对一些基本问题，如俗字的含义、俗字的范围等，依然没有统一的认识。本章对俗体的含义及俗字与其他文字学名词的分野进行梳理。

第一节　俗体的含义

一、俗体的概念

在分析俗体的含义之前，我们先介绍正俗字的含义。

《中国语言文字学大辞典》："正字，指结构和笔画正确、符合规范、被字典字书认可的正体字。区别于'俗字''异体''错字''别字'。又指拼写法正确、符合拼写规则的字。"[1]

---

① 唐作藩等. 中国语言文字学大辞典[M]. 北京：中国大百科全书出版社，2007：803.

《汉语大字典》："字形或拼法符合标准的字。区别于异体字、错字、别字等。亦指本字。"①

《辞源》："犹言本字。别于假借字、别字和俗字而言。"②

《辞海》："结构和笔画正确或拼法正确、符合规范的字，区别于异体字、错字和俗字。具有时代性和规约性，如《干禄字书》：'堤隄，上俗下正'。"③

从上述权威性工具书对"正字"概括的内容，我们归纳出"正字"具有以下几个特点：1. 书写正确；2. 字形符合官方制定的标准；3. 具有时代性和约定俗成性。写错字和别字一般属于个体行为，不具有社会约定性，所以正字字形的选取标准必须符合书写正确、通行范围广的条件。此外，能开展文字统一工作、制定字形标准的只有历代政府。随着汉字字体的演化，这个"标准"也是随时代不同而有所改变的。秦代的"书同文"采用秦国小篆作为标准字形，东汉《熹平石经》成为八分的标准字形，唐代的各种字样学著作如《干禄字书》《五经文字》《九经字样》等均把楷书作为标准字形。此外，标准的不同不仅仅体现在字体方面，在用字方面也会随时代而变化。例如，《说文解字》以"躳"为正，以"躬"为俗，《干禄字书》中"躬躳并正"，当前《通用规范汉字表》以"躬"为标准字形。所以，我们认为正字是在约定俗成的基础上，选取通行范围广、最符合造字原理的字形，经过官方规范，成为当时的用字标准。

"正俗字"是从汉字规范标准的角度划分出的一对字际关系。正俗字相对，既然正字是符合官方标准的字形，那么对于俗字的含义和范围，本书均采用张涌泉教授的说法，"俗字，是区别于正字而言的一种

---

① 汉语大词典编辑委员会. 汉语大词典[M]. 上海：汉语大词典出版社，1997：2865.
② 商务印书馆编辑部. 辞源[M]. 北京：商务印书馆，1980：1663.
③ 辞海编辑委员会. 辞海（1999 年版缩印本）[M]. 上海：上海辞书出版社，2000：3868.

通俗字体。"①"凡是区别于正字的异体字，都可以认为是俗字。"②张教授认为："汉字由隶书到楷书的转变期间及其转变完成以后所产生的通俗字体，就是汉语俗字学所要研究的主要对象。"③在此基础上，我们认为应当把汉字在隶变过程中产生的各种字形也纳入汉语俗字学研究的主要内容中。隶变是汉字字形发展过程中的一个重大变化，通过隶变，汉字形体由随体诘屈的线条构成的古文字转变为由点画系统构成的今文字。如果不研究隶变时期产生的字形，某些楷体俗字则无法找到字形发展源头。

俗体与俗字的概念有所不同。从汉字规范的角度看，俗体、俗字均是未经过官方规范流行于民间的通俗字形。但俗体更侧重于从汉字字体学的角度看待，如把小篆、隶书、楷书看作正体，那么行、草书等变异字体就可以看作俗体；新字体在产生之初，也可以看作旧字体的俗体，如隶变时产生的古隶字形可以看作小篆的俗体。俗字更多侧重于从汉字构形学的角度出发，如《说文解字》以"蠹"为正字，则从虫、文声的"蚊"就是俗字，《干禄字书》以"隄"为正，则表意偏旁改为从土的"堤"为俗字。

《说文解字·人部》："俗，习也。"《说文解字·习部》："习，数飞也。""数飞"表示经过多次练习才能达到熟悉的程度，由此可见，许慎对"俗"的理解侧重于"风俗、习俗"，即约定俗成，在社会上普遍流行，并未有任何词义上的褒贬色彩。当"俗"的范围进一步扩大，便沾染上一些贬义色彩，特别是在汉字字体发展演变过程中，俗体因其通俗性的特点以及使用阶层偏下层化，一直被上层人士认为是"粗俗鄙陋"的。然而被上层士族奉为圭臬的《说文解字》也收录了 15 个俗体字。顾之川认为："《说文》'俗体'有一个显著的特点。那就是，'俗体'总是代表

---

① 张涌泉. 汉语俗字研究[M]. 增订本. 北京：商务印书馆，2010：1.
② 张涌泉. 汉语俗字研究[M]. 增订本. 北京：商务印书馆，2010：6.
③ 张涌泉. 试论汉语俗字研究的意义[J]. 中国社会科学，1996(2)：164.

着汉字形体的发展方向。经过一个时期的使用流布，人们逐渐认识到了'俗字'的优越性：它往往比所谓'正体'更简便，或者表义、标音更准确，因而最终取代了'正体'"①。尽管俗体字形在历史上并未得到应有的认可，但其在汉字字体演变中起到的重要作用是无法忽视的。

综上所述，我们认为"俗体"的含义当采用裘锡圭先生在《文字学概要》一书中所说的"所谓正体就是在比较郑重的场合使用的正规字体，所谓俗体就是日常使用的比较简便的字体"②。

二、俗体的重要作用

俗体在汉字字体演变过桯中，具有非常重要的作用，并非像上层知识分子所鄙夷的那样，"有时候，一种新的正体就是由前一阶段的俗体发展而成的。比较常见的情况，是俗体的某些写法后来为正体所吸收，或者明显地促进了正体的演变"③。可以看出，俗体因其通俗、便利的特点，为新字体的产生和发展提供了可能。

《说文解字·序》："秦始皇帝初兼天下……罢其不与秦文合者……，皆取《史籀》大篆，或颇省改，所谓小篆者也。是时秦烧灭经书，涤除旧典，大发吏卒，兴役戍，官狱职务繁，初有隶书，以趣约易，而古文由此绝矣。"④受此段内容的影响，长期以来人们一直认为汉字字体的发展是按照"大篆—小篆—隶书"这样的单线序列演变，然而近代考古学的相关研究成果表明，大篆的小篆化和小篆的隶书化基本上是同步发生的。在 1975 年发掘的湖北云梦睡虎地秦简中，凡是以"水""人"作表意偏旁的字中，二字均写作"氵""亻"，如"珆""償"等，与隶书无异，而睡虎地简的抄写时代据估计应该在战国晚期到秦朝初期；

---

① 顾之川. 俗字与《说文》"俗体"［J］. 青海师范大学学报（哲学社会科学版），1990（4）：83.

② 裘锡圭. 文字学概要［M］. 北京：商务印书馆，1988：43.

③ 裘锡圭. 文字学概要［M］. 北京：商务印书馆，1988：44.

④ 许慎. 说文解字［M］. 北京：中华书局，1963：315.

1986 年甘肃天水放马滩秦墓出土的秦简中，汉字也均是平直化了的形体。裴锡圭先生认为：可将"秦简所代表的字体看作由篆文俗体演变而成的一种新字体"①。由此可见，秦简上这种日常书写且已经隶化了的字形，与官方正体的小篆字形并不完全一致。"秦国的俗体比较侧重于用方折、平直的笔法改造正体，其字形一般跟正体有明显的联系……战国时代秦国文字的正体后来演变为小篆，俗体则发展成为隶书，俗体虽然不是对正体没有影响，但是始终没有打乱正体的系统。"②从笔形方面来看，秦朝正体小篆字形为粗细一致的线条，基本看不出一个字的起笔和收笔处，线条分布均匀对称；从整体结构来看，小篆体势为长方形，且方中带圆，横竖拐角处呈现出均匀的弧形；从字群来看，小篆字形大小一致，排布平整划一；从艺术审美角度看，小篆字形精美协调，在书法史上占有一席之地。但这种高度美化了的字形，并不适用于日常使用。作为官方正体字形，小篆存在的时间非常短暂，不仅仅在于秦朝的快速灭亡，更多是因为小篆的书写速度已赶不上当时社会的发展需求。

　　在小篆被确立为官方正体字形的时候，秦隶已有一定的发展和使用基础。"秦国人在日常使用文字的时候，为了书写的方便也在不断破坏、改造正体的字形。由此产生的秦国文字的俗体，就是隶书形成的基础。"③这种草写的俗体通过大量同化、分化、简化小篆的结构，打破了小篆原本严密的结构，将纯线条改写为形态不同的点画，使象形的汉字变为抽象的书写符号，大大提高了书写速度，使汉字作为记录汉语的工具性能得到显著增强。正是这种民间的俗体字形孕育了隶书，并取代小篆，上升为汉朝的官方字体。

　　任何一种字体都有与其对应的草写俗体字形，草写的小篆称为"草篆"，草写的隶书称为"草隶"。作为俗体的草隶又孕育了草书、行书和

①　裴锡圭．文字学概要[M]．北京：商务印书馆，1988：68.
②　裴锡圭．文字学概要[M]．北京：商务印书馆，1988：52.
③　裴锡圭．文字学概要[M]．北京：商务印书馆，1988：67.

楷书。世间万物盛极必衰，隶书也不能逃开这个规律。隶书在东汉时期达到鼎盛。彼时的隶书为了字形的美观，书写时规则颇多，讲究逆锋下笔、中锋行笔、藏锋收笔。从笔形上看，讲究"一波三折"但"雁不双飞"；从体势上看，整体呈扁方，讲究"外散其形而内聚其力"。按这样的要求，书写速度也是比较慢的。在这种情况下，民间俗体再一次发挥其通俗便利的优势，逐渐发展出了楷书。楷书与隶书相比，在结构上并未有过大的调整，但充分利用毛笔笔头富于弹性的特点，使笔形更加丰富，书写更加符合右手执笔的生理特性。楷书去掉了隶书中的"蚕头雁尾"，讲究"横平竖直"，形体方正，和谐适度，可为楷式，自产生以来延续至今。

由草隶发展出的草书，因其结构简省，大量利用简单点画替代复杂形体的书写方法，在楷书成为主流字体前，也得到迅猛发展。但因草书中大量勾连的笔形使汉字识别度降低，草书始终无法成为主流字体。也正是由于字形变化多端，富有魅力，草书在书法史上具有不可撼动的地位。

第二节　俗字与其他字际关系之分野

学者很早就注意到个体汉字在语言使用中的一些纷繁复杂的关系了。东汉许慎《说文解字》中用重文、古文、今文、籀文、或体、俗字等术语标明汉字字际关系的做法，也为后世字书编纂提示文字关系提供了重要启示。魏晋战火连绵天下大乱，文字使用失去规范和章法。同时期佛教传入中原，汉译佛经大量出现。唐大兴"正字"之举，《五经文字》《干禄字书》等具有正字性质的字书应运而生，书中多用"正""俗""通"等术语沟通文字关系。而为了更好地释读佛经，专门解释佛经音译字、特殊用字、疑难字的字书也相继问世，如《慧琳音义》《龙龛手镜》等，利用"正""俗""通""俗通""古""今""误""非"等术语处理字际关系。乾嘉学派将传统"小学"研究推向高峰，无论在经学、史学、音韵、文字、训诂，还是金石、地理、天文历法等方面，都取得了当时最高的成就。《黄侃论学杂著》中将字际关系归纳为"正""同""通""借""讹""变""后""别"八种。① 新中国成立以来，我国的语言文字学研究迈入了新阶段。在汉字简化、汉字规范化工作指引下，越来越多的学者参与到汉字字际关系的研究方向当中来，取得了一系列丰硕成果。关于汉字字际关系的传统分类表述有"古今字""异体字""通假字""同源字""正俗字"等。这些分类从不同角度出发，着眼点不同，但在实际讨论过程中，这些术语经常陷入分类不清、类别交叉的争辩状况里。李运富教授在《汉字学新论》一书中，将汉字关系从书写系统、结构系统、职能系统三个角度将汉字之间的关系进行重新分类。

我们在前文已经划定了本书的研究范围，但确定隶、楷阶段的俗体字不是一件容易的事情。张涌泉教授指出："凡是区别于正字的异体字，都可以认为是俗字。俗字可以是简化字，也可以是繁化字；可以是后起字，也可以是古体字。"②这样看来，似乎把正俗字的范围扩大了，因为错别字也可以放在正俗字的范畴当中。且在《汉语大字典》《辞源》对"正字"的概念表述中，已经将正俗字和异体字、假借字等字际关系提出来，所以我们认为有必要对汉字字际关系进行梳理，将正俗字从其他字际关系中剥离出来。由于本书的重点不在讨论个体汉字的之间的属性异同关系，故此处仍然采用传统分类表述进行辨析。

一、正体字与俗体字

"正俗字"是从汉字规范的角度提出来的。正体字，也作"正字"，"正"一方面为形容词，表示正规、正确之义，也是与"俗体""俗字"相

① 黄侃. 黄侃论学杂著[M]. 武汉：武汉大学出版社，2013：14-15.
② 张涌泉. 汉语俗字研究[M]. 北京：商务印书馆，2010：6.

对的意义；另一方面为动词，表示纠正之义，如"正字法"。正俗虽然相对，也只是使用范围上的差别，并非绝对对立。

正体字与俗体字相辅相成，没有正体字也就无所谓俗体字；没有俗体字，正体字的地位也无法凸显。正体字是官方的规范用字，各朝各代字书中收录的正字代表着严谨和权威；俗体字是民间日常的通俗写法，代表着宽泛和便宜。俗体字的存在为汉字字形的优化和演变提供了很大空间。当某个俗字因为造字理据性强，很容易被人们记住并接受认可时，这个字便很容易通行并被正字系统吸纳进来，得以进一步传承；当某个字的造字理据性较差且流行范围不广、使用频率较低时，即便它是正体字，也很容易被淘汰。人们在使用汉字时一般遵循优化和约定俗成原则，"优化"体现在官方正字方面，"约定俗成"则体现在民间通行方面。

正体字和俗体字的地位不是一成不变的，而是动态发展的。官方认可的正字数量是有限的，但是民间对语言生活的要求是无限的，因此俗体字可看作是正体字的补充，当正体字不能满足民众的使用需求时，就会产生大量俗体字；当俗体字进一步扩大使用范围且能被全社会成员认可时，也会变为正体字。例如历史上出现的"乱""来""当""尝""灯"等俗体字形，都变成了如今的规范正体字。需要指出，俗体字并非全部优于正体字，我们不得不否认很多俗体字的产生仅仅是为了省减而省减，没有考虑到正字的造字理据，破坏了汉字的系统性，如记号"又"在"劝""权""仅"字当中分别替代了声符"䕺"和"堇"，使得原本的形声结构变为了义记结构。

二、俗体字与异体字

《中国语言文字学大辞典》认为："异体字指同一个词的不同书写形

式，也称或体字，即音义完全相同而形体不同的字。"①这是以汉字对应词语的音义关系提出的概念。异体字通常是针对同一个词采用不同的声符、意符或不同的造字方法产生的，一组异体字要求在任何语境下都可以相互置换。有些学者认为异体字有"广义异体字"和"狭义异体字"之分。王宁教授认为：从科学的汉字学角度来看，异体字同分化字、同源字、假借字一样，并不是一种文字现象，而属于性质不同、相互独立的字际关系，因此异体字只能是"狭义异体字"。②

正俗体的概念是从汉字规范的角度提出的。正俗体虽然形体不同，但绝不能称为"异体字"。俗体字属于异体字的范畴，但不等于异体字。异体字包括的范围较广，前代的正字、《说文解字》或体、经典异文等，都属于异体字的范围，俗体字强调"通俗性"，流传于民间，主要用于"非涉雅言"的场合。俗体是因正体字繁难不便书写，在文化层次偏低的下层民众中，常常书写未经规范的俗体，以节省书写时间。这些俗体或是对正字形体进行书写上的改造，或是利用形体简单的古体字、同音字替代，或是另造新字形……无论采用哪一种改造方法，都必须依靠当前的语言环境。脱离该语境，正俗关系就不存在，而异体字是无论在哪种语言环境下，都可以相互替代且未产生异义的一组字。

三、正俗字与同音通用字

假借包括"本无其字"的假借和"本有其字"的通假。通假字也可以叫作"同音通用字"。文献中的同音通用字是否应当算在俗体字的范围内，学界的观点暂未统一。蒋礼鸿认为："其实同音通用字在民间的应用是十分广泛的；例如敦煌写本的变文里交字通用作'教'，由字通用作'犹'，'望'和'忘'互相通用，歌字通用作'哥'等。搜辑和归纳这些

---

① 唐作藩. 中国语言文字学大辞典[M]. 北京：中国大百科全书出版社，2007：704.
② 王宁. 汉字构形学导论[M]. 北京：商务印书馆，2015：155.

用例，也应该是俗文字学中应有的内容。"①方孝坤认为："假借字和音误字都是俗字，是不同时间和运用层位上的音误字……一种同音字或音近字被人们普遍接受，这种字跟原字共同存在，这就是假借字；另一种同音字或音近字没有被人们普遍接受，使用它只是偶然的个别现象，这就是音误字。"②蔡忠霖认为："俗字和通假字都是'约定俗成'的……但通假字之本字与借字，是截然不同的两个字形，其本义也不相同，只是在部分特定的模式下可以'通用'，且两者的关系并非不变的……因此，通假字基本上不应纳入俗字之范围。"③张涌泉认为："大多数同音通用字确实不宜看作俗字……但如果同音通用字的使用是出于书写习惯或者为了达到简化字形及区别字义的目的，而非纯粹出于声音上的考虑，我们就不妨把这个同音通用字看作是俗字。"④我们赞同张涌泉教授的看法，为了追求书写上的便利，在一时一地约定俗成的同音通用字也属于俗体字的范畴，如《宋元以来俗字谱》所收录的《目连记》中"鹉"写作"武"，徽州文书中"後"俗作"后"等。但不等于说所有的同音通用字都可以归纳为俗体字。

四、正俗字与古今字

正俗字是从汉字字形是否符合官方规范的角度提出的，正俗标准则随时代不同而有所变化。符合当时规范的是正字，不符合的是俗字。文字学研究历来存在"厚古薄今"的现象，认为古文字距离汉字产生时代近，字形接近汉字的"本原"，越"古"的字形越"正"，越"今"的字形越"俗"。每一种新字体在产生之际都可以看作旧字体的俗体，如隶为篆之俗，楷为隶之俗，所以古今字也经常与正俗字进行比较。

---

① 蒋礼鸿 . 中国俗文字学研究导言[J]，杭州大学学报，1959(3)：130.
② 方孝坤 . 徽州文书俗字研究[M]. 北京：人民出版社，2012：86.
③ 蔡忠霖 . 敦煌汉文写卷俗字及其现象[M]. 台北：文津出版社，2002：59-60.
④ 张涌泉 . 汉语俗字研究[M]. 增订本 . 北京：商务印书馆，2010：8.

清代段玉裁在《说文解字注·言部》"谊"下曾云："凡读经传者，不可不知古今字。古今无定时，周为古则汉为今，汉为古则晋宋为今。随时异用者谓之古今字。非如今人所言古文籀文为古字，小篆隶书为今字也。"①由此可以看出，古今字的时代性是相对的，且并非指字体的演变。当前学界对古今字并未给予明确的定义，且学者们对古今字的内涵持不同观点，总结起来有"文字的孳乳现象"和"历时的同词异字现象"两种观点。我们在此处不讨论古今字的本质到底属于哪种现象，只分析今字是如何产生的。在多数情况下，古代汉语以单音节词为主，一个汉字只记录一个词，"随着社会的发展，语言为了满足社会的需要，原有的词会引申出新的词义，新的词也会不断地产生。词义的引申，新词的产生，必然会要求记录词的汉字也相应的发展变化。文字具有稳定性的特点。开始的时候，新的词义或新的词，往往由原有的字兼任。随后，为了区别新旧词义或新旧词，同时也是为了减轻原有汉字的负担，就以原字的形体为基础，或增加偏旁，或改变偏旁，另造一个新字"②。

由此我们不难发现正俗字与古今字的差异。首先，正俗字的关系要放在同一时期来看待，古今字的关系则要通过明显的时间段来体现。其次，正字与其对应的俗字在记录某个词上的音和义是完全相同的，区别只在于字形的不同；而大部分的今字从古字中分化出来，便成了一个独立的汉字，具有独立的音和义。只有在分担古字的那一个义项上，二字音和义相同，才与古字构成古今字的关系。

五、正俗字与繁简字

如前所述，判断一个字形是正字还是俗字需要参看当时官方的规范标准。而繁简字是从汉字本身的字形、笔画、结构的难易程度进行区分的。由于汉字是一种衍形文字，所以从汉字产生之日起，记录同一个词

---

① 段玉裁. 说文解字注[M]. 上海：上海古籍出版社，1981：94.
② 洪成玉. 古今字[M]. 北京：语文出版社，1995：1.

的汉字有时会有很多异体，特别是早期汉字由图画发展而来，描绘事物的精细程度不同，如果没有经过官方规范，异体字使用情况就更加复杂。在这些异体字中，有的字形繁复，有的字形简洁，这便构成了繁简字的关系。如"车"在甲骨文中可作"⬚""⬚""⬚""⬚""⬚""⬚"等，这些字形繁简程度不同，但都表示同一个含义。无论是在铭刻、抄写还是印刷中，汉字的使用都是在"不影响表意性的原则下以追求简便"为第一要义的。从篆到隶，从隶到楷，每一种新字体的产生都预示着汉字字形在朝着更简省的方向发展，"简化"也是汉字字形历时演变最主要的特征。

俗体字的流行也是由于使用便利，因此"俗体"和"简体字"经常被画上等号，不少人认为"正体"一定"繁"，"俗体"一定"简"。事实上，俗体的便利性不仅仅体现在笔画、结构的简省方面。有一种俗字是通过在正字的基础上添加笔画或构件繁化而成的，如在《干禄字书》中，"支"俗作"攴"；敦煌写卷中，为了更加突出"后"的女性化特征，字形写作"姤"。还有一种情况是，正字的表意构件不明显，或随着时代发展，正字中的示音构件已经不能很好地提示字音，俗字则将正字中的构件替换或添加更能突出具有表意或示音功能的构件，或采用不同的造字方法另造俗字，如徽州文书中"送"俗作"挩"，以及"泪"俗作"涙"等。

第三章　隶变过程中俗体字的笔形、构件及整字的变异

汉字形体从甲骨文发展演变到小篆时，汉字整体的象形程度不断降低。随着社会节奏的快速发展，小篆细致描绘蜿蜒曲折的线条显然已跟不上实际的书写需求。《说文解字·序》说道："是时秦烧灭经书，涤除旧典，大发隶卒，兴役戍，官狱职务日繁，初有隶书，以趣约易，而古文由此绝矣。"①王贵元教授认为："隶书是汉字形体演化的重大转折点，也是古、今汉字的区别点，这已成为学界的基本共识……古今汉字演化的本质，或者说古今汉字演化的决定性因素，是字形由表示物象到表示词的音义的转换……这一转换恰似釜底抽薪，否定了汉字形体象形和一物多形等现象的存在价值，在快速书写等实际需要的触动下，汉字的具体写法由'画'变成了'写'。"②

第一节　隶变过程中俗体字的笔形变异

秦永龙教授认为："笔形的变化是汉字形体演变的先导。"③在汉字

---

① 许慎.说文解字[M].北京：中华书局，1963：315.
② 王贵元.汉字形体演化的动因与机制[J].语文研究，2010(3)：1-2.
③ 秦永龙.汉字书写漫谈[J].语文建设，1997(1)：2.

形体的历时演变过程中，隶变是一次根本性的变革。经过隶变，汉字从由线条表意的篆体发展为由笔画组成结构的隶体乃至后来的楷体。"隶变也是由于书写中大量使用新的笔形而引发的。"①

王宁教授认为小篆的线条大致可以归纳为十种，如表 3-1 所示②。

表 3-1　小篆线条种类归纳表

名　称	代表形状	说　明	例　字
横	一	无曲、无折、无断的左右平放的直线	旦 三 雨
竖	|	无曲、无折、无断的上下纵放的直线	朮 中 卜
斜	╱╲	向左下或右下的斜线条	爻 八 图
点	❙	圆点、顿点及极短的横、竖、斜线	豸 坐 夂
弧	╮	方向没有转换的曲线	兆 屮 鬥
曲	⌇	一次或多次转换方向但不封闭的曲线	圆 窝 州
折	⌐	转 90 度的折线（折点为圆角，下同）	麻 庠 民
框	⊏ U	三面包围的方框	门 匠 凵
封	▢	除圆形外各种封闭的曲线或折线	国 囲 晶
圈	◯	圆形封闭的线	巴 吕 周

由表 3-1 可以看出，小篆中只有横、竖、斜、点四种线条属于直行线条，其余六种线条均或多或少带有一定的弧度，这是早期文字通过描摹实际物象的方式记录汉语的必然结果。而到了战国晚期，汉字产生的方式已经不再是描绘具体的事物或动作，而是以已有的汉字作为基础字符，通过一定的方式组合而成。这种方式导致汉字形体的象形程度降低，符号性增强。隶变的最大特点是将小篆中随体诘屈的线条改写为平直的笔画。平直化以书写时缩短笔程为前提。

① 秦永龙. 汉字书写漫谈[J]. 语文建设，1997(1)：2.
② 王宁. 汉字构形学导论[M]. 北京：商务印书馆，2015：78.

46

一、缩短笔程

为了实现快速书写，汉字线条或笔画往往为了"急就"而达不到原有的长度标准，表现为笔程缩短。这是隶变的第一个环节。

【例1】窜（竄）

竄（说文解字）—竄（周①）、竄（里）—竄（马）—竄（任伯嗣碑）

小篆"竄"中的构件"穴"将"鼠"全部包围，会鼠在穴中之意。隶变过程中，关沮周家台秦简、里耶秦简、马王堆汉墓帛书以及任伯嗣碑中的"穴"明显一步步缩短笔程，对构件"鼠"呈半包围之势。同时"鼠"的末笔在改弧为直后，也明显缩短了笔程。

有些线条或笔画在书写时如果缩得过短就表现为"点"。"点"是隶楷阶段笔程最短的笔画，落笔即成，书写便捷，一些笔画经过隶变变成了"点"。

【例2】党（黨）

黨（说文解字）—黨（睡）—黨（马）—黨（武威简）—黨（夏承碑）—黨（走）

"黨"为从黑、尚声的形声字，在小篆字形中，声符"尚"开口朝下的框将义符"黑"包围。自睡虎地简字形开始"尚"逐步缩短笔程。下部构件"黑"本从炎，自睡虎地简字形开始将"炎"上部的"火"写作两横，下部"火"笔程逐步缩短写作四点。

【例3】奋（奮）

奮（说文解字）—奮、奮（睡）—奮（马）—奮（唐扶颂）

"奮"为从奞、从田的会意字。自睡虎地简起，字形将意符"奞"中"大"的两斜笔缩短笔程写作两点。在成熟的隶书字形中如唐扶颂，依然写作两点。

---

① 所引材料来源详见附录一。

二、改曲线为直线

本书所说的"曲线"和"直线"是一组相对的概念。"曲线"指运行方向不固定、具有弧度的线条,"直线"也不单单指水平线或垂直线,而指运行方向固定、没有弧度的线条。

(一)改弧、曲为直

小篆中的"弧"为方向没有改变的曲线,"曲"为一次或多次转换方向但不封闭的线条。在隶变中常以弧或曲的两个端点为端点,将弧和曲分别拉直改写为直线;或将曲改写为几个方向不同但相接的直线。由于直线没有弧度,符合"两点之间线段最短"的数学原理,改弧、曲为直也是缩短笔程的另一种表现形式,符合快速书写的要求。

【例4】补(補)

補(说文解字)—浦(里)—浦(睡)—浦(马)—補(史晨碑)

"補"为从衣、甫声的形声字。小篆"補"字的声符"甫"上部有一个开口方向为左上的弧,中间一笔为曲。睡虎地简、里耶简字形及马王堆字形改变弧的开口方向,弧度变大,曲笔变直。史晨碑中的弧和曲均写作直线。

【例5】备(備)

備(说文解字)—備(岳)—備(睡)—備(马)—備(韩勑碑)—備(走)—備(楼)

《说文解字·人部》:"備,慎也。从人、葡声。"在隶变过程中,声符中的曲线被改写成直线。

【例6】马(馬)

馬(说文解字)—馬(岳)—馬(周)—馬(里)—馬(睡)—馬(马)—馬(熹平)—馬(走)—马(楼)

"马"甲骨文字形作"🐎""🐎"等,象形程度极高。在战国时期"文字

异形"的背景下，"马"在各个国家的形体也多有不同，且受简化趋势的
影响，"马"的形体也受到不同程度的简化，只保留马的鬃毛、眼睛、
马腿等主要特征，象形程度逐渐减弱。小篆"马"还保留一部分象形意
味。自隶变开始，字形马腿和马尾的部分逐步缩短笔程，将弧笔改为直
笔，最终变作"灬"。走马楼简和楼兰残纸文书字形利用草书连笔书写
的规则，在标准字形"馬"的基础上将下部的四点进一步省减为一横甚
至一点。

(二) 改折、框为直

小篆的"折"为转 90° 的折线，折线所形成的角为圆角；"框"为三面
包围的方框，形成的折角亦为圆角。小篆中的折和框在书写时要求匀圆
整齐，否则会影响字形的对称美。在书写折笔和框笔时，起笔和末笔的
不确定性导致存在逆生理的书写过程。隶变时将折、框改为直线，形成
的折角改为直角，使书写顺序得到确立，从而提高书写速度。在改造
折、框的过程中，书者或将折线直接改为直线，或将折线先断开，再写
成相交的直笔。前文提到的"黨"字，在隶变过程中，构件"炎"亦是将
上部"火"的折笔改写为直笔。

【例7】举(擧)

舁(说文解字)—擧(周)—擧(睡)—擧(马)—擧(武威简)—擧(曹全碑)

《说文解字》中"举"为从手、與声的形声字，"與"从舁、从与会
意。小篆"舁"的上部含有两个圆角折笔，睡虎地简和周家台秦简中已有
拉直的倾向，马王堆和武威简字形中的圆角折笔完全变成直角折笔，曹
全碑中将折笔断开写成相接的直笔。

【例8】开(開)

開(说文解字)—開(放)—開(睡)—開(桐柏庙碑)

"開"字在小篆字形中含有四个圆角折笔。隶变过程中，折笔逐步
拉直，圆角变为方角，整体字形更加便于书写。

【例 9】冈（岡）

岡（说文解字）—（放）—岡（马）—岡（桐柏庙碑）

"岡"小篆字形含有一个三面包围的圆角框，隶变过程中改写为由方角构成的直线笔形组合，逐步确立从左至右、从上至下的书写顺序。

（三）改封、圈为直

"封"为除圆形外各种封闭的曲线或折线，"圈"为圆形封闭的曲线。小篆书写追求线条粗细一致，匀圆整齐，平衡对称，否则字形便失去审美价值。同折和框一样，封和圈在书写时也存在逆生理的运笔方向，所以尤为不易。在隶变过程中，将"封"和"圈"分别改成由几个直线相接的造型，虽然笔画数增多，但极大地提高了书写速度。

【例 10】复（復）

復（说文解字）—復（里）—復（睡）覆（马）—復（杨著碑）—复（走）
　　　　　　└──→ 復（孔彪碑）—復（楼）

小篆"復"中含有两个圈，睡虎地简字形直接改写作几个相交的直笔。成熟的隶书"復"字有两种书写形式：一种如杨著碑，直接用隶书的笔法转写小篆字形，将弧、圈改为直笔；一种如孔彪碑，沿用隶变产生的新字形。

【例 11】国（國）；图（圖）

國（说文解字）—國（峄山碑）—國（马）—國（熹平）—国（楼）；

圖（说文解字）—圖圖圖（睡摹）—圖（马）—圖（熹平）—图（楼）

小篆"国""图"的构字部件"囗"就是封，隶变的过程中逐渐将小篆的"封"改写为四个相搭接的直线段。

三、改断为连

改断为连，即将小篆中需要两笔或两笔以上的线条用一笔书写完成，使整体结构更加紧凑，从而提高书写速度。

【例 12】广（廣）

廣（说文解字）—廣（里）—廣（睡）—廣（马）—廣（熹平）—廣（走）—廣（楼）

《说文解字》中"黄"为从田、从茨的亦声字。自隶变开始，小篆字形中构件"茨"的两点连写作一横。

【例 13】练（練）

練（说文解字）—練、練（马）—練（张迁碑）—練（魏受禅表）—練（走）

小篆"糸"中两圈以一竖笔相连，整字通常要由六笔曲线和三竖完成。在马王堆汉墓帛书字形中，书写顺序有所改变，两圈相接，小篆中的六笔曲线至多用三曲笔就可写完。新的书写顺序使原有线条变断为连，不仅使书写更快，而且在隶变过程中逐步确定了偏旁"糸"的笔顺。成熟的隶书以及具有楷书萌芽的走马楼字形均沿用此写法。

四、改连为断

改连为断，即将小篆中原本连笔书写的线条分开写，使原来蜿蜒盘曲的笔形或构件变得清晰、容易辨别，同时调整了笔顺，使之符合书写生理需求，提高书写速度。

【例 14】罗（羅）

羅（说文解字）—羅（里）—羅（睡）—羅（马）—羅（武威简）—羅（魏大飨记残碑）—羅（走）—羅（楼）

"羅"中的构件"隹"在小篆字形中保留一部分象形程度，由两条曲线与四条直线组成一个整体。第一笔为向左弯的右行曲线"乀"，第二笔为向右弯的下行曲线"丿"。隶变过程中，字形由整体逐步分离，变为从上至下书写的三断笔。

【例 15】热（熱）

熱（说文解字）—熱（里）—熱（睡蓦）—熱（马）—熱（武）—熱（耿勋碑）—熱（楼）

51

《说文解字·火部》："熱，温也。从火、埶声。"隶变过程中，构件"火"将中间本来连着的笔画逐渐断开变作"灬"。不仅仅是"熱"字，当"火"充当构字偏旁且位于整字最底端时，经过隶变字形均变作"灬"，但"火"位于整字的左边时仍写作"火"。这也是隶变对汉字字形调整优化的一个表现。

五、笔形省减

汉字构形系统通过隶变实现了简化。在隶变的过程中，不少字是在小篆的基础上，通过对部分笔形进行直接省减的方式简化的，这也是书写中求快求方便的结果。

【例 16】买（買）

（说文解字）—（睡）—（马）—（武威简）—（史晨碑）—（走）—（楼）

《说文解字·贝部》："买，市也。从网贝。"睡虎地简中省写一个"乂"，整字减少两笔。但"乂"为两交叉斜线，并不便于书写，又将"乂"改写为两短竖一长横的组合。虽然笔画数上多了一笔，但使书写难度降低。

【例 17】惧（懼）

（说文解字）—（睡）—（马）—（武梁祠画像题字）—（楼）

└─→ （魏上尊号奏）

当"心"作构字偏旁且位于整字的左边时，隶变早期字形并无明显变化，只是将曲线拉直。成熟的隶书中"心"有两种写法：一种是将第一笔写作竖折，竖折后简写为竖，成为楷书字形的开端，如"懼"；另一种依然是四笔，如"懼"，但这种写法多有仿古意味。

【例 18】湿（濕）

（说文解字）—（岳）—（马）—（韩勑碑阴）—（孙叔敖碑）

当"水"充当构字偏旁且置于整字左边时，在隶变过程中由"川"省减笔形写作三短横，后由短横改写为点。

【例 19】讲（講）

講（说文解字）—講（马）—講（校官碑）—講（魏孔羡碑）

当"言"充当构字偏旁且置于整字左边时，在隶变过程中将弧线拉直，并省减中间的一短竖。

【例 20】阳（陽）

陽（说文解字）—陽（岳）—陽（里）—陽（睡）—陽（马）—陽（定）—陽（熹平）—陽（走）—陽（楼）

"陽"的意符在隶变过程中由"𨸏"演变为"阝"，亦是由笔形省减造成的。

六、笔形增加

笔形增加与笔形省减相对，属于汉字演变中的繁化现象。虽然"简化"是汉字演变的趋势，但这并不意味在演变过程中只有简化而没有繁化。事实上，繁化也是汉字演变中不容忽视的一种现象。繁化现象主要有两类，一类是外形上的繁化，另一类属于文字结构上的变化。此处所讨论的只外部字形的添笔。笔形增加更多是为了使整体字形的体势更加均衡、平稳、美观，有时也为了与形近字相区分。

【例 21】应（應）

應（说文解字）—應（里）—應（睡）、應（睡牍）—應（马）—應（王孝渊碑）—應（史晨碑）—應（走）—應（楼）

"广"小篆字形作"厂"。隶变过程中，均在右边横画上添一点或一短竖，使整体字形更平稳。

【例 22】买（買）

買（说文解字）—買（睡）—買（西陲简）—買（熹平三年镜）

"买"在隶变过程中除例 16 的形体之外，还有另一种字形，即在构件"罒"上多加一点。任平认为："添笔的情况往往从字理上说不出什么缘由，有的只出现在一些异体字中，不一定会得到普遍承认和流传。"①

【例 23】坏（壞）

壞(说文解字)—里(里)—壞(睡)—寶、頼(马)—壞(史晨后碑)—壞(魏孔羡碑)

"土"作偏旁置于整字左边时，在早期隶书中无变化，在成熟的隶书中常增加一点写作"圡"，以与形体相同的"土"区别开来。在楷书俗体中"土"增点写作"圡"的现象也十分普遍。

【例 24】东（東）

東(说文解字)—秦(岳)—東(周)—東(里)—東(睡)—

東(马)—東(尹宙碑)—東(走)—東、東(楼)

└────→ 東(夏承碑)—東(楼)

夏承碑字形"東"的上部增添一撇，楼兰简纸文书中也有此字形。这是为了与"柬"区别。草写中的"東"一般将中间两点连写作一横，从而使"東""柬"二字同形。多添一撇，增加了区别意义。

七、改换置向

一些笔形在隶变的过程中为了适应书写的生理需求或为了结体的审美要求而改换置向。

【例 25】断（斷）

斷(说文解字)—斷(睡)—斷(马)—斷(武威简)—斷(熹平)—断(楼)

《说文解字·斤部》："断，截也，从斤、从𢇍，𢇍，古文绝。"睡虎地简中构件"𢇍"的折笔方向与小篆字形方向相反，隶变过程中的字形

① 任平．说隶：秦汉隶书研究［M］．北京：北京时代华文书局，2016：85.

朝向也均与睡虎地简字形朝向一致。这完全是为了符合书写生理的需求而做出的变化。

【例26】虑（慮）

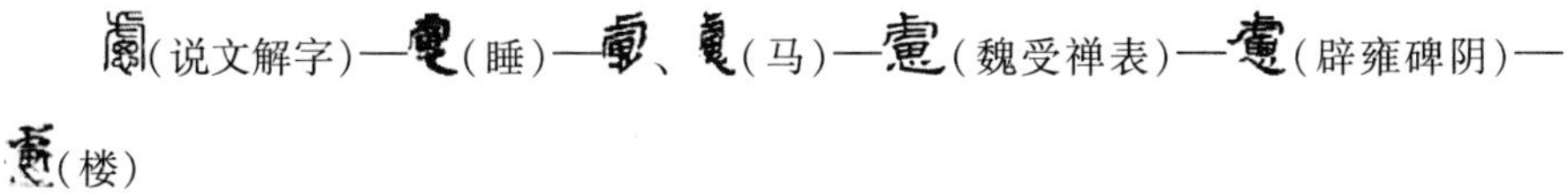
（说文解字）—
（睡）—
、
（马）—
（魏受禅表）—
（辟雍碑阴）—
（楼）

前文分析到，“心”作为构字偏旁处在整字左边时，在隶变过程中表现为省减，而处于整字底部时，则表现为笔形置向的转换。这都是汉字经隶变而系统化的具体体现。

【例27】参（參）

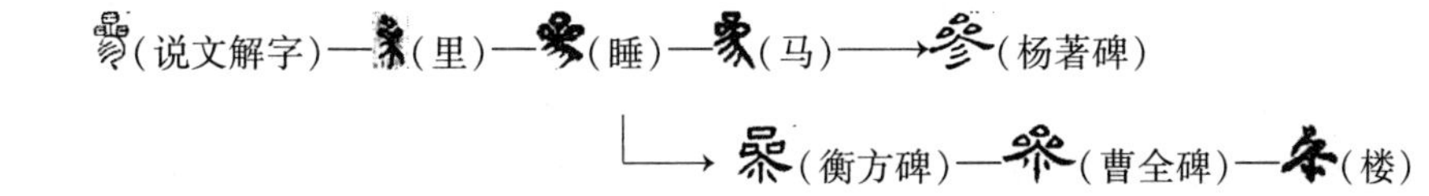
（说文解字）—
（里）—
（睡）—
（马）—→
（杨著碑）
└→
（衡方碑）—
（曹全碑）—
（楼）

《说文解字》“参”为从晶、㐱声的形声字。隶变过程中，声符“㐱”逐步转换置向变作“尒”。在楷书俗体中，“㐱”充当偏旁时也多俗写作“尒”，正是受隶变的影响。

以上所分析的隶变过程中的笔形变异并不是以其中某一种方式“独立完成”的，而是多种因素综合渐变完成的。汉字是一种约定俗成的交际工具，这注定解散篆体，由篆书转变为隶书的过程不可能在短时间内实现。隶变早期汉字字形还带有一定的篆味，如保留一定的弧、曲等线条，但在此过程中也逐步地萌生了隶、楷书中的新笔画，如撇、捺、折等。隶变是人们追求书写便捷的过程，书写中笔形的变化，导致小篆中的构件乃至整字发生变化，实现了古文字向今文字的转变。

第二节　隶变过程中俗体字构件的变异

小篆笔形的改变会导致构件的形体发生变异，这种变异现象主要包括混同与分化。在解散篆体、改弧为直的过程中，一些原本形体相近的构件经过隶变，可能会书写成一样的形体，出现混同现象；常用构件因其构字频率高的特点，也会导致其他相似构件慢慢同化为那些常用构件，出现混同现象；在未经过规范的草写俗体中，为了追求书写的速度，更是容易发生构件混同的现象。这三种混同现象归根结底在于汉字"简化"趋势的影响。构件的大量混同会增添太多的同形字或形近字，使人们很难将某字符与其他形近字区别开来。汉字字符最基本的功能是准确地记录汉语，只有在这个任务下，字符及组成字符的构件所承载的职能才能得到有效体现。构件的大量混同势必打破汉字系统的平衡状态。我们一直强调汉字字形的演变始终受"简易律"与"区别律"的双重制约。当汉字简化造成的构件混同现象无法突出个体字符的特点时，"区别律"便发挥出极大的作用。这样，与混同相反的现象——构件分化，在隶变过程中也伴随发生，以维护汉字大系统的平衡。

除了构件的混同与分化之外，还有一种变异——构件省减，这也是隶变过程中简化汉字的一个重要手段。

一、构件混同

隶变中的构件混同，是指小篆形源不同的构件经过隶变演变为同一种书写形式的现象。在隶变过程中，笔画系统逐渐形成，汉字书写顺序逐渐确定。"基本的笔画和常用的偏旁一经形成，类似的形体都向它靠拢。所以，文字中的形体不是无休止地增加，而是不断地起类化作用。"[1]隶变中的解散篆体、改曲为直等方法的使用，通过手写，非常容易产生构件混同。构件混同也是汉字简化的一种表现形式。陈淑梅认为："这种构件混同现象得以存在，其本质原因则是文字的职能在实现的过程中，书写和识别的矛盾不断运动的结果。"[2]

---

① 齐冲天. 书法文字学[M]. 北京：北京语言文化大学出版社，1997：43.
② 陈淑梅. 东汉碑隶构形系统研究[M]. 上海：上海教育出版社，2005：104.

(一)混同为"月"

"舟"和"肉"充当构字部件时，在隶变中有时会混同为"月"。

1. "舟"混同为"月"

"舟"小篆字形作"𦨡"，与"月"的小篆字形"𦣝"形体相近。在隶变过程中，两字均将弧改写为直线，致使混同现象发生。

【例28】胜(勝)、誊(謄)

勝：𦝕(说文解字)—𦝕(岳)—勝(周)—勝(里)—勝(睡)—勝、勝(马)—勝(景北海碑阴)—勝(熹平)—勝(走)

謄：𦝕(说文解字)—𦝕(里)

《说文解字·力部》："勝，任也，从力、朕声。"《说文解字·言部》："謄，迻书也，从言、朕声。"两字均以"朕"为声符。《说文解字·舟部》："朕，我也，阙。"段玉裁认为："我也"当是后人所添改，《说文解字注》："按朕在舟部，其解当曰：'舟缝也，从舟、灷声'。"《字源》一书认为在甲骨文、西周金文中，"朕"多用作代词，是其假借用法，但从未见过用为"舟缝"之义。学界目前对朕的本义还未达成共识。在隶变中，先是将"𦨡"的曲线拉直作"𦨡"，进而与"月"混同。

2. "肉"混同为"月"

"肉"的小篆字形作"𦠄"，"月"小篆字形作"𦣝"，两字形体十分相近，不易分别。在隶变中改弧为直后，形体均写作"月"形，产生混同。

【例29】罢(罷)、态(態)

罷：𦡣(说文解字)—罷(里)—罷(睡)—罷(马)—罷(魏受禅表)

態：態(说文解字)—態(武梁祠堂画像)

"罷""態"两字均含有构件"能"。《说文解字·能部》："能，熊属，足似鹿，从肉、㠯声……""能"中的构件"肉"经隶变写作"月"。

【例30】肤（膚）

▨（说文解字）—▨、▨（睡）—▨、▨、▨（马）—膚（白石神君碑）—▨（熹平）

"膚"在《说文解字》中是以籀文的形式出现的，《说文解字·肉部》正篆写作"▨"，为从肉、盧声的形声字。《说文解字注》："今字皮肤从籀文作'膚'，膚行而臚废矣。"邵瑛《群经正字》认为"膚"即是"臚"的省变，将"臚"的表意构件"肉"移到整字下方，并省写构件"皿"，字形恰好写作"膚"。由于"肉""月"小篆字形相近，经隶变，均写作"月"，发生构件混同。

【例31】腊（臘）

▨（说文解字）—▨（周）、▨（周摹）—▨（马）—膓（张迁碑）

《说文解字·肉部》："臘，冬至后三戌，腊，祭百神，从肉、鼠声。"与以上表述的情况相同，由于"肉""月"小篆字形相近，经隶变，构件"肉"写作"月"形，发生混同。

【例32】龙（龍）

▨（说文解字）—▨（放）—▨（里）—▨、▨（睡）—▨（马）—龍（韩勑碑）—龍（鲁峻碑阴）—▨（走）—▨（楼）

《说文解字·龙部》："龍，鳞虫之长，能幽、能明……从肉、飞之形，童省声。"字中的构件"肉"在隶变中与"月"混同。

【例33】厌（厭）、压（壓）

厌：▨（说文解字）—▨、▨（里）—▨、▨、▨（马）——厭（修华岳碑）—▨（走）

——▨（娄寿碑）

压：▨（说文解字）—▨（马）—▨（繁阳令杨君碑）

"厭"为从厂、猒声的形声字，"壓"以"厭"为声符。《说文解字·甘部》："猒，饱也，从甘、从肰。"《说文解字·肉部》："肰，犬肉也，从犬、肉，读若然。"在隶变中，"肰"的义符"肉"逐渐混同为"月"。

【例34】肿（腫）

瞳（说文解字）—瞳、瞳（马）—瞳、瞳（走）

《说文解字·肉部》："腫，痈也，从肉、重声。"在隶变中，"肉"与"月"发生混同。

（二）混同为"灬"

"火"在充当构字部件且处于整字的最下方时，通过缩短笔程，最终写作"灬"形。以下字例为来源各不相同的线条组合或构件混同为"灬"。

1. 象形字的部分遗留演变为"灬"

【例35】鱼（魚）、马（馬）、荐（薦）、鸟（鳥）、为（爲）、乌（烏）、写（寫）

鱼：魚（说文解字）—象（睡）—鱼（马）—魚（一号墓竹简）—魚（武威简）—魚（熹平）

马：馬（说文解字）—馬（岳）—馬（周）—馬（里）—馬（睡）—馬（马）—馬（熹平）—馬（走）—弓（楼）

荐：薦（说文解字）—薦（岳）—薦（睡摹）、薦蒙（睡）—薦（马）—薦（度尚碑）—薦（熹平）

鸟：鳥（说文解字）—鳥（龙辇）—鳥（里）—鳥、鳥（睡）—鳥、鳥（马）—鳥（孔耽神祠碑）

为：爲（说文解字）—爲（青）—爲（放）、爲、爲（岳）—爲（龙）—爲（周）—爲、爲（里）—爲、爲（睡）—爲、爲、爲、爲（马）—爲（孔龢碑）—爲（夏承碑）—爲（白石神君碑）—爲（走）、爲、爲、爲（楼）

乌：鳥（说文解字）—鳥（岳）—鳥（周）—鳥（马）—烏（郑固碑）

写：寫（说文解字）—寫（龙辇）—寫、寫、寫（里）、寫（马）—寫（睡）—寫（马）—寫（殷阮碑）—寫（楼）

"鱼"甲骨文字形作"![鱼]"，像鱼的样子。由于小篆字形已经线条化和抽象化，鱼尾的形状与"火"同形。隶变中，"火"逐步缩短笔程，改连为断，最终写作四点。

"馬"中的"灬"本是马腿和马尾巴的样子，同样在隶变中逐步缩短笔程，写作四点。

《说文解字·廌部》："薦，兽之所食草，从廌、从艸……""廌"甲骨文字形作"![廌]"，像头上有两角的动物，小篆字形"![廌]"的上部与"鹿"混同。《说文解字·廌部》："廌，解廌兽也，似山牛，一角，古者决讼，令触不直。"隶变中的"灬"亦是其腿和尾巴的变体。

"鳥"以及从鸟的"鳳""鳥""為"同上面三字的情况一样，字形中的"灬"亦是象形线条的遗留，分别是尾巴和爪子、大象的腿和尾巴的变体。

《说文解字·宀部》："寫，置物也，从宀、舄声。""舄"字在西周时期已经产生，金文形体作"![舄]""![舄]""![舄]"等，字形像鸟张开双翼飞翔的样子。《说文解字·乌部》："舄，誰也，象形，誰，篆文舄从隹昔。""隹""鸟"字义相同，可以看出"舄"本指喜鹊。《说文通训定声》："今谓之喜鹊，字亦作鹊。"由于小篆形体线条化，从字形上已看不出展翅飞翔的样子，但"舄"中的"灬"亦是由鸟的翅膀发展而来。

2."![林]"混同为"灬"

此处的"![林]"并不是一个独立成字的构件，而是"丝"和"林"的小篆字形"![丝]""![林]"的下部。在隶变中，笔形缩短，下部的弧形与竖直的线条逐步写成并列的三点。受"灬"的影响，将原本的六点再减省两点，产生混同现象。①

---

① 并非所有含构件"丝"和"林"的字，在隶变中都会发生混同为"灬"的情况。

【例36】湿（濕）、显（顯）、无（無）

湿：——![图]、——

显：———![图]、——

无：———————

"濕"初文作"![图]"，从水、从日、从丝，会日下晒丝之意，本义表示湿意。《说文解字·水部》"水，出东郡东武阳，入海，从水、㬎声"是其另一义。在隶变过程中，构件"絲"下部的形体逐渐与"灬"混同。

"顯"金文形体作"![图]"，从日、从丝、从页，会人在日下观丝之意，表示明显。《说文解字·页部》"顯，头明饰也，从页、㬎声"，《说文解字·日部》"㬎，众微杪也，从日中视丝，古文以为顯字"。《说文解字》以为"顯"的本义是头上显眼的饰品，引申为显明，为"㬎"的后起字。现有考古证据表明，"顯"在西周已经非常常见了，而"㬎"最早见于战国时期的楚国。"㬎"当是"顯"的简体字形，《说文解字》分为两字。同"濕"的演变情况一样，在隶变中"顯"的声符下部与"灬"混同。

"無"本是"舞"的初文，甲骨文字形作"![图]"，像人手持物舞蹈的样子。西周金文中，人手里所持的物品变为"口"和"木"，字形作"![图]"。小篆的字形结构同金文基本一致。《说文解字·林部》："無，丰也，从林、㒳；或说规模字，从大；㗊，数之积也；林者，木之多也……"《说文解字》释义当是"無"的假借义。隶变中，构件"林"的下部笔画断开，写作六点，受"灬"的影响，最终减省为并列的四点。

3. 其他混同

在482简化字中，还有一些其他构件混同为"灬"的情况。这种混同属于书写中的偶然现象，并不具有系统性。

【例37】衅(釁)

衅：——

魏大飨碑字形"![图]"下部的构件"分"混同为"灬"。《说文解字·釁部》："釁，血祭也，象祭灶也，从爨省，从酉。酉所以祭也。从分，分亦声。"《说文解字》的说解是依小篆字形而言，其实"釁"字所从的"分"乃是讹体。"釁"西周金文作"![图]"①，下部所从"![图]"为"寡"字，"寡"本从宀从页(有时减省构件"宀"，如中山王鼎作"![图]")，字形中的两点是为了整字平衡而添加的装饰性的笔画，与"分"无关。马王堆帛书字形将小篆"分"改弧为直后形体讹同"火"，成熟的隶书俗体字形将处于整字最下端的"火"写作"灬"。

【例38】佥(僉)

佥：————

《说文解字·亼部》："僉，皆也，从亼，从吅，从从。"在隶变过程中，逐步将构件"从"的笔程缩短，并将相接的笔画分开，写作并列的四点，与"灬"混同。

(三)混同为"田"

"田"本为象形字，从甲骨文到楷书阶段，"田"字的结构并未发生太大的变化。在隶变中，有一些来源各不相同的线条组合或构件逐步混同为"田"。

1. 象形字的遗留混同为"田"

【例39】鱼(魚)、万(萬)、丑(醜)、粪(糞)、审(審)

鱼：—————

---

① 容庚．金文编[M]．北京：中华书局，1985：237.

万：𧄼(说文解字)—𧀼(岳)、█(里)—𦱔、𨵿(睡)—𪎫(马)—萬(熹平)—萬(走)—𨗨、萬(楼)

丑：醜(说文解字)—醜(岳摹)—醜(睡)—𢌱(马)—酉㠯(孔彪碑)

粪：𥸸(说文解字)—𥸸(放)—█(里)—糞、𥸸(睡)—糞(居延简)—糞(度尚碑)

审：審(说文解字)—審、𡩋(里)—審(岳)—審、審(睡)—審(马)—審(史晨奏铭)—𡧃(走)—審(楼)

隶书"魚"中的"田"形是鱼身的变体；"萬"中的"田"是蝎子头和身的变形。

《说文解字》"醜"为从鬼、酉声的形声字。"鬼"甲骨文字形作"𤰰"或"𤰰"，学者认为字形上部与"田"相近的部分当是一种吓人的面具。在隶变中混同为"田"。

"粪"甲骨文字形作"𥸸"，会手捧簸箕倾倒之意。中间的簸箕形在小篆中写作"華"，字形在隶变中缩短笔程，不断调整形体，最终逐步混同为"田"。

《说文解字·釆部》："寀，悉也，知寀谛也，从宀、从釆。审，篆文寀从番。""番，兽足谓之番。从釆；田，像其掌。""番"中的"田"为动物掌印的变体。

2. 形体与"田"相近产生的混同

【例40】肤(膚)、卢(盧)、虏(虜)、虑(慮)

肤：膚(说文解字)—膚(睡)—膚、膚(马)—膚(熹平)—膚(白石神君碑)

卢：盧(说文解字)—盧(岳摹)、盧(岳)—盧(里)—盧(马)—盧(杨著碑)—盧(走)—盧(楼)

虏：虜(说文解字)—虜、虜(里)—虜(马)—虜(魏上尊号奏)、虜(造桥碑)—虜、虜(楼)

虑：——![图]、———![图]（楼）

以上所举四字的隶书形体中均含有构件"田"，但"田"的来源却不相同。

前文分析到"膚"《说文解字》正篆字头作"臚"。《说文解字·皿部》："盧，饭器也，从皿、膚声。""盧"西周金文形体作"![图]""![图]"，与田毫无关联。籀文"![图]"在金文的基础上给声符下部多添了几点，小篆字形将声符下部多余的饰笔整理写作"![图]"，与"田"形近。隶变中混同为"田"。

《说文解字·冊部》："虜，获也，从冊、从力，虍声。""冊"与"田"形体相近，在隶变中缩短笔程，混同为"田"。

《说文解字·思部》："慮，谋思也，从思、虍声。""思"为从心、囟声的形声字。《说文解字·囟部》云："囟，头会，脑盖也。"像人头顶之形。在隶变过程中，改换笔画的置向，混同为"田"。

3. 笔形改断为连产生的混同

【例41】会（會）

——![图]、—![图]、—![图]、———![图]、

《说文解字·會部》："合也，从亼、从曾省。曾，益也。"在隶变中，将"曾"中间的两点连写作一横，与"田"混同。这种写法对后世有深远影响，楷书阶段"會"的俗体字形也混同为"田"。

（四）混同为"艸"

"艸"充当构字偏旁时，一般处于整字的最上方，在隶变过程中，改弧为直写作"![图] ![图]"。在正体中，两短横又连写为一长横作"艹"，草写中"艹"一般连笔写作"![图]"。在该过程中也有一些来源各不相同的线条组合或构件混同为"艸"。

1. 象形、会意字部分形体的遗留造成混同

【例42】万(萬)、梦(夢)

万：🐛(说文解字)—🐛(岳)—🐛、🐛(里)—🐛、🐛(睡)—🐛(马)—🐛(熹平)—🐛(走)—🐛、🐛(楼)

梦：🐛(说文解字)—🐛(岳)—🐛(龙挐)—🐛、🐛(睡)—🐛(马)—🐛(刘熊碑)

“萬”在隶变以及成熟的隶书字形中均含有构件“艸”，但“艸”是由原本象形字的某些部分发展而来的。“萬”的甲骨文字形作“🐛”，像螯、头、身和尾具备的蝎子。在隶变中，睡虎地简首先改写小篆线条的置向，将“🐛”分别向左、向右扭转90°，形体与“艸”相近，再改弧为直，混同为“艸”。

成熟的隶书字形“夢”中含有构件“艸”。“夢”甲骨文字形作“🐛”，像人睁着眼睛躺在床上的样子。隶书中的“艸”乃是由眼睛上的睫毛发展而来的。

2. 形近混同

小篆中存在一些构件，如“屮”“丫”“竹”等，与“艸”形体相近，隶变中，容易发生混同。

【例43】惊(驚)、难(難)

惊：🐛(说文解字)—🐛、🐛(睡)—🐛、🐛(马)—🐛(北海相景君铭)—🐛(走)—🐛(楼)

难：🐛(说文解字)—🐛(放)—🐛(岳)—🐛(里)—🐛、🐛(马)—🐛(杨君石门颂)—🐛(走)—🐛、🐛(楼)

“驚”为从马、敬声的形声字。在隶变过程中，“敬”中的构件“屮”混同为“艸”。《说文解字·苟部》：“敬，肃也，从攴、苟。”意符“苟”《说文解字》云：“……从羊省，从包省，从口……”“苟”甲骨文字形作“🐛”，像人跪坐之形，形体本不从羊、包或口，更不从艸。后在金文中

添加构件"口"为装饰性的符号,如何尊作"𦥑"。《字源》一书认为:"西周早期金文以苟为敬,敬字是在西周早中期之间产生的,是在苟字基础上累加意符而成,作为表示肃敬之义的专字。"①小篆进一步规整作"𦬣"。上部的"𡴍"在隶变中本应写作"廿",因与"艸"形近,发生混同。

"難"在《说文解字》中以或体形式列于正篆字头"鶇"之后。"難"为从隹、堇声的形声字。成熟的隶书俗体字形如石门颂中,声符"堇"上部混同为"艸"。"堇"甲骨文字形作"𦰩",或省火作"𦰩"。字形上部的"𡗜"一直呈"廿"形。由于与"艹"形体相近,在马王堆简帛字形中,混同为"艸"。

【例44】节(節)、笔(筆)、筑(築)

节:𥰭(说文解字)——𥱼(里)——𥱐(岳)——𥱐、𥱐(睡)——𥱐(马)——節(熹平)

└→𥱐(里)——節(马)——𥱐(纵横家书)——𥱐(史晨碑)——節(张迁碑)——節(楼)

笔:𥬶(说文解字)——𥮫(睡)——筆(刘宽碑)

└──→𥬶(汉印征)——筆(王纯碑)——筆(楼)

筑:𥮮(说文解字)——𥮮(放摹)——築(睡摹)——築、築(马)

↓

築(武威简)——築(熹平)——築(魏受禅表)

隶变中,当"竹"充当汉字构件时,容易混同为"艸",这是二字形体相近导致的。"竹"和"艸"的小篆字形分别作"𣎵""𦬩",区别只在于二字弧形的开口朝向不同。受隶变过程中改弧为直的影响,二字分别以该弧形的两个端点为端点,将弧拉直,致使二字同形,容易发生混同。"竹""艸"相混的情况不仅发生在隶变中,在楷书阶段的俗体字形中也

---

① 李学勤.字源[M].天津:天津古籍出版社,2013:805.

比较常见。但汉字本受"区别律"的影响，构件混同使汉字表意功能受限，因此在正体字形中，"竹"并非一直与"艸"混同，而是将弧线按其延伸方向分别改写作两直线，如"䒑"，以区别于"艸"。

"節"为从竹、即声的形声字，该字隶变的发展演变轨迹有两路：一路一直以"竹"为意符演变；另一路在里耶简改弧为直后，使"竹"与"艸"同形而混同，以"艸"为意符演变。这两路演变的最终字形"節""莭"形成了同字异构关系。

"筆"为从聿、从竹的会意字，意符"竹"显示出笔的质地。在隶变中，亦是按"竹""艸"两路轨迹演变的。睡虎地简字形从"竹"，汉印征字形中发生混同现象。

"築"本为从木、筑声的形声字。在秦简以及马王堆简帛所见字形中，均以"竹"为意符。武威简变"竹"为"艸"（构件"艸"在草写中，常连笔写作"㠯"形），发生混同。熹平石经和魏受禅表字形亦写作"艸"。

（五）偶然混同

以上所分析到的混同情况，在隶变中具有普遍性。在小篆演变为隶书的过程中，还存在一些构件，或因形体相近，发生混同；或因采取不同的隶定方式导致混同，但这种混同却是在书写中偶然产生的，不具有普遍性。

1. 耳—瓦

"耳""瓦"二字的小篆字形分别作"耳""瓦"。在隶变过程中，二字由于形体相近，有时会发生混同。

【例45】声（聲）；聂（聶）

聲（说文解字）→聲（里）—聲（睡）、聲（马）—聲（韩勑碑）—聲（熹平）—聲（楼）

聲（放簠）—聲（岳）—聲（武威医简）—聲（灵台碑）

《说文解字·耳部》："声，音也，从耳、殸声；殸，籀文磬。"在隶变过程中，"声"字的演变轨迹分两路进行：一路沿从耳、殷声的结构发展；另一路则将表意构件"耳"的笔画稍作改写，使"耳"与"瓦"混同，整字结构变作从瓦、殷声。

聑（说文解字）→聑（里）—聑（马）—聑（杨著碑）—聑（辟雍碑）

⌐→聑（睡）—聑（马）—聑（居延简甲）—聑（周憬功勋铭）

《说文解字·耳部》："聂，附耳私小语也，从三耳。"在隶变过程中，构件"耳"的演变轨迹有两种：一种是将小篆的弧形断开，写作相交的直笔；另一种则将"耳"的其中一竖笔转换方向，与"瓦"混同。

2．出—士

"出""士"二字的小篆字形分别作"出""士"，二字字形本有差别，一般不易混同。但在"卖"字的隶变过程中，"出"最终混同为"士"。

【例46】卖（賣）

賣（说文解字）—賣（岳）—賣、賣、賣（里）—賣（马）—賣（孙叔敖碑）—賣、賣（楼）

《说文解字·出部》："賣，出物货也，从出、从买。"在隶变中，表意构件"出"并未按照"出"字的演化轨迹演变，而是直接将弧线逐步拉直写作两横，并将竖与两横相交，混同为"士"。

二、构件分化

与构件混同相反的现象是构件的分化，是指同一个构件在隶变过程中分化为形体不同的构件，这些形体不同的构件承担的职能却完全相同。在小篆系统里，一个字的字形与其充当构字部件时的形体是完全相同的，而不必考虑其所处的位置。但在隶变中，受笔形变异和结体取势的影响，一些字形作为整字的某个组成部分时，其形体会发生改变，以适应由隶变产生的笔势变化的需要，也是为了字形的书写需要。此外，隶变中的构件分化现象也使汉字的整体结构更加均匀、协调，对汉字审美具有重要意义。

（一）常规分化

常规分化往往发生在左形右声结构的形声字中，规律性较强。常见的分化有："人"分化作"亻"，"阜"分化作"阝"，"邑"分化作"阝"，"衣"分化作"衤"，"示"分化作"礻"，"辵"分化作"辶"，等等。常规分化出的构件形体一般具有较强的独立性和普遍性，不会与其他小篆基础构件在隶变中的演化样式同形。

1. 心—忄、小

"心"充当构字部件时，根据其所占位置的不同，在隶变中，最终演化的形体也不同。楷书由隶书发展而来，这种情况也基本保留在楷书当中。当"心"位于整字的左边时，在隶变中一般写作"忄"；位于中部或下部时，形体基本不变；位于下部时，有时也写作"小"。

【例47】爱（愛）、忧（憂）、庆（慶）、虑（慮）、听（聽）、应（應）、怀（懷）、怜（憐）、恭、慕

爱：▨（说文解字）—▨（岳）—▨（里）—▨、▨（睡）—▨（马）—▨（三公山碑）—▨、▨（楼）

憂：▨（说文解字）—▨（岳）—▨（周）—▨（睡）—▨、▨（马）—▨（熹平）—▨（走）—▨、▨（楼）

慶：▨（说文解字）—▨（里）—▨（睡摹）—▨、▨（马）—▨（熹平）

"愛""憂""慶"三字中的构件"心"均位于整字中部，隶变过程中，"心"外部的两曲线缩短笔程作两点，内部的两弧按其延伸方向改写为直线，最终变为"心"。

慮：▨（说文解字）—▨（睡）—▨、▨（马）—▨（魏受禅表）—▨（走）—▨（楼）

聽：▨（说文解字）—▨（岳）—▨（周）—▨（里）—▨（睡）—▨（马）—▨（聽）

（熹平）—⿱（楼）

應：⿰（说文解字）—⿰（里）—⿰（睡）、⿱（睡虎）—⿰（马）—瘫（王孝渊碑）—應（史晨碑）—⿰（走）—⿰（楼）

"心"在"慮""應""聽"三字中分别位于整字的下部和左右结构的右下角。同上面的情况一样，"心"未产生分化形体。这是因为受汉字审美结构的影响，最下部的结构应当稳定、平衡，以承托上部的形体。

懷：⿰（说文解字）—懷（睡虎）—⿰（马）—懷（鲁峻碑）—懷（郭辅碑）—⿰、懷（楼）

憐：⿰（说文解字）—⿰（马）—憐（郙阁颂）

构件"心"在"懷""憐"中位于左右结构的左边，形体分化为"忄"，这是在隶变中，将小篆字形"⿰"的弧线改写为点和竖，再省写一笔形成的。

恭：⿱（说文解字）—恭（武威简）—恭（尹宙碑）

慕：⿱（说文解字）—慕（精白镜）—慕（北海相景君铭）—慕（桐柏庙碑）—慕（杨统碑）—慕（夏承碑）

构件"心"在"恭""慕"中位于整字的最下部，形体分化为"小"。在楷书中，"小"受行草书笔法的影响，竖下带勾。

2. 水—氵

构件"水"在隶变中，当位于左右结构的左边时，一般分化为"氵"。这也是由汉字结体的需要形成的。

【例48】沓、浆（漿）、沟（溝）、汉（漢）

沓：⿱（说文解字）—沓（北）—沓（居延简甲）—⿱（汉印征）—沓（熹平）

漿：⿱（说文解字）—⿱（马）—漿（武梁祠堂画像）

当构件"水"处于整字的上部或下部时，隶变过程中的形体基本不发生变化。

70

沟：[篆文](说文解字)—[字](岳)—[字](睡摹)—[字](马)—[字](史晨后碑)

漢：[篆文](说文解字)—[字](岳摹)—[字](里)—[字]、[字](马)—[字](孔宙碑)

在小篆中，无论"水"处于怎样的位置，字形均写作"[篆]"，不发生改变。在隶变过程中，当"水"充当表意构件处于整字的左端时（尤其是在左形右声的形声字中），形体改写作"氵"。这种变化多是由于书写上的结体需要而发生的。

3. 火——灬、小、示

前文分析到，当"火"处于整字的最下端时，隶变中往往经过缩短笔程，有时写作"灬"。当"火"处于中部时，有时也写作"灬"，当处于下部时，有时写作"小"和"示"。

【例49】党（黨）、热（熱）、尽（盡）、辽（遼）、票

党：[篆](说文解字)—[字](睡)—[字](马)—[字](武威简)—[字](夏承碑)—[字]（走）

热：[篆](说文解字)—[字](里)—[字](睡摹)—[字](马)—[字](武)—[字](耿勋碑)—[字](楼)

盡：[篆](说文解字)—[字](岳)—[字](龙摹)—[字](周摹)—[字]、[字](里)—[字]、[字]（睡）—[字]、[字](马)—[字](尹宙碑)—[字](楼)

前文分析到，"黨"下部的构件"炎"从二火，在隶变中逐步缩短笔程写作"灬"。《说文解字·火部》："熱，从火、執声。"《说文解字·皿部》："盡，器中空也，从皿、妻声。"两字中的构件"火"同"黨"字的隶变情况完全相同，隶变后均写作"灬"。

遼：[篆](说文解字)—[字](杨君石门颂)—[字](嘉平)

"遼"为从辵、尞声的形声字。《说文解字·火部》："尞，柴祭天也，从火、从昚；昚，古文慎字。祭天所以慎也。"在隶变过程中，"尞"下部的构件"火"将本来相连的笔画断开，写作四点，形体如"赤"的下部，再将四点省写一点，最终变为"小"。

票：(说文解字)—(马)—、(汉印征)

"标"为从木、票声的形声字，《说文解字·火部》："票，火飞也，从火，与同意。"在隶变过程中，"票"下部的构件"火"逐渐演变为"示"。

4. 手—扌、

当构件"手"充当表意构件位于形声字的左边时，一般分化为"扌"；处于整字的下部时，有时字形不变，有时写作""。

【例50】据（據）、击（擊）、举（舉）

據：(说文解字)—、(里)—(马)—(唐扶颂)—(走)—(楼)

构件"手"在"據"字中，充当表意构件。受隶变带来书写结体的需要，"手"分化作"扌"，使整体字形更加美观、和谐。

擊：(说文解字)—、(马)—(熹平)

构件"手"位于"擊"字的最下部，在隶变过程中，马王堆帛书字形有时会写作""，但总体上看，经过隶变，"手"形体最终没有分化。

舉：(说文解字)—、(岳)—(周)—(里)—、(睡摹)—、、(马)—(景北海碑阴)—、(楼)

"手"在"舉"中同样位于最下部，但经过隶变，"手"分化作""。

5. 犬—犭

当"犬"充当表意构件，位于左右结构的左边时，一般分化为"犭"。其余位置形体一般不发生变化。

【例51】状（狀）、类（類）、犹（猶）

狀：(说文解字)—(放摹)—(里)—(睡)—(马)—(孔龢碑)

"犬"位于"狀"字的右边，隶变中形体无变化，依然写作"犬"。

類：(说文解字)—(放摹)—(岳)—、(睡)—(马)—

(老子铭)—颣(魏受禅表)—颣(楼)

猶：猶(说文解字)—猷(睡)、猶(睡摹)—猷、猶、猶、猷(马)—

猶(白石神君碑)—猶(楼)

构件"犬"在"颣"和"猶"字中，均位于整字的左边(严格说来，
"犬"位于"颣"的左下角)，在隶变过程中，字形分化写作"犭"。

6. 刀—刂

"刀"充当构字部件且位于整字的右部时，有时分化作"刂"，其他
位置形体基本不变。

【例52】剧(劇)、利、召、分、切

劇：劇(说文解字)—劇、劇(马)—劇(景北海碑阴)—劇(孔宙碑阴)

利：利(说文解字)—利、利(马)—利(武威简)—利(熹平)

构件"刀"位于"劇""利"二字的右部，在隶变过程中，首先改曲为
直，再改换置向，分化为"刂"。

召：召(说文解字)—召(孙子)—召(马)—召(武威简)—召(唐公房碑)

分：分(说文解字)—分(睡摹)—川、分、分(马)—分(武威简)—

分(熹平)

切：切(说文解字)—切(武威简)—切(东海庙碑)

构件"刀"在"召""分""切"三字中分别位于上部、下部和右侧，在
隶变过程中，形体并未发生分化现象。

(二)偶然分化

隶变过程中构件的常规分化往往具有较强的规律性，甚至可以类
推。除此之外，还有一些构件分化现象只在个别字中出现，属于书写中
的偶然分化，这种分化一般不具有规律性，且具有较强的依赖性。这种
分化变体有时会与其他小篆基础构件在隶变中的演化样式同形。因此，
在历时的溯源过程中，必须排除其他演化样式同形的构件的干扰。

1. 犬—大、犮、火

在隶变过程中，"犬"充当表意构件时一般分化作"犭"，有时也会偶尔分化为"大"或"犮"。

【例53】献（獻）

獻（说文解字）——![图]、![图]（睡虎）—![图]（马）→![图]（熹平）

　　　　　　　　┌─→![图]（曹全碑阴）
　　　　　　　　└─→![图]（张公神碑）

在曹全碑字形中，"献"的表意构件"犬"分化为"大"。这是由"犬""大"字形相近产生的。当"犬"中的点和横画相接，隶书中的横往往具有蚕头燕尾之势，末端上扬，这时"犬"与"大"形体则无差别。由于二字形体相近，有时书者在"犬"字上增添一撇，以示区别，这样就由"犬"产生另一分化构件"犮"，如张公神碑字形。

【例54】奖（獎）

![图]（说文解字）—![图]（里）—![图]（周憬功勋铭）

在周憬功勋铭中，正字中的构件"犬"分化作"火"。这也是因为"犬""火"形体相近产生的。"犬"省写一点变为"大"，"大"中的横笔断开，分写作两点则为"火"。

2. 人—亠

一般情况下，在隶变中，当"人"充当表意构件且位于整字的最左端时，一般分化为"亻"。也有一些比较特殊的情况，分化为"亠"。

【例55】监（監）、临（臨）

監：![图]（说文解字）—![图]、![图]（岳）—![图]、![图]（里）—![图]（睡）—![图]（马）—![图]（熹平）—![图]（杨震碑）—![图]（走）—![图]（楼）

臨：![图]（说文解字）—![图]（岳）—![图]（里）—![图]（睡）—![图]（马）—![图]（北海相景君铭）—![图]（韩勅两侧题名）

《说文解字·卧部》："监，临下也，从卧、䘡省声。""监"甲骨文字形作"🐾"，像人跪在盛满水的器皿旁俯视的样子，为"鉴"的本字。金文形体作"🐘""🐘"等，人的眼睛逐渐与身体分离，讹变作"臣"。在隶变过程中，书者将小篆的"人"以相交的两直线改写。在成熟的隶书字形里，出于结体的需要，构件"人"分化为"亠"。

《说文解字·卧部》："临，监临也，从卧、品声。"金文字形作"🐘"，像人俯视物品之形。与"监"字演变的情况相同，人眼的部分逐渐讹写作"臣"。在隶变过程中，构件"人"逐渐分化为"亠"。

3. 艹—亠

构件"艹"在充当表意构件时，大多数情况下位于整字的最上方，在隶变中改弧为直写作"艹"形。有时"艹"也会产生分化形体，写作"亠"。

【例56】庄（莊）、权（權）、劝（勸）

莊：莊（说文解字）—莊（里）—莊（睡）—莊（马）—莊（严訢碑）—莊（走）

權：權（说文解字）—權（岳）—權（睡）—權（马）—權（谯敏碑）

勸：勸（说文解字）—勸（岳）—勸（马）—勸（帝尧碑）

"莊"为从艹、壮声的形声字，《说文解字注》："草大也。"在隶变中，构件"艹"为了书写上的便捷，逐渐产生出分化形体"亠"。

"權""勸"二字均以"藿"为声符。《说文解字·萑部》："藿，小爵也，从萑、吅声。""藿"字小篆形体作"藿"，本不从艹。在隶变中由于构件"丫"上部与"艹"形近发生混同。构件"艹"在二字的隶变过程中，分化为"亠"。

4. 十—忄

构件"十"在隶变中，一般不发生分化。有时受连笔书写的逆向影响，本应连写为"十"的构件，反而将笔画断开，分化写作"忄"。

【例57】协（協）

協（说文解字）—協（蔡湛颂）、協（尧庙碑）

构件"心"的分化形体"忄"在草写中，有时将两点连写为一横，使"忄"与"十"发生混同。此例则恰好为相反的情况。"协"本从十，成熟的隶书字形改"十"为"忄"。

三、构件省减

构件省减是汉字简化最直接，也是最为有效的方式。在隶变过程中，直接省写小篆繁复或重复的构件，只保留最主要构件，大大降低了汉字的书写难度。

【例58】虫（蟲）

蟲（说文解字）—蟲、蟲（睡）—蟲（马）—虫（唐扶颂）

《说文解字·蟲部》："蟲，有足谓之蟲，无足谓之豸，从三虫。"成熟的隶书字形省写下部的两虫，只保留一个"虫"，使整字结构变得简洁。

【例59】洁（潔）

潔（说文解字）—潔（校官碑）、潔（桐柏庙碑）

《说文解字·新附·水部》："潔，瀞也，从水、絜声。"成熟的隶书字形则省写表意构件。

【例60】窃（竊）

竊（说文解字）—竊（里）—竊（马）—竊（孔彪碑）、竊（祝穆后碑）—竊、竊（楼）

《说文解字·米部》："竊，盗自中出曰竊。从穴、从米，离、廿皆声。廿，古文疾；离，古文偰。"由于整字中存在两个声符，因此在隶变过程中，将声符"廿"省写。成熟的隶书字形只含有构件穴、米、离。

第三节 隶变过程中正俗体的字际关系

关于"隶变是否会导致俗体字大量产生",学界有不同的看法。

王贵元认为:"隶变的实质是汉字打破原有的以物象为描绘对象的篆体字形系统,建立新的以词的音义为表示对象的字形系统的过程。在建立新的字形系统的过程中,由于处于自然演化状态,呈现出的是多途探索、多种改造方式并现的面貌,即同样一个字形成分在便于书写的原则下或者这样改造、或者那样改造,使得同一个单字出现多种形体。在当时,这众多形体都是新体系建立过程中的探索形体,也即都是汉字形体正常演化的结果,并无主次、正俗之别。所以隶变形体与民间俗写完全是两码事,相反,隶变形体恰恰应视为正规形体。"①

大部分学者认为隶变会导致俗体字大量产生。黄征认为:"虽然汉语俗字从甲骨文时代就已经大量出现,但是敦煌俗字却并非直接从甲骨文时代跨越过来,而是从隶变的过程中衍生出来的。"②赵立伟认为:"隶变在使汉字更加简单、更有利于书写的同时,又因汉字成分的复杂性和演变时的多趋向性,直接导致了大批俗字的产生。"③任平认为:"隶中所见俗字主要表现为当时的一种简化字。这些简化字一开始大多因快写、草写而成,后来相对固定化,在民间比较流行。"④

本书认为当采用大多数学者的看法,即隶变会导致俗体字大量产生。首先,一种新字体的产生及使用在未取得官方认可时即可以看作当时的俗体。与当时官方认可的正字小篆相比,通过隶变产生的新字

---

① 王贵元. 隶变问题新探[J]. 暨南学报(哲学社会科学版),2011(3):158.

② 黄征. 敦煌俗字典[M]. 上海:上海教育出版社,2005:9.

③ 赵立伟. 从隶变看俗字的产生[J]. 聊城大学学报(社会科学版),2004(5):34.

④ 任平. 说隶[M]. 北京:北京时代华文书局,2016:102.

体——隶书，便是俗体字。曾良先生曾指出："一种汉字新体的出现，最初是以俗字身份出现，渐渐成为正字。如小篆为正字时，作为刚出现的隶书就是俗体。"①其次，由于隶变使同一个单字产生多种形体，但多个字样的使用频度并不一致，总有某几个字样使用得多，某几个字样使用得少，即使这些不同形体"都是新体系建立过程中的探索形体"，也一定有主次之分，而经过官方规范的字样成为正体字，未经过规范的则还是俗体字。

汉字字际关系的分析是传统语言文字学历来重视的一个研究问题。"字际关系不仅是文字学要研究的对象，也是文献解读所要关心的问题。"②汉字的字际关系可以从共时和历时两个角度进行分类。从共时角度来看，也就是在同一历史时期内汉字间的形体关系，主要有同字异形和异字同形两种关系，即我们通常所说的异体字和同形字。而异体字从构形上看，有的是因为写法不同产生的异写字，有的是因为构件形体、构件数量、构件功能等不同产生的异构字。从历时角度来看，也就是在不同的历史时期内，汉字构形的传承和发展演变关系，主要指传承字。

厘清汉字字际关系对汉字整理和汉字字形的优选也具有十分重要的意义。汉字的繁难不仅在于笔画数多、结构复杂，更在于随着时代的发展变化，不同时期的汉字冗余、积累，给汉字的使用带来不便。多余的形体给汉字学习和使用增添难度，也在当今信息化的时代中影响了信息的传播速度和准确度。因此，在科学的汉字学理论指导下，系统整理汉字字际关系，尤其是共时的汉字认同关系，迫在眉睫。

一、正俗体的同字异形关系

（一）同字异写关系

在汉字字体每一次发生改变的很长一段时间内，社会上的书写情况

---

① 曾良．俗字及古籍文字通例研究[M]．南昌：百花洲文艺出版社，2006：4.
② 王宁．汉字构形学讲座[M]．上海：上海教育出版社，2002：80.

都是比较混乱的。一是由于旧的字形体系没有被完全打破，新的字形体系尚未建立，导致书写情况混乱，如在隶变、楷化的过程中，篆隶并行、隶楷并行的情况十分常见；二是从个人书写的层面来看，由于个人书写习惯不同，文化修养程度不同，汉字异写现象十分普遍。这种现象也从侧面反映了人们对异写字的包容：社会上层文化里，文人士族利用异写字丰富书法作品的个性；社会下层文化里，民众百姓的文化层次不高，写出来的字更是千差万别。从个人层面讲，没有必要对异写字进行整理和规范，只要不影响社会交际，允许手写体与标准字形有不一致的地方；但从社会流通的角度看，异写现象给汉字学习者和使用者增添了太多负担，因此历代政府都十分重视汉字的整理和规范。隶变过程中正俗体的异写关系比较普遍，东汉蔡邕奉敕刊刻的《熹平石经》，是规范隶书的标准字形。此处仅举几例予以简单说明。

【例 61】气（氣）

气（熹平）—气（朱龟碑）、气（张迁碑）、气（史晨后碑）、气（衡方碑）、气（灵台碑）

"氣"的汉隶标准字形写作"气"，朱龟碑字形"气"上部异写作"上"；张迁碑字形"气"、史晨后碑字形"气"、衡方碑字形"气"分别将中间的横改写作三点、四点和省写，与正体构成异写关系；灵台碑字形"气"则将偏下的折笔移到上方。

【例 62】迁（遷）

遷（熹平）—遷（孔宙碑）、遷（鲁峻碑）

《说文解字·辵部》："遷，登也，从辵、䙴声；拪，古文遷从手、西。""遷"小篆字形作"遷"，汉隶标准字形隶定为"遷"。孔宙碑字形"遷"是按小篆字形隶古定而成，与正体属于异写关系；鲁峻碑字形"遷"在构件"卩"的写法上与正体形成异写关系。

【例63】会(會)

會(熹平)—**會**(华山庙碑)、**會**(孔宙碑)、**會**(修华岳碑)

《说文解字》"會"为从亼、从曾省的会意字。熹平石经字形将"曾"中部的两点连写作一横,与"田"混同。华山庙碑字形"**會**"中部写作两短横,与标准字形形成异写关系;孔宙碑字形"**會**"中部的竖笔突出与"亼"的横笔相交,为标准字形的异写;修华岳碑"**會**"与正体字形相比,省写部分笔画。

(二)同字异构关系

异构字与异写字是一组相对的概念。异写字是构件因写法不同或构件位置不固定产生的,在构意方面完全相同;异构字是音义相同的一组字,但构件在形体、数量、功能等方面至少存在一项差别①,这使得异构字在构意方面也或多或少存在差异。隶变过程中,有的异构字是直接对构件进行替换而产生的,将形体复杂的构件改写为形体简单的;有的则是由写法变异引发了异构关系。

【例64】粮(糧):**糧**(华山庙碑)—**粮**(韩勅碑)

《说文解字·米部》:"糧,谷也,从米、量声。"隶书字形有时将声符"量"替换为"良",二形构成同字异构关系。"粮"成为如今使用的简化字标准字形。

【例65】穷(窮):**窮**(熹平)—**窮**(北海相景君铭)、**窮**(郑固碑)、**窮**(刘宽碑)

《说文解字·穴部》:"窮,极也,从穴、躳声。"《说文解字·吕部》:"躳,身也,从身、从吕;躬,躳或从弓。"邵瑛《群经正字》:"今经典作'窮',盖'躳'字《说文解字》或体作'躬',经典'窮'字从或体'躬'也,汉隶亦时有之。"小篆"窮"的声符本为"躳",东汉隶书标准字

---

① 王宁. 汉字学概要[M]. 北京:北京师范大学出版社,2001:91-95.

形改写为"躳"。北海相景君铭字形"窮"为从宀、躳声；郑固碑字形"窮"为从穴、躹声；刘宽碑字形"窮"为从宀、躹声。三形与标准字形"窮"形成同字异构关系。

【例66】笔(筆)：筆(刘宽碑)—葦(王纯碑)

前文分析到，"筆"本为从竹、从聿的会意字。在隶变过程中，由于"艸""竹"形体相近易发生混同，所以"筆"有时写作"葦"，如王纯碑字形"葦"。二字组成构件不同，形成异构关系。

【例67】尝(嘗)：嘗(熹平)—嘗(孙叔敖碑)

《说文解字·旨部》："嘗，口味之也，从旨、尚声。"在隶变过程中，小篆"旨"上部的"匕"逐渐改写为"𠂉"，如熹平石经"旨"作"旨"，受此影响，"尝"写作"嘗"。孙叔敖碑将构件"旨"替换为"甘"，使二形构成异构关系。

二、正俗体的异字同形关系

异字同形即同形字，指记录不同词的字却有相同的形体，且几个词的词义之间没有引申或假借关系。同形字有广义、狭义之分。狭义的同形字专门指造字同形，即分别为不同的词造字，字形偶然相同，例如：当收麦器讲的"杷"和当把手讲的"杷"，在造字阶段均为从木、巴声的形声字，因二字同形，后将二字的表意构件分别改为"耒"和"手"①。广义的同形字指所有表示不同的词但形体相同的字，本书主要指因书写原因造成的同形。书写同形，是指本来不同的字形，在汉字字体演变过程中或由于个人书写的原因，或因为字形的自然演化，造成形体相同的现象。

隶变发生的原因之一是快速书写的需求。战事分沓、诸侯割据、百

---

① 王宁. 汉字学概要[M]. 北京：北京师范大学出版社，2001：99.

家争鸣……这一切都要求文字朝着形体更简洁的趋势发展。当社会生活节奏逐渐加快，文字的使用量逐渐增大，使用面又不断向社会下层扩散时，更多的人便参与到书写这一实践活动中来。如果书写者文化素养不高，不了解汉字的基本结构，只是照猫画虎，不仅会增加字形的讹写现象，造成隶变中同形字大量增加，也会影响汉字整体的书写风格。"汉简隶书大多出于下层人士之手，东汉碑刻大多出于上层文人之手"①，这也是早期隶书与成熟隶书风格不同的原因之一。前文已分析，在隶变过程中，出于对汉字系统的整合，在一些形近或形体不同的构件间有时存在一种类化倾向，使构件发生混同，特别是在形声字中，当二字的声符相同，只靠意符别义时，如果意符发生混同，二字就会变成同形字。

【例68】协（協）—愶

"協"正体字形从十，从劦。《说文解字·劦部》："協，同心之和，从劦、从心。"蔡湛颂和尧庙碑将"協"分别写作"**愶**""**协**"，将表意构件"十"改写为"忄"，使本为二字的"協""愶"同形。

【例69】拟（擬）—儗

《说文解字·手部》："擬，度也，从手、疑声。"《说文解字·人部》："儗，僭也，一曰：相疑，从人、从疑。"二字本不同，郙阁颂中将"擬"写作"**儗**"，造成同形关系。

【例70】朴（樸）—朴

《说文解字·木部》："樸，木素也，从木、菐声。""樸"本表示未经加工的木材。《说文解字·木部》："朴，木皮也，从木、卜声。"孔宙碑中借用形体更简单的"**朴**"替代正体字"樸"，使正俗体之间构成异字同形关系。

---

① 秦晓华. 汉字与书法艺术［M］. 暨南大学出版社，2015：53.

第四节　隶变过程中俗体字的演变规律

通过对前文字例的梳理和分析我们不难发现，在隶变过程中产生的俗体字形的演变大致遵循以下几条基本规律。

一、整字框架基本不变

在本章第一节分析到的隶变单笔笔形变异的方法中，虽然运用到缩、改、增、减、换等手段，但将隶变早期的字形与成熟的隶书字形相比，这些手段的运用并未使整体字形产生太大的变动，即整字的大框架基本不变。尽管隶变被认为是"古今汉字的分水岭"，但受汉字记录汉语的影响以及汉字字形受全社会"约定俗成"，汉字在某一时段内的历时书写变化一定是渐变而不是突变，这就使得隶变能够为人所接受，得到有效发展。

赵平安教授认为："隶变过程中，字形变化最突出的部分往往是字的中部……这是因为字的中部的变化对字的框架轮廓影响不大的缘故。"①

【例 71】书（書）

書（说文解字）—書（睡）—書（龙塞）—書（里）—者、書（马）—書（熹平）—書（走）—書（楼）

"書"为从聿、者声的形声字，隶变中只有声符"者"的上部"㘴"有所变化，意符的"聿"的下部和声符"者"的下部变化不大。

【例 72】誉（譽）

譽（说文解字）—譽（睡）—譽（马）—譽（熹平）

"譽"在隶变过程中最大的变化是中部的"月"改弧为直后连写作

---

① 赵平安. 隶变研究［M］. 保定：河北大学出版社，1993：63.

"廾"，上部和下部变化不大。

还有一些字形在隶变过程中虽对字形上部或下部做了一些调整，但保留了主要特征，并未使整体字形的识别度降低。

【例73】关(關)

關(说文解字)—鬌(睡)—關(岳)—關(里)—關(马)—關(郙阁颂)—關(走)

《说文解字·门部》："關，以木横持门户也，从门，䜌声。"成熟的隶书字形与隶变过程中的诸多字形相比，声符减省了一部分，但因保留了主要特征，整体字形的识别度并未降低。

【例74】怜(憐)

憐(说文解字)—憐、憐(马)—憐(郙阁颂)

隶变过程中，声符"粦"上部的部件"炎"两部分融合，但主要成分"心""舛"使整体字形变化不大。

二、变纵势为横势

隶书在发展演变过程中的体势和风格在不同时期呈现出不同的风格。早期隶书多保留一部分篆味，字形大小、宽窄不一，波磔之势不明显；经东汉人美化之后，字形趋扁，笔画中的波磔之势凸显，从艺术角度上看富有特殊的魅力。刘志基认为隶书字形趋扁有三个原因：1. 受书写材料——竹简宽度的限制；2. 汉字使用的普及性冲击了"书法不隐"[①]原则，使书写者不得不在有限的竹简上不断压缩字形以获得更多的空间记事；3. 战国时期社会生活各方面的大变革打破了原有的文字禁锢，汉字的主要使用阶层不再仅仅局限于社会上层，新一代书写者多从"务实"出发，追求在有限的空间里承载更多的信息。正是这样的原因让隶书的运笔趋于横势，多向左右侧发笔，使上下运动受到一定制

[①] 书法不隐，即能以简略的文字凸显所记事件的要点。参见：刘志基. 隶书字形趋扁因由考[J]. 中国文字研究，1999(1)：256.

约，最终形成成熟隶书左掠右挑的八分笔法。从书法角度看，成熟的隶书以“笔道的分展开放来取势”①，将小篆中的一些竖画改写为横画或外放的斜画，使笔势倾向不同，整体字形趋扁。

【例 75】边（邊）、赵（趙）

邊：（说文解字）—（睡摹）—（马）—（老子铭）

趙：（说文解字）—（睡）—（里）—（马）—（杨君石门颂）—（韩勑碑阴）—（走）—（楼）

构件“辵”“走”的隶变过程是纵势发展到横势的典型例子。“辵”和“走”均含有构件“止”。二字在小篆中的末笔是一个短小的横，隶变过程中，二字末笔的短横逐渐拉长。成熟的隶书中，二字的末笔已经写得很长，竭力向右延伸，有一种舒展之态。

【例 76】宝（寶）

（说文解字）—（韩勑碑）—（校官碑）—（楼）

“宀”的隶变过程也体现了汉字从篆书的纵势经隶变发展为横势。小篆中的“冂”保留了一定的象形程度，从上覆盖到下。隶变后写作“宀”，两边向下延伸之势被压缩写作两点。

【例 77】尘（塵）

（说文解字）—（北）—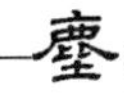（桐柏庙碑）

小篆中的“尘”从三鹿从土，会群鹿疾行使尘土飞扬之意。小篆字形的三鹿呈纵势布局。隶变中省减下部两个相同构件“鹿”，结构趋简，字形趋扁。

三、满足快速书写的需求

隶书比小篆更多地显示出毛笔书写的自然形态。毛笔质地的柔软

① 启功，秦永龙. 书法常识[M]. 北京：中华书局，2017：77.

决定了汉字书写无论是线条还是笔画都必定会带有粗细、方圆、藏露锋等不同形态。正体小篆字形是艺术性高度强化产生的结果，表现为线条的粗细均匀单一，然而这并不符合快速书写的要求。在隶变过程中产生的俗体字形则一改这些逆生理的书写形式，完全从生理需要出发，尽显笔画中的粗细、方圆、藏露锋，大大提高了书写速度。

从另一方面讲，缩、改、增、减、换等手段的使用为书写提供了便利。作为记录汉语的工具，汉字字形越简单越便于书写。一些汉字经过隶变，本来冗长的线条变得短促，节省了书写时间；繁复的结构通过省减变得清晰；而原本断开或勾连纠缠的线条，通过隶变实现连通或解散，产生的俗体结构既紧凑又疏朗，使汉字的书写性能得到有效提升。

第四章　楷化过程中俗体字的笔形、构件及整字的变异

　　王宁教授曾指出："通常所说的汉字三要素形、音、义，音和义都是汉字作为汉语的载体由汉语那儿承袭来的，只有字形是汉字的本体。"①汉字的形体研究包含构形和字体两方面。前者指汉字的内部组织构造，属于静态的汉字学研究；后者指汉字的外部形态的总体风格和类型，属于动态的汉字学研究。秦永龙教授认为："人们在写字时，为了保证字符的正确，对结构不能随意改动，但为着书写的便捷，对笔形和笔形的趋向却可以稍加变化……笔形的变化最终往往会影响到笔形的组合形式即结构的变化。"②俗体流行的最主要原因在于书写上的便利，而单纯地对俗字进行结构上的分析则忽略了其发展演变的中间环节，故本章从动态书写角度，考察楷化阶段俗体与正体的关系，特别是行草书对俗体字的影响。

---

①　王宁．汉字构形学导论［M］．北京：商务印书馆，2015：6.

②　秦永龙．汉字书写漫谈［J］．语文建设，1997（1）：2.

第一节　隶楷阶段笔形系统的差异及行草
书对楷化的影响

一、隶楷阶段笔形系统的差异

"从书体沿革上看，凡是两种相邻的书体，用笔多有相通、相关之处，总是前者渗透后者而影响深远，后者承袭前者而有所发展。"①自魏晋南北朝时期，楷体字形已逐渐从隶书的母体中脱胎出来成为官方规范字形并使用至今而不衰。

楷书是从隶书发展演变来的。早期楷体字还或多或少带有些许"隶味"，因此，唐代时依然有人把楷书称为"隶书"。成熟的楷书与隶书则有了明显的区别，表现如下。

（一）笔形系统已完全形成

隶书由小篆发展而来，因此"一般的横画和竖画，几乎全继承了小篆等粗线条的笔法"②，只在此基础上增加了点、掠和波磔。隶书的"点"没有固定形态，或作一小横，或作一小竖。到了楷书阶段，隶书中的掠和波磔被楷书的撇、捺取代，隶书中的蚕头雁尾、一波三折之势被楷书横平竖直的笔画取代，使汉字的笔形系统最终完全形成；点、横、竖、折、撇、捺、勾、挑八种基本点画在书写中相互配合，使楷体字定型化并沿用至今。

（二）结体意识更强烈

楷书阶段的结体意识更加强烈，因此有时改变字内构件的写法或点

---

① 启功，秦永龙．书法常识［M］．北京：中华书局，2017：81.
② 启功，秦永龙．书法常识［M］．北京：中华书局，2017：81.

画形态。隶书承袭小篆而来，同一构件的形态很少因所处字中的位置不同而改变，在合体字中各部分拼合较机械，还没有整体布局的意识，因此隶书并不是汉字字体的最优造型。在隶书一步步走向成熟的过程中，楷化也孕育其中。如"林"隶书作"**林**"（《熹·诗·击鼓》），在楷书中写作"**林**"（《石经周易》），左边"木"的最后一笔从"捺"变为"点"。关于结体意识的问题，后文我们会详细展开讨论。

二、行草书在楷化过程中的影响

"任何时代社会用字的书写，大体上都会有三种情况：一是庄重、严肃场合的用字，书写者需要一笔一划（画）、一丝不苟地按当时的文字规范精心书写，因而字体非常规整、典雅；二是一般场合的文书、交际用字，书写者可以稍事随意、从容而为之，因而字体比较活泼自由，但又不失于大体的规范；三是事情急迫场合的用字，书写者需要疾书以应急，因而字体草率。"[①]日常用字多属于第二、第三种场合，对书写的速度有一定要求。行草书是官方规范字的快写形式，通过使用大量连笔，或对正字部件进行省减、省变而形成。行书兼有楷书的点画和草书的使转用法，因而在日常使用中最广泛；草书形体最简，书写最便捷，但对正体"改造"的程度过高，不利于识别，所以草书一直是一种辅助字体。

刘延玲认为："隶书与楷书的形制最大的区别不在结构而在笔形、笔顺上，点、提、钩等笔形是在楷书里丰富、发展起来的。隶变以后，新笔形的产生和原笔形的演变，考虑的主要是笔势关系……这种笔势关系在行书、草书中体现得最明显，从这种意义上来说，没有行书、草书，就没有楷书。"[②]受行草书连笔、减省或符号替代的影响，楷书字形笔形变异，构件粘连或混同，进而影响到整字的结构变化。

---

① 秦永龙.汉字书法通解（行·草）[M].北京：文物出版社，1997：31.
② 刘延玲.魏晋行书构型系统[M].上海：上海教育出版社，2004：87-88.

第二节　楷体俗字的笔形变化

"笔形，就是一个个独立而又具有长短、曲直、粗细等不同的点画形态。"①笔形的变化会导致汉字结构的变化，结构的变化则引发汉字字体的变化，这是一个由量变引起质变的过程。汉字字体的变化往往始于微小的笔形变化。"在汉字字体发展序列中，最基本的风格区别是正体和俗体的对立互补。正体又叫主流字体，俗体主要指速写字体。这两大类字体在风格特征和使用场合方面形成了显著的区别……正体的字形更易于辨识，俗体在书写属性上更优于正体。"②汉字字体学的观点认为：汉字在今文字阶段形成了正规字体和变异字体的差异。"一般把隶书、楷书称作正规字体，行书、草书称作变异字体。变异字体的结构是对正规字体结构有系统的变异，因此，它们的构形系统依附于正规字体而存在。"③一些俗字追求书写简便，或受行草书的影响，与正规楷字在形体上产生差异。

一、缩短笔程，变其他笔画为点

同隶变一样，楷化的主要原因也是快速书写的要求。快速书写首先是通过缩短笔程实现的。"点"是楷书字体八种基本笔画中运行距离最短的笔画，落笔即成，毛笔书写的"点"的形态又十分丰富，有方圆、长短、藏露锋、正斜之分。任何笔画只要写得短一些，都可以看作一点。因此，利用点替代正字中的部分笔画，一般不会造成汉字交际中的

---

① 秦永龙. 汉字书写漫谈[J]. 语文建设，1997(1)：2.

② 徐秀兵. 近代汉字的形体演化机制及应用研究[M]. 北京：知识产权出版社，2015：192-193.

③ 王宁. 汉字构形学讲座[M]. 上海：上海教育出版社，2002：11.

困难，还可以提高书写速度。很多俗体字便是将正字的某些笔画缩短成点形成的。

（一）横、竖（勾）变点

【例78】极（極）—极

"極"为从木、亟声的形声字。"亟"的甲骨文字形作"𠄞"，乃人站立于天地之间的样子，上下两条横线分别代表天地，表示"至高处"之义。后逐步添加构件"口"和"又"。《说文解字·二部》："亟，敏疾也，从人、从口、从又、从二。二，天地也。""亟"的末笔本应写作一横，《干禄字书·去声》："亟亟，上俗下正。""極"的俗体字形也依此类推，改写为四点。

【例79】际（際）—际；标（標）—標；帘（簾）—簾

"際"为从阜、祭声的形声字，声符"祭"从示。"示"的甲骨文字形作"丅""丁""示"等，像神主之形，字旁的两小点表示祭祀时涂抹的血迹。此后的形体基本沿"示"形发展。到楷书之际，整字下部与"小"同形，中间为一竖勾。俗体字形"际"通过以点替代正字中的竖勾缩短笔程；在"標"字中，同样以点替代"示"中的竖勾；在"簾"字中，下部的撇、捺和两竖画均写作点。

【例80】华（華）—华、华；茧（繭）—茧；惊（驚）—惊、惊；旧（舊）—旧；兰（蘭）—兰、兰

以上所举各字均含有构件"艹"。"艹"在俗体中均写作"䒑"形，通过把竖笔写作两斜点缩短笔程。

（二）撇、捺变点

【例81】报（報）—报、报；叹（歎）—叹；欢（歡）—欢

"報"表意构件"𠬝"中的"又"，在草书字形中经常写作一点，如"报"（郗愔《至庆帖》）、"报"（王羲之《寒切帖》）、"报"（文征明《滕

91

王阁序》)等。俗体"𫐄""𫐓"也是依照草书字形得来的，缩短笔程以点替代撇和折。"欺""歡"的意符"欠"与草写的"𫟪"形体相近，因此俗体字形"𫐄""𫐓"将撇改写为竖，并以一点替代了字中的捺。

【例82】参(參)—𣖼、𣘡

《说文解字·晶部》："參，商星也。从晶、㐱声。"依据行草书的书写规则，构件"㐱"常写作"尔"，首先将下部的"彡"向左转换置向，再缩短笔程，将撇画改写成点得来的。如"珍"作"𤧛"(智永《千字文》)、"𤩽"(赵构《真草千字文》)，"參"作"𣖼"(宋克《急就章》)、"𣘡"(孙过庭《书谱》)等。在俗体中"㐱"也常写为"尔"，如《干禄字书·平声》"珎珍，上通下正"，《敦煌俗字典》"趁"俗作"趂"等。

【例83】从(從)—𠈇、𨓆；复(復)—𨕓；后(後)—𨗈

"從""復""後"均含有构件"彳"。"彳"在行草书中一般连笔写作"𧘂"，如"𠈇"(復，蔡襄《自书诗》)、"𠔃"(得，孙过庭《书谱》)、"𧘇"(後，高闲《千字文》)和"𨑔"(從，赵构《真草千字文》)等。同样在行草书写作"𧘂"形的还有构件"亻""氵""辶"。草写的"𧘂"使这四个构件产生形体上的混同。所举俗体字形"𨓆""𨕓""𨗈"的表意构件均由"彳"改写为"氵"，也是根据草书"𧘂"楷化为"氵"得来的。从"彳"到"氵"的变化，正是缩短笔程将撇改写为点。此外，俗体将"從"字的声符"从"写作"丷"，也是把撇画改写为点。

【例84】才(纔)—𬙎、𬙨；馋(饞)—𫗧；鱼(魚)—𩵋

"纔"和"饞"均含有构件"毚"。"毚"由𠃋、兔会意而成。"𠃋"小篆字形作"𪔀"，像兔子的形体。字形演变到楷书阶段，线条发展为可称说的笔画，"𠃋"正字首笔为撇。部件"𠃌"依照行草书的书写规则，在俗体字中一般写作"丷"，以点代撇缩短笔程，如《干禄字书·去声》：

"凸臼召，上俗中下正。"所以"纔"和"饞"的俗体分别写作"纔""饞"，将首笔改写成点。"魚"字也含有部件"⺈"，所举俗体字形写作"魚"。

【例 85】业(業)—業、業、業；乐(樂)—樂、樂；东(東)—东

楷书字形"業""樂""東"下部均含有由撇、捺构成的笔画组合，撇和捺在俗体中均缩短笔程写作两点。

(三)折变点

【例 86】将(將)—将；状(狀)—状；壮(壯)—壮

"將""狀""壯"均含有一个共同的构件"爿"。受行草书的影响，俗体字将正字中"爿"的折笔以及横和撇缩短笔程，简写成两点。

【例 87】尘(塵)—塵

"塵"在隶变过程中由从麤从土会意省减为"从鹿从土"会意，俗体字形将组成意符的部件"比"中的两个折笔简写作四点。

【例 88】肃(肅)—肃

"肅"的俗体"肃"将构件"𣶒"的四个折笔拉直，缩短笔程写作四点。

二、改变笔形方向

受行草书连笔书写和快速书写的影响，楷体字的笔形一般在笔画长度、笔形置向、起笔收笔等书写属性方面产生变化，导致俗体字的产生。

【例 89】才—才；才；才

我们现如今使用的简化字标准字形"才"是利用同音替代的方法，将"才"和"纔"合并而成的。《说文解字·才部》："才，草木初生也，从丨上贯一，将生枝叶；一，地也。""才"在隶变楷化过程中，最末笔逐步写作一撇。而俗体字形最末笔有写作横、点或提的。从整体上看对字形结构和笔画数并无影响，只是与正字相比，笔形书写置向的不同而

已。但俗体字形却提高了书写速度。"**十**"末笔为一横笔，从左向右书写符合右手执笔书写的生理要求；"**才**"中部为一竖勾，毛笔通过勾画从下部运行到中部，而末笔写作一从左上至右下的点，与正字相比，缩短了毛笔在空中的运行距离，缩减了笔程；"**十**"亦如此，起笔方向在左下，便于书写。

【例90】几（幾）—**羮**

《说文解字·丝部》："幾，微也；殆也，从丝，从戍……"俗体"**羮**"中，构件"戍"中间向右下的点写作向左下的一个折笔。

【例91】里（裏）—**裏**、**裏**

《说文解字·衣部》："裏，衣内也，从衣、里声。""裏"的表意构件为"衣"，"衣"字的首笔为向右下方的一点。俗体字形"**裏**"将首笔的点改写为向左下方的一撇画，改变了笔形置向，这是为了更好地与第二笔从左至右的横画衔接，缩短笔程，提高书写速度。

【例92】尔—**尓**；参—尒、尔、尔

《干禄字书·上声》："尔尓，上通下正。"正字构件"人"的捺笔在快速书写的影响下，变为俗体的横笔，转换了笔形的置向。前文提到的"参"多俗写作"尒""尔"，也是由于笔形向左转换置向而形成的。《玉篇·玉部》："珍，张陈切，宝也，贵也，美也，又重也。玠，同上，俗。"《敦煌俗字典》"珍"俗作"**环**""**玠**"，"畛"俗作"**畛**"是其例。

【例93】亏（虧）—**齁**

《说文解字·亏部》："虧，气损也，从亏、雐声。**齁**，亏或从兮。"所举俗体"**齁**"是《说文解字》中的或体字形。但在草书中，由于"兮"上部的"八"呈左右分散之态，下一笔的横又是从左至右书写，不利于笔画之间的相互联系，影响书写速度，书者便改变"八"笔形的置向，倒写作"丷"，如"**兮**"（赵构《洛神赋》）、"**兮**"（武则天《升仙太子

碑》）等，使笔画之间相互照应。俗体也依照草书写法，将字中的构件"兮"写作"兮"。

三、连笔书写

楷书的"楷"是楷模的意思，所谓楷书，即为标准字体。自东汉末期产生以来，楷书一直沿用至今，成为使用时间最长的一种字体。楷书笔画平直，形体方正，但在书写时要遵循其法度严谨的书写规则，在"应急"的场合中，楷书往往满足不了书写速度的需要。行草书的一些特点恰好可以满足这个"速度需求"。

连笔书写是行草书最大的特点，孙过庭《书谱》认为"草贵流而畅"。今草和狂草自不必说，即使在"字字区别"的章草中，也要追求"虽笔断而意连"。抛开实用的角度，单从艺术角度来看，草书也是书法创作中的最高境界，潘伯鹰先生曾指出："以学书的艺术和技术论，草书是最高境界。因之学书者不能以草书胜人，终不为最卓绝的书家。"[1]草书自产生之时起，使因其书写上便捷性以及重在情感意趣的迸发而受到欢迎，虽没有发展为一个独立的阶段，但也并不影响它在书法史上的地位和影响力。行书介于楷书和草书之间，虽比不上草书对楷书"改造"程度之深，但也兼有楷书的点画和草书使转的特点，比楷书流动快捷，比草书规范收敛，因而在实际书写中实用性最强。

从结体上看，草书常见以简单点画代替楷书复杂的笔画和结构，或利用使转的方法改变楷体字的结构，或大量同化楷书的基本结构，或为了书写的连贯性将本来相离的部件甚至整字之间利用一些简单笔画如钩、提和游丝等方法相连，使楷体字的部件或整字的笔画数大大降低，从而达到了简化汉字的目的。从用笔上看，草书几乎包含了古今一切笔法，方笔圆笔、中锋侧锋、藏锋露锋、提按顺逆、着墨浓淡……变化多

---

① 潘伯鹰．中国书法简论［M］．上海：上海人民美术出版社，1981：151．

端。由于在结构和笔法方面的限制较少，在书写过程中，行草书的实用性要远远强于楷书。民间俗体也多借鉴行草书的特点，利用连笔书写的方法改变楷书正字，使书写更加便利和快捷。

（一）连笔方向

1. 从左向右

从左向右即横向连笔书写。

【例 94】点（點）—**黑**；鱼（魚）—**鱼**、**鱼**；马（馬）—**馬**；湿（濕）—**湿**；荐（薦）—**荐**；缠（纏）—**缠**；会（會）—**會**

在民间俗写中，常将并列的几个点连写为一横，一笔写就，减省笔画，所举六个俗体字例便是如此。俗体字"**黑**"将正字"點"的左右结构变为上下结构，并将意符"黑"的最后四笔连写为一横，与"魚"俗为"**鱼**"、"馬"俗为"**馬**"、"濕"俗为"**湿**"、"薦"俗为"**荐**"、"纏"俗为"**缠**"属于同一种情况。俗体字形"**會**"将正字"會"中部件"⿱"的中间两点左右横向连写，并与部件"田"混同。

【例95】爱（愛）—**爱**

《说文解字·夊部》："愛，行皃。从夊，㤅声。"俗体"**爱**"将声符"㤅"的组成构件"心"横向从左至右连笔书写。从该俗体字形还可以看出，将"愛"中下部的"**㤅**"连笔写为类似于以至完全同化为"友"的形体，是很早的事，而不像很多人所认为的是 20 世纪 50 年代汉字简化的创造。

【例 96】参（參）—**桑**；来（來）—**来**、**来**；麦（麥）—**麦**；啬（嗇）—**啬**

前文已经分析到，构件"参"俗写作"尔"，"參"的俗体便类推写作"桑"，所举俗体字形"**桑**"将"小"的两点从左至右横向连写。

"來"的俗体"**来**""**来**"中部写作一横，与"耒"同形，是将笔画组合

"从"左右连写作两横形成的。同理，"麥"和"嗇"的笔画组合"从"以及"麥"中部的撇、捺两画连笔分别写为"麦"和"嗇"。俗体字形的"麦"成为如今使用的简化字标准字形。

"來""麥""嗇"三字虽均是将"人"连笔书写，但连写笔画略有区别："來"是将中部的两个"人"草写为两横；"麥"是将中部的两个"人"和撇捺草写为两横；"嗇"是将上部的两个"人"草写为一横，而最下部的横实际来自下方构件"回"，省写首笔的点而形成。

2. 从上至下

从上至下即纵向连笔书写。

【例97】涩（澀）—𤂒；沟（溝）—沛；汉（漢）—漢；让（讓）—讓；护（護）—𬳿

楷书字形的"水"作表意偏旁且位于整字的最左边时为了结体需要一般写作"氵"。受行草书的影响，俗字中的构件"氵"常将第二、三笔的点连写作一竖（有时为了加强与右边构件的联系也写作一竖勾），从而减少笔画数，如所举"澀""溝""漢"的俗体。连写的"氵"与草书楷化的"言"（在字中作表意偏旁且位于整字左边时写作"讠"形）在俗写中常由于形似而混同，如"讓"俗作"讓"，"護"俗作"𬳿"。

【例98】与（與）—與；举（舉）—举；儿（兒）—兒；写（寫）—写；旧（舊）—舊

"與"的金文形体作𦥸，左上部手形逐渐演变为"𦥑"，两横笔由于快速书写，先缩短笔程写作两点，再受行草书连笔书写的影响，写作一竖，俗体字形"與"和"举"左上部的两竖由此得来。"兒""寫""舊"也含有笔画组合"𦥑"，由此类推，俗体字形也纵向连写为一竖。

【例99】灯（燈）—𤆬

俗体字形"𤆬"以一纵向连笔替代构件"豆"。

3. 非单一方向的连笔

汉字字形演变到隶楷阶段，尤其是楷书阶段时，汉字的笔形和笔顺已经逐步固定下来，并形成一套标准的书写规则。但在实际书写过程中却并非如此，并不是所有人都会严格按照标准进行书写，尤其行草书更注重个人情感的抒发，意多于法，书家并不在意一点一画的得失，为了保持连贯性和流畅性，在书写时常常突破标准笔形和笔顺的束缚，因此连笔书写的方向也并非前面所分析的只有单一的横向或纵向。民间草写的俗体字形在行草书书写规则及草书字形的影响下，也呈现出多种连笔方向。

【例100】齐（齊）—**方**；实（實）—**宇**；从（從）—**侯**

俗体字形"**方**"以一连笔笔形替代整字，"**宇**"以连笔替代构件"貝"，"**侯**"以连笔替代构件"止"。三字连笔的方向有纵有横，以纵向统领横向。

【例101】极（極）—**椒**；斗—**ヰ**；风（風）—**庋**

俗体字形"**椒**"的表意构件"木"含有一斜向连笔。当"木"作表意构件且处于整字最左端时，经常写作"木"，与构件"手"的变体"扌"同形。"扌"的竖勾与提画相连，产生一个斜向连笔。俗体字"**ヰ**"以一斜向连笔将点和横画勾连起来。俗体"**庋**"是行草书字形，张旭《古诗四帖》作"**风**"，怀素《自叙帖》作"**风**"，含有一斜向连笔。

（二）连写单位

行草书的连笔书写还体现在连写单位中。有的连笔是在同一构件内，有的连笔是将相离的构件连写。

1. 同一笔画组合或构件内的笔形连写

大部分的连笔书写都在同一笔画组合或构件内，如前文横向连笔书写所举的"點""馬""纏""會"等字例，此处再举两例进行简要说明不再展开论述。

【例 102】为（爲）—；拣（揀）—

"爲"下本为四个并列的点，在俗体字形中，四点连写作一横；"揀"的声符"柬"中的两点连写作一横，与"東"同形。

2. 相离笔画组合或构件间的笔形连写

有些字的笔画组合或构件处于相离状态，受行草书的影响，在俗写中利用笔画的走向、游丝或笔顺的调整连接起来，使整字的关系更加紧密。

【例 103】节（節）—

"即"甲骨文字形作""""""等，像人坐或站立在盛满食物的簋器旁，表示即将进食之义。小篆字形为""，《说文解字·皀部》："即，即食也，从皀、卩声。""皀""卩"本为相离的两个部件，在行草书中经常用一连笔将两构件连接起来，如""（赵孟頫《净土词》）、""（欧阳询《千字文》）等。受此影响，在"即"充当声符的"節"中，其草写的俗体写作""。

【例 104】无（無）—

"無"字上下两部分相分离，受行草书字形的影响，如""（孙过庭《书谱》）等，俗体字形""也是用一连笔将上下两部分勾连起来，提升书写速度。

（三）变异字体对笔顺的影响

有一些俗体字的笔形、笔画组合或构件与正体字形有所差异，但这种差异并不是替换构字部件造成的，而是受到行草书即变异字体的影响，在书写顺序上引起的变化。王宁先生曾指出："结构生成与书写顺序不一致，所以分析正规字体的结构时，主要分析构件及其功能，而分析变异字体时，由于变异是书写造成的，就必须首先考虑书写顺序和笔画的密集程度所引起的作用。"①

字体的发展是按一个渐进的序列演变的，这个序列却并非严格地以时间顺序从甲骨文到草、行、楷书以一条直线顺序发展。楷书、行书和草书都是从隶变的过程中发展出来的。在楷书成为正规字体登上历史舞台时，行、草书作为正体字的变异字体一同被使用，楷、行、草保持同步发展的节奏，并相互影响。汉字的书写顺序也是在汉字字体的发展演变中被逐步确立下来的。正体字的书写顺序以楷书的笔顺为代表。但在实际书写活动，尤其是民间快写的俗体字中，受变异字体的影响较多，有时出于结体取势的需要，点画都是顺势而为的，从而改变了楷字的笔顺。

【例105】体(體)—躰、骵

《说文解字·骨部》："體，总十二属也，从骨、豊声。""躰""骵"并为"體"的会意俗体字形。"躰"见于敦煌文献，《玉篇·身部》："躰，俗體字。"《正字通·身部》："躰，俗体字，从體为正。""骵"见于徽州文书，《改并四声篇海·骨部》引俗字背篇："骵，与體同。"《正字通·骨部》："骵，俗體字。"

所举两俗体字均含有构件"本"，但"本"的笔顺却与正体楷字存在差异。楷体正字"本"的笔顺为横、竖、撇、捺、横，第二笔为竖，但俗体字依照行草书的写法，如"𢫊"（谢铎《跋》）、"𢁁"（饶介《送孟东野序》）等，整字写作横、撇、捺、横、竖，第二笔为撇。《干禄字书·上声》所记载的"𡴂本，上通下正"正是草写俗体与正体字的差异。

【例106】历(歷)—歴；涩(澀)—𣺧

"歷""澀"均含有构件"止"，所举俗体字形"歴""𣺧"中的"止"为其草体字形，如作"𡳞"（怀素《小草千字文》）、"𡴆"（赵孟頫《六体千

---

① 王宁. 汉字构形学讲座［M］. 上海：上海教育出版社，2002：42.

字文》)等，无论是从笔形还是笔顺上看，都与正体字的"止"有所差异。楷书正字"止"的笔顺为竖、横、竖、横，俗体字形的笔顺为竖弯钩、点、点。《干禄字书·上声》提到的"〢止，上通下正"所记载的正俗关系反映了变异字体与正体字的差别。

【例107】胜（勝）—勝

《说文解字·力部》："勝，任也，从力、朕声。"《干禄字书·平声》："勝勝，上通下正。"《干禄字书》所收俗字与此处所举俗体字形均来自草书，如"𫘝"（皇象《急就章》）、"▇"（孙过庭《书谱》）等。这组正俗关系也是由书写顺序不同导致的。楷书正字"券"按照"丷""人""力"三部分从左到右、从上至下依次书写；《干禄字书》的俗体"勝"先写"业"，再是一横折，最后是"小"。这种书写顺序的差异形主要是受"分"字的影响。《干禄字书·平声》："分分，上通下正。"俗体"分"先写两撇，再写横折钩，最后是一点。在俗写中，"刀""力"形体相近，二字差别只在于撇画与横折勾的相接和相交关系，所以经常产生混讹，如下文所举的"協"俗为"恊"、"脅"俗为"朌"、"荔"俗为"荔"等。这样，"券"可以看作由"丷""分"两部分构成。根据"分"的俗体写法，可以类推出"勝"的俗体字形，《干禄字书·去声》"券券，上通下正"也是如此。

（四）笔画组合关系的改写

在隶变过程中，小篆的线条逐渐被改写为隶书的笔画，笔画的形成意味着一个字的笔画形状、线条数和书写顺序基本得到确定。到了楷书阶段，汉字的笔画就更为规范了。王宁先生在《汉字学概要》中指出：笔画与笔画、笔画与部件的组合分别有相离、相接、相交三种关系。但在民间俗写中，一些汉字借鉴行草书等变异字体的笔法较多，"为了连写的(得)顺当,常常改变主流字体中笔形间的交接状态"①。离、接、交三种关系任意排列组合可以衍生出六种笔画组合关系的变化。

1. 由相交改写为相离

【例108】单(單)—草、草、單; 执(執)—扎; 势(勢)—势

"單"字的发展演变过程如下:

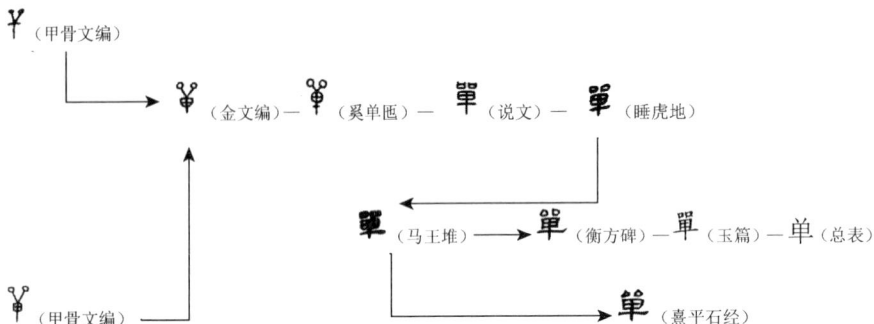

可以看出,"單"字纵向的竖笔从古文字阶段起,就与中间"申"的横向线条相交。所举俗体字形的竖笔与横笔由相交改写为相离。

"執""勢"二字均含有构件"丮","丮"在楷书中一般写作"丸",与"丸"混同。正体"丸"中的点本与撇画相交,徽州文书俗体将点写在折笔上,使原本的相交变为相离关系。

2. 由相离改写为相交

【例109】门(門)—门

"門"正体字形为古文象形字的顺势演变。在敦煌俗体字中常见"門"由草书楷化写作"门""氵"等形。俗体"门"将正字的相离改写为相交关系。

3. 由相接改写为相离

【例110】区(區)—區

《说文解字·匚部》:"區,踦区,藏匿也,从品在匚中。品,众

---

① 李洪智. 汉代草书研究[M]. 北京:北京师范大学出版社,2014:96.

也。""區"的表意构件"匸"本为象形字，像以"一"覆盖住下面藏物的样子。"匸"正字字形的首笔横与第二笔竖折呈相接关系，并向左有所延伸。俗体"區"的首笔与第二笔由相接改写为相离。

4. 由相离改写为相接

【例111】回（迴）—迴；图（圖）—畨、圖

俗体"迴"见于吐鲁番文书。正体"回"内部的"口"与外部的"囗"为相离关系，俗体字形将内部"口"的两竖写长，与"囗"的两横分别相接。《干禄字书·平声》："囬回，上俗下正，诸字有从回者并准此。""圖"俗作"畨""圖"也是同理。

5. 由相交改写为相接

【例112】协（協）—恊；胁（脅）—脇；舍（捨）—捨

前文提到，受行草书的影响，构件"刀""力"形体相近经常混讹，正体字形"協""脅"均从力，俗体字形改写为刀。这也是由于撇画与横折钩由相交改为相接。

"捨"为从手、舍声的形声字。"舍"是由其古文字形体"舍"演变而来的，中间的短竖应与下部的横画相交，俗体字形的"捨"将相交关系改为相接。

【例113】苏（蘇）—蔬；万（萬）—萬

楷书阶段的"蘇""萬"均含有构件"艹"，横笔与两竖为相交关系。俗体字形的"艹"写作"卝"形，把横笔以两竖隔开，将原有的相交关系改写为相接。

6. 由相接改写为相交

【例114】两（兩）—兩；舍（捨）—捨

《干禄字书·上声》："兩兩，上俗下正。"敦煌俗体字"兩"中间的竖笔贯穿了首笔的横画。这也是由笔画的相接改写为相交关系。

同样的情况也出现在黑水城文献俗体字"捨"中。正体字形声符"舍"中间的短竖与上部的横画为相接关系，俗体字形改写为相交关系。

四、省减笔形

由于汉字是一种"衍形文字"，"在文字开始时，衍形文字就是不容易统一而固定的"①。为了避免出现文字在社会中的交际混乱情况，历史上多次采取"正字法"来规范正体字形。但在民间或私人的俗写场合里，为了实现快速书写的目的，尤其是当书写行为糅合了行节、草书中的某些笔法时，有时为了满足结体取势等审美方面的要求，常在不影响汉字识别和认读的前提下，将字中的某些笔画、笔画组合或构件运用使转的方法勾连起来乃至省略，或是出于书写需要改变楷字的笔顺，从而造成某些笔画的省减。俗体比正体便于书写的一个最主要原因是笔画数减少。一些俗体字正是在行草书的影响下，对正字的某些笔画进行省减。

（一）省点

前文提到，"点"是最简洁的笔画，在书写中也最易被省掉。省掉后一般也不影响整字的构形和理据。

【例115】云（雲）—雲；电（電）—電；

"雨"正字字形中共有四点，在草书中经常省写两点，如"雨"（王羲之《中秋贴》）、"雨"（王守仁《若耶贴》）等。"雲""電"二字均含有构件"雨"。受草书连笔书写的影响，俗体中的构件"雨"也省略两点。

一些俗字是为了追求字形的对称美和平衡而将看似多余的"点"省去。

---

① 郭绍虞. 从书法中窥测字体的演变[J]. 学术月刊，1961（9）：50.

【例116】补（補）—補；术（術）—術

俗体"補""術"分别将构件"甫""术"中的点省掉，使整体字形更加对称平衡。

【例117】广（廣）—廣；庙（廟）—厴、廟；缠（纏）—纏

"廣""廟""纏"均含有构件"广"。在俗写中，构件"广"和"厂"由于形体和意义相近，容易混淆，俗体字形则将意符"广"的一点省去，变作"厂"。

还有一些点在正字中属于"非主要笔画"，这些点对汉字的构形没有直接的影响，即使省略掉这种类型的笔画也不会造成认读上的障碍，不少俗字就是利用这种方式实现快速书写的。

【例118】灭（滅）—滅；洁（潔）—潔；沟（溝）—溝；涩（澀）—澀

"滅""潔""溝""澀"四字的表意构件均为"水"。"水"充当表意构件位于字形左侧时，为了整字的结体需要一般写作"氵"。俗体字形，尤其是在行草书的连笔书写中，"氵"的第二、三笔常连接起来，省略中间一点作"冫"，与"仌"的变体"冫"同形。所举四俗体的例子均是将"氵"写作"冫"。

(二) 省横

省横也是一种常见的笔画减省方式，尤其是排列在一起的多个横画，有时因数目不定而难以记忆，一些俗字便将横画省写一笔或几笔，既减少了汉字的笔画数，也不会造成认读上的障碍。

【例119】宪（憲）—憲；达（達）—達、達

《说文解字·心部》："憲，敏也，从心，从目，害省声。"俗体字形"憲"将字中构件"丰"省掉一横和贯穿三横的竖笔。

《说文解字·辵部》："達，行不相遇也。从辵，奎声。"声符"奎"上

部本为"大"，隶变时受书写笔形搭架的影响混同为"土"①。俗体"達"是在"達"的基础上，将声符下部的"羊"少写一横，与"幸"混同；俗体"達"同正字"達"相比，则直接省写了"羊"中的两横笔。

【例120】沟(溝)—溝；构(構)—構；叶(葉)—葉、葉

受行草书的影响，"溝""構"中的笔画组"丗"常写作"世"，手书字形如"溝"(祝允明《归田赋》)、"溝"(李怀琳《绝交书》)、"構"(康里子山《述笔法》)、"構"(孙过庭《景福殿赋》)等；碑刻墓志所见字形如"溝"(宋陆墓志)、"溝"(执失善光)、"構"(司马遵业墓志)、"構"(司马氏墓志)等。"世"的俗体常省去第四笔的一短横作"世""世"。含有构件"世"的俗体"溝""構""葉"也随之省略该短横。

(三)省竖

有些俗体是在正字的基础上省写竖笔(或竖勾)而形成的。

【例121】讲(講)—講；沟(溝)—溝；称(稱)—稱

《说文解字·言部》："講，和言也，从言冓声。"《说文解字·水部》："溝，水渎，广四尺，深四尺，从水冓声。"《说文解字·禾部》："稱，铨也，从禾爯声。"此三字均含有共同的构件"冉"。"冉"的金文字形作"冉"，在形体发展演变的过程中，开口朝下的短线条逐渐拉直并连接起来写作两横，即为"冄"，后在字形中间加一竖笔，即为今天的标准字形"冉"。《干禄字书》以"冄"为俗，"冉"为正。此三字的俗体也随"冄"，省略中间的竖笔。

【例122】声(聲)—聲；开(開)—开；鼋(黿)—鼋；难(難)—難；齿(齒)—齿、齿

---

① 徐秀兵. 近代汉字的形体演化机制及应用研究[M]. 北京：知识产权出版社，2015：45. 笔形搭架指在隶变过程中一笔形与其他笔形共同作为书写元素组合在一起时与其他笔形产生的一种组合关系。

"聲"字声符"殸"中的短竖被省写，使部件"尸"混同为"尸"；"門"在俗体中常利用草书楷化的方法写作"**门**"，俗体"**甲**"将字形左边的一长竖省写；俗体"**黽**"省写了正字中间的一竖；俗体"**難**"省写声符中间的一短竖；俗体"**噩**""**噩**"省写了末笔的一竖。

（四）省撇

有一些俗字省写了正字中的撇画。

【例123】归（歸）—**歸**、**歸**、**歸**、**歸**；师（師）—**师**

《说文解字·止部》："歸，女嫁也，从止从妇省，𠂤声。"所举四个俗体字形按时间顺序排列分别见于吐鲁番文书、敦煌文献、黑水城文献及徽州文书，四字均将声符"𠂤"的首笔撇画省写作"㠯"。

《说文解字·帀部》："師，二千五百人为師。从帀，从𠂤。"所举俗体字例见于黑水城文献，将意符"𠂤"的撇画省略。

【例124】块（塊）—**塊**；丑（醜）—**醜**；审（審）—**審**

《说文解字·土部》："凷，墣也，从土，一屈象形。塊，凷或从鬼。"《说文解字·鬼部》："醜，可恶也，从鬼、酉声。"《说文解字》正篆的"凷"后为或体"塊"所替代，成为官方正体字。"塊""醜"均含有构件"鬼"，二者的俗体字形均将"鬼"的首笔撇画省写。《说文解字·鬼部》："鬼，人所归为鬼，从人，像鬼头。""鬼"字形的发展演变脉络如下：

𤔽、**𤑔**（甲骨文编）—**𤔽**（金文编）—**鬼**（说文解字）—**鬼**（睡虎地简）—**鬼**（马王堆）—**鬼**（曹全碑）—**鬼**（玉篇）—**鬼**（广韵）—**鬼**（类篇）—**鬼**（正字通）—**鬼**（康熙字典）—**鬼**（通规表）

由此可以看出，"鬼"的甲骨文、金文字形下部从人，有学者认为上部的"田"，"象征'鬼头'，但不是像鬼头形……当是在原始社会和商周社会中人戴一种吓人的面具"[1]。在古文字阶段中，只有小篆形体

---

[1] 李学勤.字源[M].天津：天津古籍出版社，2013：805.

"鬼"上部"田"形的竖线写得出头。隶书和宋以前的楷书字形承袭其古文形体，上部写作"田"。直到北宋时期的官方正字中，出头的部分才发展为一撇。俗体"塊""醜"省去了最上部的撇画。

《说文解字·釆部》："宷，悉也，知宷谛也，从宀从釆。审，篆文宷从番。"《说文解字·釆部》："番，兽足谓之番。从釆；田，像其掌。""番"字形的发展演变脉络如下：

"番"中的"釆"和"田"分别由动物手指、爪形和手掌、脚掌形演变而来。同"鬼"的情况一样，隶书字形和宋以前的楷体字上部写作"米"，后承袭小篆字形，上部发展为"釆"。俗体"審"在正字基础上省去了一撇。

【例 125】缠(纏)—經、纏

《说文解字·糸部》："纏，绕也，从糸，廛声。"敦煌文献 S.388《正名要录》："右依颜监《字样》甄录要用者，考定折衷，刊绍纰缪。""纏：束。""右本音虽同字义各别例。"前文提到，"厂""广"在手书中易混，所以"纏"俗作"纏"，俗体"經""纏"又是在"纏"的基础上，将撇省略掉，只写作一横。

(五)省折画的起笔或末笔

"折"是"横与竖或竖与横的转折过渡"①。由于折画的特殊性，俗体中的省折多是将折笔的起笔或末笔省写。

---

① 启功，秦永龙．书法常识［M］．北京：中华书局，2017：44.

【例126】蚕（蠶）—🐛、蚕；怜（憐）—憐

《说文解字·䖵部》："蠶，任丝也，从䖵朁声。"俗体"蚕"将组成声符的构件"旡"中的折笔"乚"起笔省写，直接写作一横，使"旡"与"夭"混同，字形变为"蠶"。在第二个俗体"蚕"中，可以看出只省写了第二个折笔的起笔。

《说文解字·心部》："憐，哀也，从心粦声。"俗体"憐"将构件"舛"右部折笔的起笔省写。

【例127】过（過）—過

《说文解字·辵部》："度也，从辵呙声。"俗体"過"将声符的第三笔写作一横，省写了该折笔的末笔。

五、笔形借用

李洪智认为："当草书某些字相邻的两个部件在相邻处有相同或相似的笔形时，为了字形的简略，两个部件往往共用该笔形，这就是所谓的笔形借用。"[1]笔形借用现象在行草书中比较普遍，如"府"（府，武则天《升仙太子碑》）、"原"（原，李世民《屏风帖》）借用了撇画，"聶"（聂，赵孟頫《急就章》）借用了横画。笔形借用利用同一笔画将两个相邻部件连接起来，减少了整字的笔画数，所以也可以看作一种特殊的笔形省减现象。不少俗体正是借鉴了行草书笔形借用的特点，提高了书写的连贯性，有利于快速书写。

（一）借用横笔

【例128】宁（寧）—宁、宁、宁

《说文解字·丂部》："寧，愿词也，从丂，寍声。"由于声符的末笔

---

① 李洪智.试论汉字学的解析对草书教学的意义[J].关东学刊,2016(10):159.

和意符的起笔均为横，俗体"寍""寍""寍"利用笔形借用的规则，用一横将声符和意符连接起来，声符和意符共用这一横笔。

【例129】尧(堯)—尭

《说文解字·垚部》："堯，高也，从垚在兀上，高远也。"俗体字"尭"下部的两土的末笔连写作一横，与"兀"的首笔一横为相同方向，利用笔形借用的书写规则，将两构件连接起来。

(二)借用竖笔

【例130】当(當)—甯；佥(僉)—佥

《说文解字·田部》："當，田相值也，从田，尚声。"由于意符"田"的起笔与组成声符部件"口"的起笔均为最左侧一竖画，俗体字形"甯"利用该竖笔将两部件连接起来。

《说文解字·亼部》："僉，皆也，从亼，从吅，从从。"构件"吅"两口两邻，且左口折画的末笔和右口的起笔均为一竖，俗体"佥"两口共用一竖笔。

(三)借用撇笔

【例131】产(産)—产

《说文解字·生部》："産，生也，从生，彦省声。"省略一部分形体的声符"产"最左侧的撇画和意符"生"的起笔，都是书写方向相同的撇画，俗体字形则省写了"生"的起笔，借用"彦"的撇画，将两个部件连接起来。

六、增添笔形

汉字从产生之日发展到现如今，一直受"简易律"与"区别律"的制约。从书写的角度看，作为汉语的书写工具，人们希望汉字越简便越好；而从识读的角度看，人们希望汉字字符越丰富、表意性越强越好，能够帮助人们记忆快速地掌握汉字。虽说"简化"是汉字字形发展演变的总趋势，但为了保持汉字表意的明确性，汉字绝不可一味追求简化。盲目追求汉字的简化只会造成大量汉字的构形理据减弱或丧失，甚至使不同字形间的区别度降低乃至混同，反而不利于汉字学习和使用。繁化就是对简化过程中所出现上述问题的纠偏。

汉语俗字研究存在一个误区——人们认为俗体字简便易书写，所以其字形一定简于正字。其实俗体作为汉字系统的一部分，必然会受到整个系统的影响，也要遵循字形能够明确记录音义、便于理解和记忆的原则。因此俗体字在简化的同时，也存在一定繁化现象。[①] 有些笔画的增添加强了文字的区别度，有些笔画则是受其他形近字的影响所添加的，有些俗体字虽然在正字的基础上增加了笔画，但从总体上看，这些笔画虽对汉字的构形没有任何作用，但使整体字形显得更加平衡美观。此外，还有一些添加笔画的现象并没有任何根据，只是出于书写习惯偶然为之，所添加的笔画一般没有相对固定的位置，具有随意性。

（一）增点

前文提到，"点"是笔程最短的笔画，也是最容易增加的笔画。有些俗体为了提高汉字的区别度或者纯粹是出于书写习惯而增添点画。

【例132】尘（塵）—**塵**；见（見）—**見**

前文提到的"塵"字在黑水城文献中还有另一种写法"**塵**"，下部的"土"写作"圡"。由于"土"与"圡"字形相近，书写时稍不注意便容易混淆，故在"土"上增加一点以示区别。这种写法在民间俗体当中非常常见，如"杜"作"**杜**"、"桂"作"**桂**"、"坏（壞）"作"**壞**"、"堕（墮）"作"**墮**"、"垒（壘）"作"**壘**"、"陆（陸）"作"**陸**"等。俗体"**見**"是在"見"上增添一点，以区别于"貝"。同样的情况还见于"王"与"玉"的区

---

① 为了使文字更明确地记录语言，使表意更明确，在原字的基础上增添表意偏旁或其他构件的现象，本书认为属于汉字的分化，而不看作汉字的繁化现象。

别中。早期字形里，"王"与"玉"形近，二字的区别只在于中间一横的高低位置不同，在隶变过程中，逐步在"玉"上添一点，以示区别。像"土士""见贝""王玉"等只依靠笔画长短、笔画弯折程度或笔画位置起区分作用的字形，经常在书写中产生混同现象，在俗体中人们常添加一点以便区分。

【例133】夺（奪）—羹；历（歷）—歴；历（曆）—暦

俗体字形在构件"大"的两侧增加了两点，张涌泉教授认为"可能是受'寮''僚''燎'等字的影响"①。本书认为除此之外，也有可能是因为整字下部笔画多而显得厚重，上部的"大"笔画太少，添加两笔增加上部的"重量"以增强字形上下的平衡感。"歷""曆"均含有构件"厂"，前文提到在俗写中由于构件"厂"和"广"在形体和意义方面相似而容易混淆，受"广"的影响，俗体"歴""暦"均添加一点。从字形美观的角度看，"厂"上部空空，增添一点也增强上下的对称感和美感。

还有一些俗体增点的情况，则属于审美方面的要求。汉字在楷化的过程中逐步将隶书的扁方形书写为四方形。为了结体的需要，经过楷化后的字形结构有时存在不平衡的情况，为了使整字在结构上更加均衡、平稳和美观，有时也在俗体中增添一些点画。

【例134】监（監）—監；医（醫）—醫、鑒

《说文解字·卧部》："監，临下也。从卧，蚰省声。"对比二字可以看出，俗体右上部比正字多了一点。该字从整体上看，字形上部左重右轻，而俗字字形多加一点，显得左右平衡，字形更加匀称美观。

"醫"的俗体受"監"字的影响，字形的上半部分也写作"臣𣢧"。由于字形给人以左重右轻的感觉，再增添一点以达到均衡的审美效果。

【例 135】笔（筆）—筆；华（華）—華、苹；邻（鄰）—隣；伤（傷）—傷

---

① 张涌泉．敦煌俗字研究［M］．2 版．上海：上海教育出版社，2015：168.

俗体"**䇂**""**䇀**""**䇂**""**傂**""**傷**"增点的情况属于书写中的偶然添加，这是书写者的书写习惯所造成的。

（二）增横

前文提到，排列在一起的多个横画有时因数目不定难以记忆，在俗体中经常省写一横或几横。反之，排列在一起的多个横画有时也因为数目不定而再次添加横笔，这种情况的增横多是由书写习惯造成的。

【例136】辞（辭）—**䇀**、**犨**；报（報）—**報**

《说文解字·辛部》"辭"按《说文解字》系列为"讼也，从屬辛"。俗体"**䇀**"和"**犨**"均在构件"辛"的基础上增添一横。

《说文解字·幸部》："報，当罪人也，从幸从反。"构件"幸"在隶变过程中，上部的"大"讹变为"土"，与"幸"混同。俗体"**報**"在意符"幸"的基础上增添一横笔。该俗体同样也可以看作继承隶书异体字形的影响，华山庙碑"報"即写作"**報**"。

同添加点画一样，增横的现象也会受其他汉字的影响。

【例137】丰（豐）—**豐**

"豐"在隶变过程中与"豊"混同，《玉篇》："豐，芳冯切，大也，俗作'豊'。"所举字例见于徽州文书俗体，是在"豊"的基础上又增添一横画，可能是受"曹"字的影响添加的。

（三）增竖

增添竖笔的俗体字与增点、增横相比，从数量上看就比较少了。

【例138】壶（壺）—**壹**

《说文解字·壶部》："壺，昆吾，圜器也，象形，从大，像其盖也。"由于隶变，字形上部表壶盖之形的"大"讹变作"土"。受字形下部笔画组合"**壶**"的影响，俗体"**壹**"在"土"字的基础上增加一竖笔，也使整体字形更加平稳。

（四）增撇

【例139】乱（亂）—乿、乿、乱；礼—札、礼

《说文解字·乙部》："亂，治也，从乙，乙，治之也。从𤔔。"
"乿"则为在"乙"上添一撇画的俗体。"亂"左边构件笔画数多较复杂，右边只是一笔写成的"乙"，左右两边构件的复杂程度不一，使整体字形呈左重右轻之势，俗体"乿"添一撇笔，使整体字形趋于平稳。"乱"为"亂"的又一俗体字形，将"𤔔"改写为从"舌"。"亂"俗作"乱"曾有明确的书面记载。《颜氏家训·书证》"世间小学者，不通古今，必依小篆，是正书记；凡《尔雅》《三苍》《说文解字》，岂能悉得苍（仓）颉本指哉？亦是随代损益，互有同异。西晋以往字书，何可全非？但令体例成就，不为专辄耳。考校是非，特须消息……自有讹谬，过成鄙俗，'乱'旁为'舌'，'揖'下无'耳'……如此之类，不可不治"①说的正是这个现象。"乿""乱"也是仿"乿"在"乙"上添一撇画。

俗体字形"礼"具有非常悠久的历史。《说文解字·示部》所记载的古文"𥛆"正是从示乙声的"礼"。同"乱"一样，"札""礼"在声符"乙"上添一撇笔，以保持整体字形的平稳。

增撇的现象，有时也是受形近字的影响。

【例140】献（獻）—献；压（壓）—壓；厌（厭）—厭

所举字例均含有共同构件"犬"，俗体字形均在"犬"上添一撇笔。这可能是受"发"字的影响而添加的。从字形审美的角度看，左边构件笔画多而右部笔画太少，增加一笔以加强左右平衡。

七、改连为断

与连笔书写相反的现象是"改连为断"，即在正字中一笔写就的笔

---

① 王利器. 颜氏家训集解[M]. 增补本. 北京：中华书局，1993：515.

画，在俗体中反而将这一笔拆分成几个笔画断开来写，也属于另一种形式的繁化现象。楷化过程中的"改连为断"与隶变中"改连为断"的目的不同，隶书中的"改连为断"是为了将小篆中蜿蜒盘曲的线条或相互勾连的部件拆开，使之变成清晰容易辨别的笔画、笔画组合和构件，同时调整笔顺，让字形符合书写的生理需求，从而提高书写速度。前文提到，楷书与隶书最大的区别不在字形结构方面，而是在笔形上。汉字进入楷化阶段，基本的字形结构沿袭隶书已逐步趋于稳定，但在笔形和笔顺方面，尤其是俗体字形更多地受行草书的影响，还在不断调整之中。楷书俗体中的"改连为断"现象多是根据俗体回改造成的一种繁化现象。

【例 141】极（極）—**橛**、**橛**；与（與）—**与**、**㠯**

正体字"極"的末笔写作一横，俗体写作并列四点，改连为断。这是根据俗体回改造成的。前文提到，根据行草书连笔书写的规则，并列的点画在俗体中多连写作一横，如"**鳥**""**馬**""**烏**"等。书写者不知"極"的末笔本就是一横，误以为该横画也是连笔书写造成的，在书写中回改，将本为横的笔画断开写作并列的四点。

"與"的一个俗体字形写作"**与**"，即现行简化字字形的来源。俗体"**㠯**"即是根据俗体回改产生的繁化俗体。同"極"字的情况一样，本应连写作一横的笔画，断开分成并列的四点。

八、整字改写

出于汉字记录汉语及汉字交流的实际需要，前文所列举的七种方法，均是俗体在正体基础上的局部变形。从字形上看，正、俗二体保持一定的联系。而有一些俗体却完全抛开正体字形的影响，在书写中采用新造形声、会意字形或草书楷化的方法对正体字形进行全面改写。

（一）利用形声法改写

除简化之外，形声化亦是汉字形体发展演变的趋势之一。"自古至今，汉字形声字的比重经历了由少到多的过程……形声字在甲骨文中有260多个，占已识字的28%以上。形声字在周代金文中增长到50%以上，在东汉《说文解字》中占80%以上。从南宋至今，形声字占总字数的90%以上。"①形声造字法突破了汉字形体方面的束缚，沟通了汉字与语音上的联系，是汉字从表意迈向表音的一个重大发展。

楷化是隶变继续和深入的过程。隶变、楷化的原因不仅仅是出于书写角度的简化要求，还因为形声字的大量产生为隶变及楷化提供了现实条件，所以"隶变是表音简化两个趋向发生作用的结果"②。在隶书达到成熟之时，楷化紧随其后。由于形声字是利用表意偏旁和表音偏旁相拼合的办法造字，是既适合记录汉语又十分经济的一种造字方法，因此民间的许多新俗体字形采用了形声的方法。

【例 142】碍(礙)—碍；护(護)—护

以上所举字例均是利用汉字形声化的趋势，新造的形声俗体。

"礙"本为从石、疑声的形声字，俗体为从石、导声的形声字。裘锡圭先生认为："导，从古文字看，'得'和'导'是一字异体。但是东汉以后，有些人却把'导'当作'礙'的异体使用(东汉碑刻杨君石门颂以'导'为'礙'……南北朝以后人时常把'礙'写作'导'。后来又在'导'上加'石'旁造成了'碍'字……)当'礙'字用的'导'，以去掉'得'的'彳'旁来表示有障碍不能得到的意思。"③

"護"本为从言蒦声的形声字，因字形繁复，且声符"蒦"为非常用字，便新造一个笔画数少、声符意符均为常用字的俗体字形"护"替代。

(二)利用会意法改写

在楷书阶段，新造字基本以会意、形声字居多。会意字有时利用几

---

① 陈燕. 汉字学概说[M]. 天津：天津人民出版社，2003：121.

② 蒋维崧. 由隶变问题谈到汉字研究的途径和方法[J]. 山东大学学报(语言文学版)，1963(3)：19.

③ 裘锡圭. 文字学概要[M]. 北京：商务印书馆，2013：137.

个构件拼合而成，会意也是常用的一种造字方法。

【例 143】苏（蘇）—甦；稳（穩）—窜；灶（竈）—灶、坔；体（體）—躰、体；寿（壽）—𰁼

以上所举字例是利用会意的方法新造的俗体字形。

《颜氏家训·杂艺篇》明确记载了"蘇"俗作"甦"。颜之推批评南北朝以来俗字滥用的现象，如"百念为忧，言反为变，不用为罢，追来为归，更生为苏，先人为老，如此非一，遍满经传"①，"更生为苏"即用"更""生"会意拼合的方法创造出俗体字形"更生"。《篇海类编·人事类·生部》："甦，死而更生曰甦。"

"窜"利用"安""坐"会意成为"稳"的俗体。《龙龛手镜·宀部》："窜，俗；正作'稳'。"《字汇补·宀部》："窜，与稳同。"

"竈"笔画繁多，书写不便，以"土火"会意创造新字形，《正字通》"灶，俗竈字"，大大降低了书写难度。《总表》以"灶"为标准字形。

"體"本为从骨豊声的形声字。"躰""体"分别是以"身本""人本"会意新造的俗体字形。以"体"记录表身体之义的"體"恰与表笨拙、粗劣之义的形声字"体"同形，《广韵·上声·二十一混韵》："体，粗貌；又劣也。"后表笨拙之义的"体"假借"笨"记录，"笨"的本义不再使用。"体"成为如今简化字的标准字形。

"壽"在中国人的文化观念中具有非常重要的意义，光是"壽"的字形，历来异体繁多，以"百寿图"为典型代表。俗体"𰁼"见于徽州文书，以"九十百千"四个大数相拼合，表达长寿之义。

（三）利用草书楷化法改写

草书字形因采用大量的省、并、连、简等方法，在书写过程中将正体字中的笔画、笔画组合甚至构件连接起来，因而比正体楷字要简便得多，往往在非正式场合中能够得到广泛运用。但在实际书写活动中，不

---

① 王利器．颜氏家训集解［M］．增补本．北京：中华书局，1993：575.

同书写者对草书"草"的程度把握不同，有时因为写得过于潦草，给辨认带来很大的困难，或因为字形写得太简单，不同字之间容易混淆，从而影响汉字记录信息的准确程度。因此不少俗体在草书的基础上进一步用楷书的方式改写，既简化了形体，又保证了汉字的清晰度。草书楷化后的汉字字形比正体简洁，利于快速书写，是历朝历代汉字简化都会采用的一个重要方法。表 4-1 为所举字例的俗体字形与其对应的草书字形。

表 4-1　楷书字头与其俗体、草书字形对比表

字　头	繁　体	俗　体	对应草书字形
书	書	书	孙过庭·书谱、皇象·急就章、米芾·元日帖、赵孟頫·急就章
为	為	为	杜牧·张好好诗、赵佶·千字文、赵构·真草千字文、王羲之·远宦帖、皇象·急就章、怀素·自叙帖
当	當	当	怀素·自叙帖、怀素·小草千字文、谢缙·自书诗、文彭·王宠自书诗跋
东	東	东	文彭·王宠自书诗跋、王宠·自书诗、孙过庭·书谱、米芾·元日帖、赵孟頫·六体千字文
应	應	应	韩道亨·草诀歌、怀素·小草千字文、李世民·屏风帖
时	時	时	萧衍·脚气帖、赵构·真草千字文、赵孟頫·真草千字文、怀素·自叙帖、米芾·珊瑚帖
势	勢	势	孙过庭·书谱、米芾·吾友帖、王羲之·诸从帖
实	實	实	王羲之·破羌帖、怀素·自叙帖、赵构·真草千字文、朱耷·俯仰屈伸轴

字头	繁体	俗体	对应草书字形
会	會	会	**会**王羲之·服食帖、**会**孙过庭·书谱、**会**赵构·真草千字文、**会**宋克·急就章
尝	嘗	尝	**尝**智永·千字文、**尝**孙过庭·书谱、**尝**赵构·真草千字文、**尝**韩道亨·草诀歌

　　经过草书楷化的俗体字形，有的从合体字变为独体字，如"書"作"书"，"當"作"当"；有的在汉字系统中产生了新的构件，如"头"和"实"都含有"头"；有的本不相同的构件经过草书楷化变得混同，如"会"和"尝"都含有构件"云"。

九、采用隶古定字形

　　隶古定字是"把古文字形转写为隶书或楷书等今文字形的现象"[1]。楷体字是使用时间最长的主流规范字形，但在实际的书写过程中，一些文化层次较高的人会有意无意地使用一些已经退出流通领域的隶古定字形，使这部分字成为俗体。

　　【例144】会(會)—**岁**、**岁**；时(時)—**昔**、**昔**；茧(繭)—**絸**；庙(廟)—**庿**；宝(寶)—**寍**

　　"**岁**"来源于敦煌《隶古定尚书》，正作"**岁**"；"**岁**"来源于徽州文书，正作"**岁**"。二形均为"會"的隶古定字形。《说文解字》："會，合也……**给**，古文會如此。"《宋本玉篇·會部》："會……**倉**、**岁**，并古文。"《类篇·會部》："會……古作**岀**、**给**、**岁**、**倉**、**侖**。"《古文四声韵·去声·泰韵》："**岁**、**岁**、**给**，并石经。"《康熙字典》："會，古作

---

①　赵爱学．前"古文字学"时期隶定史略述[J]．廊坊师范学院学报（社会科学版），2011(3)：27.

'岿'。"

"**旹**""**旹**"正作"旹"，为"時"的隶古定字形。《说文解字·日部》"時"下云："旹，古文時，从之日。"《宋本玉篇·日部》："時，春夏秋冬四時也。旹，古文。"《广韵·上平声·之韵》："時，晨也……旹，古文。"《集韵》："時……古作'旹'。""時"字隶变楷化的发展演变过程如下所示：

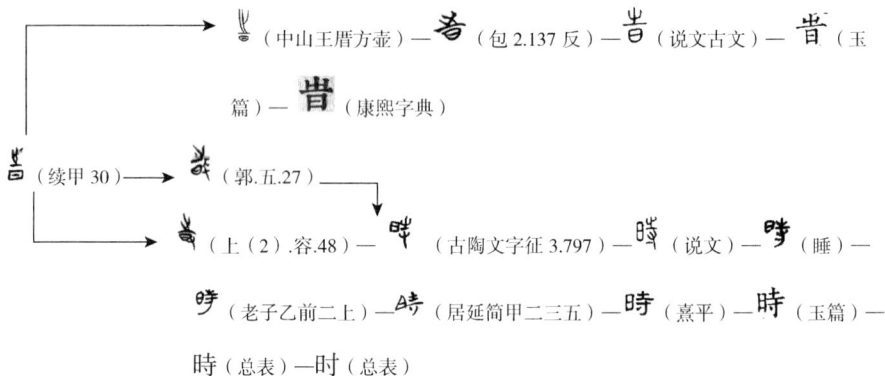

甲骨文的"時"从止从日。自战国时期，"時"的发展演变大体延两路进行。一是继续以从止从日的结构发展为"旹"，所举字例的俗体字形"**旹**""**旹**"正是这一序列经隶变、楷化改曲为直的转写结果。二是在从止从日的基础上增添构件"又"，"又"与"寸"形体相近，在小篆中又书写为"寸"，整字变为从日寺声的形声字。由于形声结构复合汉字形声化的趋势，自秦小篆后历代字书一直将"時"认定为正体字形，"旹"成为古文。

"**絸**"为"繭"的隶古定字形。《说文解字·糸部》："繭，蚕衣也，从糸，从虫，黹省。**絸**，古文繭，从糸見。"《宋本玉篇·糸部》："繭，蚕繭也，絸，古文。"正体"繭"为会意字，且笔画繁复，故徽州文书中采用形声字的隶古定字形"絸"为俗体。

"**庿**"为"廟"的隶古定字形。《说文解字·广部》："廟，尊先祖貌也，从广、朝声。**庿**，古文。"将"庿"弯曲的线条拉直，利用隶楷书的书写规则进行转写，便得出字形"庿"。《玉篇残卷·广部》："庿，《说文解字》古文'廟'字也。"《正名要录》："廟庿，二同。""右依颜监《字样》甄录要用者，考定折衷，刊削纰缪。"《干禄字书·去声》："廟庿，并正。"

"𡪄"为徽州文书俗体字形。《说文解字·宀部》："寶，珍也，从宀、从玉、从贝，缶声。𡪄，古文宝省贝。"俗体字形"𡪄"是将《说文解字》古文的形体以楷书的书写规则撰写而成。

第三节　楷书俗体字构件的改写、变异与混同

本节重点对民间俗体字在构件方面的改写、变异与混同现象进行分析。

楷书的字形结构基本承袭隶书而来，两种字体的差异主要表现在字体风格方面。在受变异字体影响的民间俗体楷字中，笔形的变化可以影响笔画组合乃至构件的变化，导致俗体与正体在构形方面产生不同。另有一些俗体字形不是利用单笔笔形的改动，而是直接对正字的某些构件进行改写，或受变异字体的书写规则的影响，对正字的某些构件进行改写，以减少笔画数、降低书写难度，从而提升书写速度。郭瑞认为："在汉字的层级结构中，构件作为构筑汉字系统的基础材料，其变异程度直接影响了整个汉字形体的改变。"①改写后的俗体字构件因形体上的变化，与其他形近构件易产生混同现象。

一、构件的改写
构件的改写，可以利用简单的单笔笔画或行草书的使转方法，也可

---

① 郭瑞. 汉字楷化过程中构件形体的混同与分化：以魏晋南北朝石刻文字为例[J]. 中国文字研究，2013，17(1)：138.

以利用在书写上笔画数更少、更简单的构件。

(一)利用笔画改写构件

1. 用单笔笔画或笔画数少的构件改写复杂构件

笔画数多的复杂构件写起来费时费力，变异字体中常以单笔笔画，如点、横，或用笔画少的构件改写笔画多的部件，化繁为简，实现快速书写。一些楷书俗字也借鉴了这种做法。

【例145】劝(勸)—觀；寻(尋)—寻；参(參)—叅

构件"口"和"厶"在行草书中的常以点代替，如"器"作"器"(皇象《急就章》)、"欂"作"栌"(赵构《洛神赋》)、"怡"作"怡"(赵构《洛神赋》)、"参"作"叅"(皇象《急就章》)等。俗体字"觀""寻""叅"也依照草书写法，以点替代了正字中的构件"口"和"厶"。

【例146】杂(雜)—雜

《说文解字·衣部》："雜，五彩相合，从衣、集声。"俗体字形"雜"以点改写了正字中的构件"人"。

【例147】办(辦)—办；枣(棗)—枣

以上所举字例是以点改写正字中的复杂构件。《说文新附·力部》："辦，致力也，从力、辡声。"俗体字"办"以两点改写复杂表音构件"辡"。新字形成为如今使用的简化字标准字形。

"棗"本为会意字，《说文解字·朿部》："棗……从重朿。"俗体字形"枣"以两点改写复杂构件"朿"。新字形成为如今使用的简化字标准字形。

【例148】兴(興)—興；怀(懷)—怀

《说文解字·舁部》："興，起也，从舁从同，同力也。"所举俗体字形将构件"同"中的"口"以一横改写。

"懷"为从心、襄声的形声字，"襄"为从衣、罒声的形声字。俗体字"懷"以一横将"睘"下部的构件"尒"改写。

【例149】选（選）—逃；举（舉）—柔

俗体字"逃"见于黑水城文献，《刘知远诸宫调·知远走慕家庄沙坨村入社》："逃定良辰吉日，请诸亲相见。""逃"以笔画少的部件"几"替代了复杂部件"巴巴"。

俗体字形"柔"同样是以笔画数少的"几"改写了复杂构件"臼臼"，将"舉"的两点写到笔画组合"丰"下，与"未"同形。

2. 用行草书中的使转方法改写复杂构件

采用单笔笔画或笔画数少的构件改写笔画多的复杂部件确实可以减少汉字的笔画数，但如果一个楷字中含有的复杂构件过多，就无法使用单笔笔画替代，否则会影响汉字的识别度，影响汉字正常的交际功能。在变异字体的书写规则中，常利用"使转"的方法，在保留整体字形轮廓的大前提下，以简单的笔画改写字中的复杂构件。使转即"用线状笔道的不同弯转回环来勾勒原有构件的大体轮廓"[1]。虽然这部分构件的具体功能因笔画的改写被弱化，但整体字形轮廓得到保留，汉字的区别度也并未因字形的简化而降低。一些民间俗体字充分吸收行草书的书写规则，采用行草书中常见的"使转"方法，实现快速书写。

【例150】从（從）—従

《说文解字·辵部》："從，随行也，从辵从从，从亦声。""從"草书字形作"従"（智永《千字文》）、"従"（赵构《真草千字文》）等，构件"辶"以使转的方法一笔写成。俗体字"従"仿此法形成。

【例151】处（處）—處；据（據）—攄；剧（劇）—剝

俗体字形"處""攄""剝"均含有一个共同构件"匆"[2]。"匆"也是通过使转的方法得来的。

---

① 秦永龙.汉字书法通解：行·草[M].北京：文物出版社，1997：44.

② 非"匆"字，因该笔画组合与"匆"形近，此处以"匆"指代。

"處"发展演变的脉络如下。

[金文演变图示]

《说文解字·几部》："处,止也,得几而止。从几、从夂。處,处或从虍声。"《说文解字》将"处"列为正体小篆字形,但无论是从"处"字的源头还是其发展演变的过程均可以看出,"處"字的使用频率远远高于"处"。《说文解字注》："今或体独行,转谓处俗字。"季旭昇认为:"《说文》以'处'为字头,反以'處'为其异体,似乎本末颠倒。"[2]

"處"的俗体字形"**處**"源于隶变。在隶变过程中,构件"处"因书写时向右转换方向而与"册"形体相近。又根据行草书的笔形借用原则,形似"册"的构件写作"**處**",产生了一个与当今简化字字形"匆"十分相近的形体"**処**"。

"據"为从手、豦声的形声字。在成熟的隶书中便有将声符"豦"改写为"處"的情况,如夏承碑写作"**擄**"。因"處"俗为"**處**",这里所列的"**擄**"亦是"擄"的俗写字形。《正名要录》记载:"**攄**正,**擄**通用。"

"劇"为从刀、豦声的形声字。同"據"的情况一样,在孔宙碑阴中"劇"写作"**劇**"。这是因为"豦"的意符"豕"利用草书使转的方法书写时,恰与"**処**"形体相近,如"**劇**"(王昙首《服散帖》)。受行草书的影响,"劇"俗写为"**劇**"。汉字字形在发展演变中,有一些构件或笔画组

---

① 《古文字诂林》以见于《续甲骨文编》的"⌐""⌐"等形为"处"的甲骨文形体。学界未有定论,故此处不予引用,而以金文形体为字形演变的开端。

② 季旭昇. 说文新证[M]. 福州:福建人民出版社,2010:968.

合的构字频率较高，那么与该构件相近的形体都会朝着该构件或笔画组合的样式而演化，最终趋同，例如"秦""春""奏""泰"所共有的"夫"字头。这在受变异字体书写规则影响很深的民间俗写中亦是一样。这种情况导致"處""據""劇"的俗体字形均含有一个共同构件"匆"。

【例 152】顾(顧)—**顾**、**顾**、**顾**

所举俗体字形按时间顺序分别来自吐鲁番文献、敦煌文献和黑水城文献，其形体均是受草书使转写法的影响，以一弯转的笔画改写正字中的构件"隹"，如"**图**"(王羲之《然恐帖》)、"**图**"(智永《千字文》)、"**图**"(怀素《小草千字文》)等。简化字标准字形"顾"即在草书形体上进一步将"頁"草书楷化得来。

【例 153】时(時)—**图**

【例 154】双(雙)—**发**；罗(羅)—**图**；旧(舊)—**苔**

所举俗体字形均见于黑水城文献。俗体"**图**"右边的"寺"利用使转构件替代。《说文解字·雔部》："雙，隹二枚也，从雔，又持之。""雙"的另一个俗体字形作"**雙**"，以两点替代其中一个构件"隹"。俗体字形"**发**"是在"**雙**"的基础上，将"隹"利用使转构件改写而来的。"羅""舊"也含有构件"隹"，同"雙"字的情况一样，利用使转方法分别改写作"**图**""**苔**"。采用行草书使转的方法，无论是单笔笔画还是使转构件，都是勾勒出字形大致轮廓，使书写难度大大降低。

(二)利用新构件改写原有构件

汉字的使用，无论是正体还是俗体，都要遵循"约定俗成"的原则，不顾汉字造字和书写原则随意对汉字形体改动，势必会造成汉字使用上的混乱。因此大部分的俗体字形，尤其是在某一阶段内新产生的俗体字形，都是在正体字的基础上进行笔画或部分构件的改写，使正、俗体字在字形上保持一定联系，以保证该阶段汉字交际的准确性。当一些俗体无法对正字的某些笔画进行改写，或者改写后的俗体字形依然繁杂不便书写时，有一些俗体则直接对正字的某些构件进行改写，以达到降低书写难度的目的。

1. 以符号改写部分构件

在汉字形体演变由古及今的过程中，随着简化和表音化趋势的共同影响下，象形程度越来越低，符号性越来越强，尤其是经过隶变，汉字的基本组成部分由描摹实际物象的线条转变为抽象的笔画，由笔画组成的部件主要具有表音、表意作用，或变为不具有任何意义的符号。利用简单的符号替代正字中的某个构件是降低书写难度一个行之有效的方法，但采用该种方法改写的俗字，其理据性会受到不同程度的破坏甚至会丧失。符号所替代的内容广泛，可以是声符、非字构件，亦可以是笔画组合。所替代的符号虽无实际意义，但一般也要经过全社会成员共同约定而成，不可任意选取符号使用。

【例155】轰（轟）—**轰**；欢（歡）—**欢**；权（權）—**权**；劝（勸）—**劝**；观（觀）—**观**；艰（艱）—**艰**；难（難）—**难**；汉（漢）—**汉**；对（對）—**对**

以上所举字例均见于徽州文书俗体字形，是以符号"又"替代字中部分构件。"又"在"轟"中替代下部的意符"車"，在"歡""權""勸""觀"中替代声符"雚"，在"艱""難""漢"中替代声符"堇"，在"對"中替代左边的部件"丵"。除"**轰**""**观**"进一步简化为"轰""观"外，这些俗体均被收录到《总表》中，成为当今使用的简化字标准字形。

【例156】坏（壞）—**坏**、**坏**；怀（懷）—**怀**、**怀**；环（環）—**环**；还（還）—**还**

以上所举字例同样见于徽州文书俗体，是以符号"不"或"丕"替代字中部分构件。"不""丕"替代"壞""懷"中的声符"襄"，"不"替代"環""還"中的声符"睘"。以"不"替代声符的俗体被收录进《总表》，成为当今正在使用的简化字。

【例157】坛（壇）—坛；

"坛"见于徽州文书，是以符号"云"替代声符"亶"。1932年《国音常用字汇》以"坛"作为"壇"的简体字形。因"罈""壇"二字同音，新中国成立后的《总表》将二字共同简化为"坛"。有学者认为"其来源可能是'罈（墰）'字声符'曇'的简体'昙'的省写"①。

【例158】继（繼）—继、继；断（斷）—断；齿（齒）—齿

以上所举字例见于徽州文书俗体，是以符号"米"替代字中部分构件。徐秀兵认为："纵横和倾斜两种笔形走向相叠加恰恰就是隶楷今文字'米'字型的笔形走向，而'米'字形的笔形走向又是符合人执笔书写的生理习惯的……'米'字型（形）的笔形走向，代表着隶变过程中汉字形体演化的前进方向。"②以"米"作为符号替代正字构件形成俗体的情况，在魏晋时期即汉字楷化初期就已经产生，并得到广泛使用。"继""断"作为俗体也被收录在《玉篇残卷》《干禄字书》《广韵》等字书中。"繼""斷"的形体复杂难以书写，以"米"替代"絲"，大大降低了书写难度。"继"是"继"进一步简化的结果。《总表》收录自楷化起历代具有广泛使用基础的俗体字形"继""断"作为简化字规范字形。俗体"齿"同样是以符号"米"替代正字中的部件，宋刊《京本通俗小说》中已经开始使用该字形。

【例159】刘（劉）—刘；齐（齊）—齐、齐、齐；斋（齋）—斋、斋

以上所举字例是以符号"文"替代字中的部分构件，这一改写方式也产生于楷化初期。通过改写，降低了书写难度。俗体字形"刘""齐""斋"被收录到《总表》中，成为如今使用的规范正字。

2. 改写形声字或会意字的表意偏旁

一些形声字或会意字的表意偏旁义近可以通用，或随着时代的发展

---

① 李学勤. 字源［M］. 天津：天津古籍出版社，2013：1194.

② 徐秀兵. 近代汉字的形体演化机制及应用研究［M］. 北京：知识产权出版社，2015：63.

意符被赋予了新的含义，其种类、属性有了新的变化，在俗体字形中往往改写为更符合实际内容、更便于记忆的表意偏旁。

【例160】阶（階）—堦、磋

《说文解字·阜部》："階，陛也，从𨸏，皆声。"台阶自上而下或自下而上具有降低、升高之义，故其表意偏旁从阜。徽州文书俗体字形"堦""磋"将表意偏旁由"阝"改写为堆砌台阶所用的具体材料"土"或"石"。又"阜"指高山，与"土""石"义近，该字例意符的改换也可以看作义近通用。

【例161】炉（爐）—墟、钟

俗体字"墟"见于敦煌文献陈写本 P.2965《佛说生经》残卷："甥为饼师，住饼～下。"黄征教授按语："饼～，烤饼之炉灶。'墟'为'爐'之古字。"①此处将"爐"的表意偏旁由"火"改写为"土"，是因为古时的炉灶甚至包括现在一些农村地区的炉灶都是用土砌成的。"火"侧重于功能，"土"侧重于材质。

俗体字"钟"见于敦煌文献甘博003《佛说观佛三昧海经》卷第五："手擎火～，微灰覆上。"此处的"爐"并非指做饭用的炉灶，而是指一种用金属制成可以盛火取暖用的器皿。由"火"改写为"金"，也是从其材质的角度出发。

【例162】笔（筆）—笔

《说文解字·聿部》："聿，楚谓之聿，吴谓之不律，燕谓之弗。""聿"甲骨文字形作"𦘒"，从又（手）持𦘒，二形相合，像用手持笔写字的样子，后经隶变、楷化写作"聿"。《说文解字·聿部》："筆，秦谓之筆，从聿从竹。"朱骏声《说文通训定声》"筆"下云："此秦制字，秦以竹为之，加竹。""筆"为会意兼形声字，"聿"既是意符也同样具有表音

---

① 黄征. 敦煌俗字典[M]. 上海：上海教育出版社，2005：255.

的作用。"筆"正体字形表示用手持竹制的笔书写、绘画。俗体字形**"笔"**将"从竹从聿"会意改写为"从竹从毛"会意，是因为毛笔的笔头多以动物的毛制成，笔管多以竹制成。竹、毛恰为毛笔的原材料。经过改写的"笔"字形简单，更便于记忆和书写。

3. 改写形声字的声符或将会意字的意符改写为声符

有一些形声字的声符形体繁难，不便于书写，书者便利用形体简单的同音字或近音字对其原有声符进行替换，降低书写难度。

【例163】痒（癢）—**痒**；这（這）—**這**；粮（糧）—**粮**

以上所举俗体字例见于敦煌文献。

"癢"本为从疒、养声的形声字，俗体字将声符改写为形体更简单的"羊"，"痒"成为如今使用的标准简化字字形。

"這"本为从辵、言声的形声字。《玉篇·辵部》："這，宜箭切，迎也。"《龙龛手镜·口部》："這，俗；唁，正。宜箭反，吊失国也……"《正字通·辵部》："这，音彦，迎也……"用作指示代词时，与"者"同音。黄征认为："考之汉语史，'這''那'之'這'本作'者'……"①《增修互注礼部韵略·马韵》："這，凡称'此箇'为'者箇'，俗多改用'這'。""這"的本义为借义所替代，敦煌俗体字将构件"言"改写为表音构件"者"。

"糧"为从米、量声的形声字。声符由"量"改写为"良"在东汉碑刻中已经出现，如韩勑碑作**"粮"**，白石神君碑作**"粮"**。敦煌文献《正名要录》记载："糧粮，右字形虽别，音义是同，古者典而居上，今者要而居下。"《干禄字书·平声》："粮糧，上通下正。""粮"成为如今使用的简化字标准字形。

【例164】园（園）—**园**；灿（燦）—**灿**；胆（膽）—**胆**；坟（墳）—**坟**；妇（婦）—**妇**；柜（櫃）—**柜**；迁（遷）—**迁**；厅（廳）—**万**

---

① 黄征. 敦煌俗字典[M]. 上海：上海教育出版社，2005：546.

以上所举俗体字例见于徽州文书。

"園"本为从囗、袁声的形声字，徽州文书将声符改写为形体更简单的同音字"元"。《总表》将"园"确立为简化字标准字形。

"燦"为从火、粲声的形声字，声符"粲"笔画数多，书写不便，改写为形体更简单的"山"。《总表》将"灿"确立为简化字标准字形。

"膽"为从肉、詹声的形声字。俗体将声符改写为形体更简单的"旦"，既便于书写，又使声符的表音功能得到强化。"胆"也成为《总表》简化字标准字形。

"墳"本为从土、賁声的形声字。俗体将声符改为形体更简单的"文"。"坟"成为《总表》标准简化字字形。

"櫃"为从木、匱声的形声字。《广韵·去声·至韵》："櫃，櫃篋。"《说文解字·木部》："柜，木也，从木、巨声。""櫃""柜"本为不同的两个字，声符"匱"形体繁复，不便于书写，"因一些方言中'櫃''柜'读音相同，所以将'櫃'也写作'柜'"①。"柜"成为《总表》简化字标准字形。

"遷"为从辵、䙴声的形声字。因声符形体过于繁复，书写不便，且使用率不高，俗体字形将声符改写为"千"。《正字通·辵部》："迁，俗遷字。""迁"成为《总表》标准简化字字形。

"廳"为从广、聽声的形声字。《广韵·下平声·青韵》："廳，廳屋。"《集韵·平声四·青韵》："古者治官处谓之聽事，后语省直曰聽，故加广。"因声符"聽"形体复杂、笔画数繁多，书者将其改写为更简单的"丁"。

"婦"为从女、从帚的会意字。由于汉字形声化趋势的影响，徽州文书将原本的会意字改写为从女、負声的形声字。《正字通·女部》："娐，同婦。"

---

① 张书岩，王铁昆，李青梅，等. 简化字溯源[M]. 北京：语文出版社，1997：58.

二、构件变异

构件变异现象，包括构件的增添、省减以及位置的变化。

（一）增添构件

俗体字中增添构件的现象，同增添笔形一样，属于汉字的繁化现象。增添构件往往是受到了上下文的类化作用。

【例 165】贝（貝）—珼；盖（蓋）—幒；庐（廬）—蘆、嶚；后—娝

俗体字"珼"见于浙敦 027《大智度论》："菩萨摩诃萨以金银琉璃颇梨真珠珂~珊瑚等诸宝物。"因上下文涉"真珠""珊瑚"等从玉的宝物，故"貝"字受到类化作用，也增添表意构件"玉"。

俗体字"幒"见于敦博 072《妙法莲华经》卷第四："遍覆其上，悬诸幡~。"因上字"幡"从巾，受类化作用，"蓋"也增添同一偏旁。

俗体字"蘆"见于郭煌文献 S.5431《开蒙要训》："菴~屋舍。"上字"菴"从艹，受类化作用，"廬"也增添同一偏旁作"蘆"，恰与《说文解字·艹部》表示蘆菔（萝卜）的"蘆（芦）"同形。

俗体字"嶚"见于郭煌文献 S.2037《庐山远公话》标题："~山远公话。""汝今既去，但往江佐，作意巡礼，逢~山即住，便是汝修行之处。""向西行经五十余里，整行之次，路逢一山，问人曰：'此是甚山？'乡人对曰：'此是~山。'"所见三处引文"庐"字下文均为"山"。受类化影响，也增一表意构件"山"。

俗体字"娝"见于郭煌文献 S.6836《叶净能诗》："妃~婇女，皆欢三升"。因上字"妃"、下字"婇"均从女，受类化作用，"后"也一并写作"娝"。《说文解字·后部》："后，继体君也。象人之形。施令以告四方，故厂之。从一口。发号者，君后也。""后"字用于"皇后、太后、后妃"等。同样为了使表意功能更加明确，俗体字形在正字"后"的基础上

增加表意构件"女"。

（二）省减构件

省减构件是实现快速书写的一种常见方式，但这种现象并非只存在于民间俗体字中。许慎《说文解字》中的一些说解如"从某省"便是对构件省减现象的解释，例如，《说文解字·老部》："孝，善事父母者，从老省，从子；子承老也。"《说文解字·玉部》："珊，珊瑚……从玉，删省声。"后人把这种汉字概括为"省形字"或"省声字"。

进入隶、楷书阶段，组成汉字的符号和结构基本固定下来，字形不会再像早期文字那样为了突出"以形表意"的特点，随时对所记录的具体事物或动作进行构件方面的增添或省减。但为了提高书写速度，书者在省写单笔笔画的基础上，还经常省去字中一些"不重要"的笔画组合或构件，或将会意字多个意符中的某一个意符省写，更有甚者将形声字的意符或声符也省写，只保留汉字的大体轮廓，以减少汉字的笔画数，提高书写速度。

【例 166】虫（蟲）—虫

《说文解字·蟲部》："有足谓之蟲，无足谓之豸，从三虫。"所举俗体字形将重复构件"虫"省写两个。"蟲"减省构件写作"虫"源于隶变，"虫"成为如今简化字标准字形。然而，省减构件的"虫"与表示蛇的本字"虫"造成同形。"虫"甲骨文作"𧉚"，像头部为三角形的一种毒蛇。后因以省略构件的"虫"记录蟲义，致使"虫"的本形本义退出日常交际，以增添声符的"虺"记录毒蛇之义，不至于造成交际的混淆。

【例 167】宝（寶）—寳

《说文解字·宀部》："宝，珍也，从宀、从玉、从贝、缶声。"俗体字形经常将声符"缶"替换为"尔"作"寳"。所举俗体字形在"寳"的基础上再省掉表意构件"贝"。

【例 168】归（歸）—

前文提到，"归"为从止、从妇省、自声的形声字。所举黑水城俗体字形直接将左上部的声符省写。

【例 169】籴（糴）—；粜（糶）—

《说文解字·入部》："糴，市谷也，从入，翟声。"《说文解字·出部》："糶，出谷也，从出从糴，糴亦声。"所举俗体字形将右部构件"翟"省写。《干禄字书·入声》："籴糴，上俗下正。"《干禄字书·去声》："粜糶，上俗下正。"俗体"籴""粜"成为现如今使用的简化字标准字形。

【例 170】广（廣）—

《说文解字·广部》："廣，殿之大屋也，从广，黄声。"俗体字形将声符"黄"省写，只保留了意符。俗体字形"广"成为现如今使用的简化字标准字形。

【例 171】标（標）—

《说文解字·木部》："標，木杪末也，从木、票声。"声符在演化过程中逐渐写作"票"，邵瑛《群经正字》："票，隶作票。"所举俗体字形省掉上部构件"覀"，"标"也成为简化字标准字形。

在行草书连笔书写中，也有一些省减构件的现象。部分俗体字受此影响，省减正字中的某些部件。

【例 172】专（專）—

"專"本为会意字，甲骨文字形作""，像用手持叀的样子；小篆字形作""，构件"又"变作"寸"；隶书字形作""，将小篆形体的弧形拉直，"叀"下部的圆圈改写为"厶"形；楷书字形作"專"，"叀"下部的"厶"形的斜笔与上部的竖画粘连，共同写作一竖。行草书中为了快速书写，常将下面的横和点的笔画组合省写，以使转笔法勾勒字形的大体轮廓，如含有构件"叀"的"惠"字，其草书字形作""（欧阳询《千字

133

文》)、"▨"(王羲之《胡桃帖》)。所举俗体字形亦是如此。简化字"专"来自"專"的草书楷化字形，如"▨"(孙过庭《书谱》)、"▨"(康里子山《述笔法》)、"▨"(蔡襄《自书诗》)等。

（三）构件移位

在变异字体书写的影响下，一些汉字在充当构字部件时，与其独立成字时的形体不一致，如"心"作偏旁时写作"忄"，"水"作"氵"，"言"作"讠"，人作"亻"，食作"饣"，等等。前文提到这是由于汉字进入隶楷阶段，为了汉字的整体布局，结体意识更强烈，或是由于在书写时利用行草书连笔书写特点对这部分构件进行笔画上的省减造成的。王贵元教授认为这种现象是符合"整字优先原则"的。此外，还有一些俗体字在书写的过程中，也存在构件位移的现象，但笔形和构件并没有发生书写上的变化，仅仅是改变了构件的位置，使整体字形结构发生变化。

【例173】乐(樂)—▨；惩(懲)—▨；

《说文解字·木部》："樂，五声八音总名，像鼓鞞，木，虡也。""樂"本为象形字。在隶变的过程中，随着线条的笔画化渐渐失去了象形性，变为由"丝""白""木"三部分组成的字形。正字"樂"整体为上下结构，笔画组合"丝丝"为左中右结构，字形布局扁横；俗体"▨"，将部件"白"写在顶部，字形变为上中下结构。二字相比，笔形和构件在书写上没有发生任何变化。古时书写方式为自上至下，字体容易写得瘦长。俗体字形正符合这一书写特点。

《说文解字·心部》："懲，忿也，从心、徵声。"正体"懲"为上下结构，俗体字形将构件"山"写到最上部，并省略一横，整体字形改为上中下结构。

【例174】触(觸)—▨、▨；烛(燭)—▨、▨

《说文解字·角部》："抵也，从角、蜀声。""犓"为其俗体，敦煌文献 S. 388《正名要录》："觸犓，右正行者揩，脚注稍讹。"俗体字形

"觲"即在"觲"的基础上改变构件的位置而形成的，字形由上下结构改为左右结构。

《说文解字·火部》："燭，庭燎，火烛也，从火、蜀声。"徽州文书俗体字形作"烛""釜"。"釜"即在"烛"的基础上，改变构件位置形成的。

【例175】点（點）—鼎；护（護）—夔

前文提到，"點"本为从黑、占声的左右结构的字，俗体字形"鼎"改写为上下结构的字。

同"点"字的情况一样，"護"本为从言、蒦声的左右结构的字，俗体字形"夔"改写为上下结构的字。

【例176】苏（蘇）—蘓、蘓

俗体字形"蘓""蘓"分别见于敦煌文献和徽州文书。《说文解字·艸部》："蘇，桂荏也，从艸、穌声。"俗体将声符"穌"两构件的位置进行左右调换，位置发生改变。

【例177】导（導）—達

《说文解字·寸部》："導，导引也，从寸、道声。"所举徽州文书俗体字形将构件"辶"写在整字的最下部，字形由上下结构变为半包围结构。

【例178】岁（歲）——戕

俗体字形"戕"见于民国时期的徽州文书。《说文解字·步部》："歲，木星也，越历二十八宿，宣遍阴阳，十二月一次，从步、戌声，律例书名五星为五步。""歲"甲骨文字形作"斤""氏"等，金文字形作"斧""斧"等，当为从步、戌声的字，《说文解字》利用小篆字形"歲"释为从步戌声，似有不妥。正字利用声符"戊"将意符分隔开，整字为独体字。此处所见俗体改动构件位置，写为左形右声的形声字。俗体将构成意符"步"的"止"和"少"分别写作"山"和"示"。这是因为"山""止"二字的草书字形相近，作为构件时容易混同①。受该时期另一俗体"歲"的影响，"少"写作"示"。

三、构件混同

同由隶变产生构件混同的现象一样，楷化过程中因共时的构件形近、受行草书书写的影响或隶变的历时影响，也会出现正俗体之间构件混同的现象。形近则导致部件的区别度降低，书写时容易相混。"草书在省变构件的过程中所形成的新的构件形体，有的是单一的，有的则不是单一的。也就是说某一构件在被省变之后可以有两种或两种以上的不同写法。这样，几个不同构件省变后所形成的几组构件形体中，就有可能出现一个彼此相同的形体"②。一些草书中的构件混同再经过楷化后，使形源不同的构件再次混同。一些俗体字在构件上与正字产生差异则是由于隶变引起的。混同可以是双向的，即甲混同为乙，乙也可以混同为甲；或只有单向混同，即甲混同为乙。

（一）形近混同

1. 氵、冫相混

在隶变楷化的过程中，汉字的结体意识越加强烈，使经常充当构字偏旁的整字与在充当偏旁时的形体略有差异。"水"充当构字偏旁时写作"氵"，与"仌"充当构字偏旁时作"冫"形体相近，在书写中容易混淆。受行草书的影响，"氵"多减笔写作"冫"。

（1）由"氵"变"冫"

【例179】洁（潔）—潔；沟（溝）—溝；灭（滅）—滅；涩（澀）—澀；涂（塗）—塗；渊（淵）—淵

---

① 下文"构件混同"部分会详细展开论述。

② 秦永龙. 汉字书法通解：行·草[M]. 北京：文物出版社，1997：44.

所举正字字例均是以水为构字偏旁，俗体中均写作"氵"。

（2）由"氵"变"冫"

【例 180】凭（憑）—**憑**

与上述情况相反的是由"氵"变为"冫"。"憑"含有构件"馮"，《说文解字·马部》："馮，马行疾也，从马、冫声。"俗体字形将声符添笔改写作"氵"。

2. 衣、示相混

"衣""示"在充当构字偏旁时分别写作"衤""礻"，形体相近，在俗写中容易出现混同现象。

（1）由"礻"变"衤"

【例 181】袄（襖）—**襖**；补（補）—**補**；里（裏）—**裡**；复（複）—**複**；只（衹）—**衹**

《说文新附·衣部》："襖，裘属，从衣、奥声。"《说文解字·衣部》："補，完衣也，从衣、甫声。"《说文解字·衣部》："裏，衣内也，从衣、里声。"《说文解字·衣部》："複，重衣貌，从衣、复声。一曰：褚衣。"《说文解字·糸部》："緹，帛丹黄色，从糸、是声。衹，緹或从氏。""衹"为"緹"的或体，本表示丹黄色的一种丝织品，后用作副词，《玉篇·衣部》："适也。"所举五字均与衣、帛等纺织品相关，俗体字例均将构字偏旁"礻"减笔改写作"衤"。

（2）由"衤"变"礻"

【例 182】礼（禮）—**礼**

与上例相反的情况是由"衤"变"礻"。《说文解字·示部》："禮，履也，所以事神致富也。从示、从豊，豊亦声。**礼**，古文禮。"俗体字形是在《说文解字》古文形体的基础上，将"礻"添笔写作"衤"形成的。

3. 广、厂相混

"广""厂"形体相近，差别只在于顶部的一点，在俗写中，也容易混同。

（1）由"广"变"厂"

【例183】广（廣）—廣；厅（廳）—厅

"廣"为从广、黄声的形声字，俗体字形将意符"广"省点写作"厂"。俗体字形"厅"除了将声符"聽"改写为"丁"外，将意符"广"写作"厂"，使"广"混同为"厂"。

（2）由"厂"变"广"

【例184】历（歷）—庶；历（曆）—庴；压（壓）—座；厌（厭）—廥

"歷""曆"均以"厤"为声符。《说文解字·厂部》："厤，治也，从厂、秝声。"俗体字形均将声符讹写作"麻"，变"厂"为"广"。

《说文解字·厂部》："厭，笮也，从厂、猒声，一曰：合也。"《说文解字·土部》："壓，坏也，一曰：塞补，从土、厭声。"俗体字形将意符"厂"添点写作"广"，造成混同。

4. 手、才相混

"手"作表意构件且位于整字的最左边时，常写作"扌"形，"扌"与"才"字形非常相近，在书写中容易产生混同现象。

【例185】拟（擬）—椎；扑（撲）—模；扰（擾）—㮣；拥（擁）—㩴

《说文解字·手部》："擬，度也，从手、疑声。"《说文解字·手部》："撲，挨也，从手、菐声。"《说文解字·手部》："擾，烦也，从手、夒声。"《群经正字》："今经典并从憂作擾，此隶转写之讹。"《说文解字·手部》："攤，抱也，从手、雝声。"《群经正字》："今经典作'擁'。"所举俗体字形均为从手的形声字，俗体字形均把"扌"的提笔写作撇，使"扌""才"相混。

5. 宀、穴相混

"宀""穴"在作构字偏旁时，一般处于整字的最顶部，且两构件形体和意义相近，在俗写中容易发生混同。

【例186】寝(寝)—寑

《说文解字·宀部》："寝，卧也，从宀、𡨄声。俗体字形"寑"将意符由"宀"改写为"穴"。《干禄字书·平声》"窺窺，上俗下正"，以及《干禄字书·去声》"寐寐，上俗下正"也属于同样的情况。

6. 禾、示相混

"示"作构字偏旁且处于整字左边时一般写作"礻"，在俗写中与"禾"形体相近，也容易产生混同。

【例187】称(稱)—襧

《说文解字·禾部》："铨也，从禾，再声……"所举俗体字形"襧"将"禾"混同为"礻"。《干禄字书·平声》"襛襛，上通下正"、《去声》"祕祕，上俗下正"，《去声》"稧褉，上通下正"，以及"祘祘，上俗下正"等亦属此种情况。

(二)草写混同

1. 彳、氵、亻、讠相混

受行草书书写的影响，彳、水、人、言作偏旁时容易混同。彳、氵、亻、讠四个构件在行草书中有一个共同的写法——作"丷"形。在书写以这四个为偏旁的字时，由于这四个构件基本都处于汉字左侧，所以右侧有可以区分整字的字符，则使用"丷"替代彳、氵、亻、讠四个偏旁。再经过草书楷化，俗写时出现互相混同的现象。

(1)由"彳"变"氵"

【例188】复(復)—　、湥；后(後)—浘、浚；从(從)—浽

《说文解字·彳部》："復，往来也，从彳、复声。"《说文解字·彳部》："後，迟也，从彳、幺、夂者，後也。"所举字例正字均从"彳"，俗体字形分别利用草书楷化改写作"氵"，与水作构字偏旁时产生混同。

139

"從"虽为从辵、从从的亦声字，但在楷书阶段，正字字形写作左右结构。所举徽州文书俗体字形将处于整字左边的"彳"改写作"氵"，产生混同。

（2）由"亻"变"彳"

【例189】偿（償）—**賞**；优（優）—**優**

《说文解字·人部》："还也，从人、赏声。"《说文解字·人部》："優，饶也，从人、憂声；一曰：倡也。"两字正字形体均从人，俗体字形将"亻"添笔写作"彳"。

（3）由"彳"变"亻"

【例190】复（復）—**復**、**復**、卫（衛）—**傭**

前文提到，"復"与行动相涉，字本从"彳"，俗体字形减笔将"彳"改写为"亻"。"衛"为"衞"的简体俗写字形，自《说文解字》以来的官方字书一般以"衞"为标准字形，如《正字通·行部》"衛，同衞，俗省"，《说文解字·彳部》"衞，宿衞也，从韋、帀，从行；行，衞列也"。俗体字形"**傭**"将"彳"减笔写作"亻"。

2. 忄、十相混

"心"在楷书阶段充当构字偏旁时，一般写作"忄"。行草书中常将两点横向连写，使"忄"与"十"易混。

（1）由"忄"变"十"

【例191】怀（懷）—**懷**；忏（懺）—**職**；惧（懼）—**催**；怜（憐）—**慌**；恼（惱）—**堖**；忆（憶）—**憶**

以上所举字例的正字均从心，俗体字形均将"忄"连写作"十"。

（2）由"十"变"忄"

【例192】协（協）—**恊**

《说文解字·劦部》："協，众之同和也，从劦，从十。"由于"忄"在行草书中常连笔写作"十"，俗体字形仿照此情况回改，将本该写作

"十"的写作"忄"，产生混同。

3. 山、止相混

"山"字草书字形写作"ⱱ"，"止"字草书字形写作"ⱱ"，《干禄字书·上声》："ⱱ止，上通下正。""山""止"二字草书字形相近，极易产生混同现象。

（1）由"山"变"止"

【例193】岂（豈）—釜；恼（惱）—惚；脑（腦）—膒

《说文解字·豈部》："还师振旅乐也；一曰：欲也，登也。从豆、微省声。"关于"豈"字的形义解释，学术界还未有定论。季旭昇教授认为："《说文解字》以为'豈'从'微省声'，微从'𢼸声'，𢼸从人、从攴，'豈省声'，唐兰评为'如环无端，叫人莫知所从'。"[1]《字源》："字形结构未明。《说文解字》分析作'从豆，微省声'，不尽可信……"[2]根据"豈"字当前所见字形，我们只知"豈"字的构件"山"在早期文字到隶书阶段，一直向右倾斜作"ⱱ"或"ⱱ"形，楷书阶段时慢慢写作"山"。所举俗体字形将"山"混同为"止"。

"惱"本作"嫐"。《说文解字·女部》："嫐，有所恨也，从女、𡆥声。今汝南人有所恨曰嫐。"《玉篇·女部》："嫐……亦作'嫰'。"因愤恨恼怒是一种心理活动，后将表意偏旁由"女"改写为"心"。《集韵·上声·皓韵》："嫐，或作惱。"《正字通·女部》："嫐，今作惱。""惱"又可作"惚"。《干禄字书·上声》："惚惱，上俗下正。"所举俗体字形"惚"即在《干禄字书》正体字"惱"的基础上将"山"改写为"止"，发生了混同。

"腦"本作"𡆥"。《说文解字·匕部》："𡆥，头髓也。从匕；匕，相匕著也。巛像头发，囟像𡆥形。"《说文解字注》："𡆥……俗作腦。"

---

① 季旭昇．说文新证［M］．福州：福建人民出版社，2010：413.

② 李学勤．字源［M］．天津：天津古籍出版社，2013：430.

《玉篇·肉部》："腦，头脑也。脑，同上。"敦煌文献 S.388《正名要录》："腦脑，右字形虽别，音义是同。古者典而居上，今者要而居下。"所举俗体字形"𦡝"亦是将"山"混同为"止"。

（2）由"止"变"山"

与上述情况相反的是由"止"变"山"，即本应写作"止"的地方，俗体字形改写作"山"。

【例 194】涩（澀）—涩；岁（歲）—岁；齿（齒）—齿

《说文解字·止部》："澀，不滑也，从四止。"后添加"水"作为表意偏旁。俗体字形将"止"写作"山"，产生混同。

前文已分析了"歲"的形义，此处不再赘述。《说文解字·步部》："步，行也，从止少相背。"所举俗体字形"岁"将本应为"止"的构件写作"山"，产生混同。

"齒"初文本为象形字，受汉字形声化的影响，后添加表音构件"止"。《说文解字·齒部》："齒，口齗骨也，象口齿之形，止声。"所举俗体字形"齿"将表音构件"止"写作"山"，发生混同。《干禄字书·去声》"步步，上俗下正"也属于此种情况。

4. 木、手相混

"木"作构字偏旁且处于整字的左边时，其行草书字形常连笔写作"扌"，与"手"作偏旁时的"扌"形近易混。有时表意构件本不相同但声符相同的形声字，因书写原因偶然造成整字上的混同。

（1）由"木"变"手"

【例 195】标（標）—摽；构（構）—𢱢、摛；极（極）—拯；栏（欄）—𢱢；权（權）—攫；样（樣）—𢱢、𢱢

以上所举字例均是表意构件为木的形声字，俗体字形均因书写原因将"木"写为"扌"，产生混同。其中，"標""摽"二字因构件混同导致整字使用上的混乱。《干禄字书》利用反切和简要注释对这种混乱现象进

行辨析①。

（2）由"手"变"木"

与上述混同情况相反的是由"手"变"木"，即本应写作"扌"的构件，反而添笔写作"木"。

【例196】担（擔）—檐、檐

《玉篇·手部》："擔，负也。"俗体字形"檐""檐"受"木"变"扌"的影响，反而将本应写作"扌"的构件回改作"木"，使俗体与"檐"字混同。

5. ㄴ、辶相混

"辵"在楷书中作表意偏旁时一般写作"辶"。而在行草书中，"辶"又常以一连笔写作一竖折，与"ㄴ"混同。

（1）由"辶"变"ㄴ"

【例197】进（進）—進；随（隨）—随

《说文解字·辵部》："進，登也，从辵、闓省声。"《说文解字·辵部》："隨，从也，从辵、墮省声。"所举二字的俗体字形均将"辶"连笔写作"ㄴ"。

（2）由"ㄴ"变"辶"

与上述情况相反的是由"ㄴ"变"辶"。这种情况产生的混同，多是由于受"辶"连笔写作"ㄴ"的影响回改造成的。

【例198】柜（櫃）—櫃、櫃；断（斷）—斷；继（繼）—繼

"櫃"为从木、匱声的形声字，初文写作"匱"。《说文解字·匚部》："匱，匣也，从匚、贵声。"《说文解字注》："匱……俗作'櫃'。"《通俗编·器用》："唐或有从木作'櫃'者……今世悉承用之。"俗体"櫃"省写"匚"的横笔，再将竖折写作"辶"，使字形变为从木从遗。俗体"櫃"是在"櫃"的基础上将"貝"草书楷化为"贝"得来的。

---

① 《干禄字书·平声》特意说明"標摽，上标记字，必遥反；下摽梅字，频小反"。

"斷""繼"均含有构件"𢇍"，前文提到，因其笔画繁复不易书写，俗体便以符号"米"替代"絲"作"断""继"。构件"𢇍"中含有"乚"，书者按照行草书的书写规则回改，反而将本该写作"乚"的地方写作"辶"，从而产生"**断**""**继**"等字形。

除此处所举的"櫃""斷""繼"字外，《干禄字书》中还收录了这样的字例。《去声》"**近**匠，上俗下正"，以及《入声》"**返**匹，上俗下正"，均属于此种情况。

6. 卝、䒑相混

前文提到，"卝"在俗写中常受行草书的影响缩短笔程写作"**丷**"形，以两点代替两短竖，楷化后写作"䒑"，产生混同现象。

【例199】叶（葉）—**菜**、**莱**；华（華）—**苹**、**苹**、**花**；茧（繭）—**茧**；惊（驚）—**惊**、**惊**；旧（舊）—**旧**；兰（蘭）—**兰**、**兰**；万（萬）—**萬**；园（園）—**圕**；节（節）—**节**

"葉""華""繭""驚""舊""蘭""萬"诸字均含有构件"卝"，俗体字形均将"卝"写作"䒑"，前文已有分析，此处不再重复。《说文解字·口部》："園，所以树果也，从口、袁声。"俗体字形"**圕**"是在正字的基础上再添加表意构件"卝"，并将"卝"写作"䒑"。"節"本从竹，因"竹""卝"二构件在隶变过程中形体相近易混，"節"也俗写作"茆"。俗体"**节**"即在"茆"的基础上，将表意构件"卝"混同写为"䒑"形成的。

7. 口、厶相混

在行草书中，为了提高书写速度，"口"常一笔写就，与"厶"形相近，产生混同现象。

【例200】单（單）—**单**；战（戰）—**战**；兽（獸）—**獸**；图（圖）—**圖**、**圖**；虽（雖）—**雖**

"單"本为象形字，甲骨文字形作"**𝌀**"，表示一种狩猎的工具。

"戰"为从戈單声的形声字；"獸"甲骨文形体作"🦴"，从單从犬，金文在甲骨文字形的基础上添加"口"作"🦴"，后逐渐演变为"獸"。"🦴"上部的两个小圆圈逐渐演变为笔画组合"吅"。俗体字形"單""戰"中的"吅"由方形一笔写成三角形，与"厶"形体接近产生混同。俗体字形"獸"下部的"口"写作"厶"。

《说文解字·口部》："图，画计难也，从口、从啚；啚，难意也。"所举俗体字形省写表意构件"口"，还将"啚"上部的"口"写作"厶"，发生混同。

《说文解字·虫部》："雖，似蜥蜴而大，从虫、唯声。""虽"的本义不常用，主要是假借用为让步或转折连词。由于声符"唯"的组成构件"口"位于义符之上，"虽"常被误以为从虽、从佳。俗体字形"雖"将"口"改写为"厶"，发生混同。

8. 户、石相混

"户"行草书字形一般连笔写作"戶"，与"石"形体十分相似，在俗写中极易发生混同。

【例201】启（啓）—**咎**

《说文解字·攴部》："啓，教也，从攴、启声。"《说文解字·口部》："启，开也，从户、从口。"俗体字形"咎"将正字中的构件"户"混同为"石"。《干禄字书·上声》"**肇肇**，上通下正"，以及《去声》"妒妒，上通下正"也是此理。

9. 爿、牛相混

"爿"作构字偏旁时一般处于字形的左边。受变异字体连笔书写的影响，常省写撇画。"牛"作构字偏旁且处于整字左边时，为了结体需要，常把最末笔的横写成提。这种情况下的"爿""牛"形体相近，容易产生混同。

【例 202】将（將）—将；浆（漿）—浆；壮（壯）—壮；状（狀）—状

《说文解字·寸部》："帅也，从寸，酱省声。"《说文解字·水部》："漿，酢浆也，从水、將省声。"又《说文解字·酉部》："醬，盬也，从肉，从酉，酒以和醬也，爿声。""將""漿"均以"爿"为声符，俗体字"将""浆"将声符混同为"牛"。

《说文解字·士部》："壯，大也，从士、爿声。"《说文解字·犬部》："狀，犬形也，从犬、爿声。""壯""狀"亦以"爿"为声符，俗体字形将声符混同为"牛"。

10. 豆、业相混

"豆"作构字偏旁时，在变异字体书中的写法也与"业"相近，易产生混同。

【例 203】戏（戲）—戲

《说文解字·戈部》："戲，三军之偏也；一曰：兵也。从戈、虘声。""戲"草书字形作"戏"（孙过庭《景福店赋》），《干禄字书·去声》"戯戲，上通下正"，《字汇·戈部》"戯，俗戲字"。

11. 先、夫相混

在变异字体的书写规则中，"先"有时省略首笔的撇画，如"先"；或当"先"充当构字部件时，有时会将竖与下部的撇连写作一笔，竖弯钩缩短笔程作捺或点，如"夫"使整体字形与"夫"相近，产生混同。

【例 204】钻（鑽）—鑽

《说文解字·金部》："鑽，所以穿也，从金、贊声。"《说文解字·贝部》："贊，见也，从贝、从兟。""贊"俗作"贊"，根据类推原则，"鑽"亦俗作"鑽"，《正字通·金部》："鑽，俗鑽字。"俗体字形均是将"先"混同为"夫"。

146

（三）隶变混同

1. 竹、艸相混

前文提到，竹、艸相混是由于隶变造成的。受汉字区别律的调节，楷书正字系统中将"竹"写作"竹"，"艸"假借表示"橡实"之义的"草"字表示百草之义。当二字充当构字偏旁，特别是在手写俗字中，还是由于形体相近容易产生混同。

【例205】节（節）—節；疖（癤）—癤；范（範）—範

《说文解字·竹部》："節，竹约也，从竹、即声。"受隶变影响，俗体字形"節"的表意构件被改写混同为"艸"；"癤"以"節"为声符，同样受"竹""艸"混同的影响，俗体字形"癤"的声符被改写为"艸"。《说文解字·车部》："範，範軷也，从车、笵省声。"《说文解字·竹部》："笵，法也，从竹；竹，简书也；氾声。古法有竹刑。"受"竹""艸"混同的影响，"範"的俗体字形写作"範"。《干禄字书·去声》"苐第，次苐字，上俗下正"亦属于此种情况。

【例206】万（萬）—萬

"萬"甲骨文字形作"萬"，本像蝎子之形。《说文解字·厹部》："萬，虫也，从厹，象形。"在隶变过程中，蝎子的钳子部分逐步写作"艹"形。受"竹""艹"混同的影响，徽州文书俗体字形"萬"改"艸"为"竹"。

2. 坴、圭相混

《说文解字·土部》："坴，土块坴坴也，从土、圥声，读若逐；一曰：坴梁。"《说文解字·土部》："圭，瑞玉也，上圜下方……从重土。"二字字形本不相同，当"坴"充当构字偏旁时，在隶变过程中有时混同为"圭"，一些楷体俗字受隶变影响，继续使用混同的隶书俗体字形。

【例207】热（熱）—熱；势（勢）—勢；艺（藝）—藝

"熱""勢""藝"三字均含有构件"埶"，"埶"为"藝"的古文。

147

"埶"甲骨文字形作"🜲""🜲"，像人双手持木跪着栽种的样子，本义即《说文解字·丮部》所记录的"种也"。金文形体添加表意构件"土"繁化作"🜲"，小篆字形"🜲"的表意构件由"木"讹变为"坴"，《说文解字》云："从坴丮。"隶变过程中，改弧为直，小篆"🜲"变作"🜲""🜲""🜲""🜲"等，构件"坴"逐步混同为"圭"。在成熟的隶书中，"埶"添加构件"艹""云"，如《张迁碑》作"藝"，《史晨碑》作"藝"，以区别于记录表权力之义的"埶"。成熟的正体楷书写作"藝"，俗体受隶变影响，有时写作混同为"圭"的"藝"，如《龙龛手镜》："藝俗；藝正，种也；藝今；藝正，鱼祭反，能也，静也，常也，准也，才也，法也。又礼乐书数射御，六艺也，四。"

《说文解字·火部》："熱，温也，从火、埶声。"《说文新附·力部》："勢，盛力，权也，从力、埶声，经典通用'埶'。"郑珍《说文新附考》："勢，经典皆作'埶'。古无勢字，今例皆从俗书。《史》《汉》尚多作'埶'，《外黄令高彪碑》《先生郭辅碑》并有'勢'，是汉世字。"受隶变中的"坴"混同为"圭"的影响，"熱""勢"正是沿用隶变过程中的俗体字形。

3. 凡、丸、丮相混

"凡""丸""丮"三字的形体演变过程如下：

凡：🜲（甲骨文编）—🜲（金文编）—🜲（包山楚简）—🜲（说文解字）—🜲（睡）—🜲（马）—🜲（熹平）—🜲（玉篇）—🜲（康熙字典）

丸：🜲（说文解字）—🜲（侍其繇木方）—🜲（西陲简）—🜲（玉篇）—🜲（康熙字典）

丮：🜲、🜲（甲骨文编）—🜲、🜲（金文编）—🜲（说文解字）→🜲（玉篇）—🜲（康熙字典）

└→🜲、🜲（马王堆）—🜲（武威简）

└→🜲（熹平石经）

可以看出，"凡""丸"混同是由于形体相近造成的，"卂"混同为
"凡""丸"是由于隶变过程中，将"卂"中的所有弧线拉直作"卂"，与"凡"
"丸"形体十分相近，书写中易产生混同。在楷化过程中，受隶变字形
的影响，将"卂"在不同的字中分别隶定为"凡""丸"，产生混同现象。

【例208】执（執）—執；势（勢）—势

《说文解字·卂部》："執，捕罪人也，从卂、从幸，幸亦声。"前文
提到"勢"也含有构件"卂"。正体字形均将"卂"隶定为"丸"，楷书俗体
字形"執""势"均将"卂"混同为"凡"，也是沿用了隶变过程中的俗体
字形，如"執""執""執""势"等。

4. 束、来相混

"束"甲骨文形体作"束"，像芒刺之形。字形演变到战国文字阶段作
"束"，也是小篆"束"的前身。《说文解字·束部》："束，木芒也，象
形……"由于字形演变到小篆阶段产生较大的讹变，基本看不出芒刺的
样子，且与表示麦穗的"來"形体相近。在隶变过程中，二字容易产生混
同，从束的字形多写作"来"。

【例209】枣（棗）—棗

《说文解字·束部》："棗，羊枣也，从重束。"在隶变过程中，马王
堆汉墓帛书《五十二病方》中的"棗"写作"棗"，从"束"的"棘"《老子乙》
作"棘"，二字均是在小篆"棗"的基础上，利用改弧为直、改连为断的
方法而成。隶体字形恰与同时期的"末"形体十分相似，导致两字作构
件时产生混同。"棗"东汉《武威医简》中写作"棗""棗"，敦煌文献中
写作"棗""棗"等，均是受隶变的影响。

5. ᵜ、业相混

构件"ᵜ"小篆字形写作"业"，隶变楷化过程中一般处于整字的最
上端。隶变时利用缩短笔程、省减笔形的方法写作"业业"；楷化过

程中，在行草书书写的影响下，常利用使转的方法描摹大体轮廓写作"![字形]"，与"业"形体相近，易产生混同。

【例210】发（發）—![字形]

《说文解字·弓部》："發，射发也，从弓、癹声。"俗体字"![字形]"将构件"癶"改写为"业"，《干禄字书·入声》"![字形]發，上俗下正"，敦煌文献 S.388《正名要录》"癈"俗作"![字形]"。从"业"的俗体字形"![字形]"一直沿用，徽州文书中写作"![字形]"。

第四节　楷书正俗体的变异现象及字际关系

在隶变的过程中，逐渐衍生出草书、行书和楷书三种字体。草书不仅对单个汉字的形体进行简化，且在书写时让字与字之间相互连接，大大缩短了书写、说话和思维间的时间差，并且具有很高的艺术性。但也正是由于这个特点，草书的字形，尤其是狂草显得龙飞凤舞、不易辨认，实用性较低，因而使用范围始终较窄。楷书直接脱胎于隶书，在组织架构上基本承袭隶体汉字的结构，基本不存在识得隶书却不识得楷书的情况，受众范围广，实用性较高。与此同时，楷书对隶书的一些笔法进行改进，去掉隶书的"一波三折"和"蚕头雁尾"，直接写作横平竖直的笔画，大大提高了书写速度。行书介于草书和楷书之间，书写速度和辨认度分别高于楷书和草书，但也无法避免草书和楷书的一些缺点。因此，只有楷书才是汉字发展演变的最优造型，也是使用时间最长的一种汉字字体。

楷书不仅直接历时承袭隶书而来，在草书、行书、楷书并行发展的过程中，也同样受到行书和草书共时的影响。在民间俗写中，书者常常为了提高书写速度而借鉴行草的笔法，如缩短笔程和连笔书写。这种写法必然会改变楷书原来一笔一画书写的过程，甚至改变正体字的笔顺，使俗体字形在笔形、结构方面均与正体字形表现出一定差异。有时新产生的俗体还会与其他汉字同形，导致汉字字际关系发生变化。

汉字字际关系是指"在一定条件下或一定范围内汉字个体与个体之间的属性异同关系"①。从宏观上看，楷书正俗体之间的字际关系可以分为异字同形和同形异字关系，这两种关系又分别可以从书写、结构和职能三个角度进行考察。

一、异字同形关系

李运富教授认为："汉字具有三个方面的属性：书写属性、结构属性、职能属性，汉字的字际关系实际上是汉字属性的异同关系。"②我们亦从这三个角度来分别考察正俗体间的异字同形关系。这三方面虽是从不同角度出发，但又相互关联、相互影响：书写的变化会引起结构的改变，结构的变化又会引发汉字职能的改变，因此部分字例可能存在交叉的现象。

（一）书写中字符混同造成的同形

本章第二节分析到，一些形体相近的构件受变异字体连笔书写的影响，会产生混同现象，这种情况下产生的俗体字形再经过楷书的转写，有时恰与另一字同形，造成正俗体之间的异字同形关系。

1. 声符相同、意符混同产生的异字同形

有一些异字同形关系是在形声字中，因二字的声符相同、意符形体相近，在行草书书写中意符经常混同而产生的，如前文提到的大量从"木"的字在俗写中都变为从"扌"。

---

① 李运富. 汉字学新论［M］. 北京：北京师范大学出版社，2012：223.
② 李运富. 汉字学新论［M］. 北京：北京师范大学出版社，2012：224.

【例 211】標(摽)—摽

"標""摽"本是二字。《说文解字·木部》："標，木杪末也。"《说文解字注》："杪末，谓末之细者也；古谓木末曰本標……"《说文解字·手部》："摽，击也。""標"因书写原则造成构件"木""扌"混同而产生俗体字形"摽"，而俗体字形恰与另一从扌、票声的"摽"同形。因此，《干禄字书·平声》特意说明"標摽，上標记字，必遥反；下摽梅字，频小反"以示区别。

另外，《干禄字书·平声》"揩楷，上揩洗，苦皆反；下楷，苦骇反"，"抄杪，上初交又初教反；下杪末字，弥小反"，以及《干禄字书·去声》"挍校，上比挍，下校尉"，均是对声符相同、意符"木""扌"形近易混产生的正俗异字同形关系的辨析。

【例 212】掃(埽)—埽

"掃"甲骨文字形作"甼""甹"等，会以手持帚洒扫之意。小篆字形改"手"为"土"作"埽"，《说文解字·土部》："埽，弃也，从土、从帚。"《干禄字书·上声》："掃埽，上通下正。""手"和"土"作构字偏旁且处于整字最左边时，一般写作"扌"和"土"，形体相近，在行草书快速书写中易发生混同。《玉篇·手部》："掃，作埽同。"后二字分化，《汉语大字典》："今'扫除'字通作'掃'，而'埽'专用为'埽工'字。""掃"的俗体"埽"与表示埽工的"埽"形成异字同形关系。

【例 213】歡(歡)—勸(勸)

《说文解字·欠部》："歡，喜乐也，从欠、雚声。"《说文解字·力部》："勸，勉也，从力、雚声。"二字声符相同。"雚"在行草书中，常将声符"吅"改写为两点，进而连写作一横。"欠"与"力"充当构字偏旁时一般不会发生混同。但敦煌文献中，"歡"的俗体"歡"还是与"勸"的俗体"勸"同形。这是由于意符"欠"的第二笔在俗写中拉长距离写作横折钩，形体便与"力"相近，如"𣤆"，在该字形的基础上进一步将"欠"讹写作"力"，产生异字同形关系。

2. 意符相同、声符混同造成的异字同形

有一些异字同形关系是因二字的意符相同、声符形体相近，在行草书中混同声符产生的。

【例 214】歎（𣤴）—歖

"𣤴"为"歎"的俗体字形，见于黑水城文献。前文提到"歎"为从欠、藋声的形声字，《说文解字·欠部》："歎，吟也，从欠、鸛省声。"二字意符相同，声符"藋""堇"形体相近，受变异字体的影响发生混同，造成俗体字形"𣤴"与"歖"同形。

【例 215】惱（㣎）—怈

前文在构件"山""止"混同部分已对"惱"进行形义分析，此处不再赘述。俗体字形"㣎"即在"惱"的基础上，将上部的"巛"连写，混同为"山"，整体字形讹作"怈"。《玉篇·心部》："怈，忧心也。"《龙龛手镜·心部》："怈，忧心也，又俗音惱。"俗体"怈"与表示忧心义的"怈"形成异字同形关系。

3. 声符、意符均混同造成的异字同形

有一些异字同形关系是在形声字中，声符和意符均与形体相近的字符产生混同形成的。

【例 216】揀（棟、揀）—棟、揀

"揀"的俗体字形极易与"棟""揀"二字同形。《说文解字·束部》："柬，分别简之也，从束、从八。八，分别也。"《群经正字》："今俗作揀。"《说文通训定声》："假借为简，今用为柬帖子。"表挑拣之义的字形本作"柬"，后复添意符作"揀"。前文提到，在俗写中，"木""扌"形体相近易相混，声符"柬"常将中间的两点连写作一笔，与"束"混同。这样，俗体字形"棟""揀"便分别与"棟""揀"同形。

（二）内部结构相同产生的异字同形关系

有一些俗体与正体无论是从构件形体、构件数量还是构件功能、构形模式上看，均是相同的，但所记录的词却是不同的。这种情况也即李运富教授提出的"同构字"。

【例217】樸（朴）—朴

《说文解字·木部》："樸，木素也，从木、業声。"《说文解字·木部》："朴，木皮也，从木、卜声。""樸"本表示未经加工、雕饰的木材，引申为朴素、质朴之义。因"樸"字形复杂，不便书写，书者借表示树皮之义的"朴"记录朴素之义。《广韵·入声·觉韵》："朴，同樸。"这样，"樸"的俗体"朴"与表树皮之义的"朴"形成异字同形关系。

【例218】罷（甮）—甮

《颜氏家训·杂艺》在描述南北朝俗字使用泛滥的情况中，曾提到"不用为罷"，说的是"不""用"二字采用会意拼合，成为"罷"的俗字。敦煌文书中亦以"甮"为"罷"的俗体字形。《龙龛手镜·不部》所收"甮"，音弃，钱大昕《十驾斋养新录·卷四·宋时俗字》："《龙龛手鑑》多收鄙俗之字，如……甮为弃。"①在现代汉语中，"甮"为方言词，读作 béng，表示用不着。这三个字均使用"不""用"二构件，采用会意拼合的方法，造出同样的字形，产生了异字同形关系。

【例219】實（寔）—寔

《说文解字·宀部》："實，富也，从宀、从贯；贯，货贝也。"《说文解字注》："以货充于屋下是为實。"徽州文书俗体利用汉字形声化的特点，将原本的会意字改写为从宀、是声的形声字"寔"。《说文解字·宀部》："寔，止也，从宀、是声。""實"的俗体"寔"与表停止的"寔"形成内部结构相同的异字同形关系。

---

① 钱大昕.十驾斋养新录[M].上海：上海书店出版，1983：86.

【例220】憑(㲘)—㲘

"㲘"本写作"㲘"，因"氵""冫"字形相近混同而省点写作"㲘"。《说文解字·水部》"㲘，汙也，从水、免声"，表示水污染的样子。此外，"㲘"又表示水流动的样子，《玉篇·水部》："㲘，水流貌。"在徽州文书中，"憑"的其中一个俗体字形也写作"㲘"。俗体"㲘"与表示水流的"㲘"内部结构相同，但所记录的词完全不同，从而构成异字同形关系。

【例221】體(体)—体

前文"新造俗体字形"部分已分析，正体字"體"为形声字，因字形笔画数多，不便于书写，书者利用会意造字法，以"身体为人之本"的概念，新造从人从本的俗体字形"体"。新造的俗体字新"体"恰为"笨"的本字。在表身体意义上，"体"与"体"的本义形成内部结构相同的异字同形关系。

（3）汉字职能方面的异字同形关系

汉字是记录汉语的工具，汉语包括"语言"和"言语"两个层面。俗体字形所体现的汉字职能更侧重于"言语"层面，即个体汉字在具体言语环境中的功能。一般说来，汉字与所记录的词是有固定理据的。但在汉字的实际使用中，这种固定理据关系有时会被打破，尤其在快速书写的要求下，书者往往选择更简便快捷的方式，如临时选取形体简单的音同或音近字记录，这种情况下的俗体字形与所记录的词并无理据上的联系，只是把该字形纯粹当作一个语音符号。这样，用来记录该词的同音俗体字形与该字本义本用时形成异字同形关系。

【例222】櫃(柜)—柜

前文分析过，《说文解字》"柜"的本义是"木也"，《说文解字注》："柜，柜木也……今俗作椐。又音讹为鬼柳树……"《玉篇·木部》："柜，柜柳也。"因"柜"本义使用频率较低，"櫃"不便于书写，遂利用方音相近的特点，以同音字"柜"代"櫃"，使表示匣柜之义的俗体"柜"
与表示树木的"柜"形成了异字同形关系。

【例223】灑（洒）—洒

《说文解字·水部》"灑，汛也，从水、麗声"，表示在扫地前先洒
水以避免尘土飞扬。《说文解字·水部》："洒，涤也，从水、西声，古
文为洒扫字。""洒"本读作 xǐ，本表示洗涤之义，因"灑"形体复杂不便
于书写，故借形体简单的"洒"为"灑"，音读为 sǎ，而原本的洗涤之义
借"洗"来记录，段注"今人假洗为洒"。《说文解字·水部》"洗，洒足
也，从水、先声"，段注"洗读如跣足之跣"，借为洗涤之义后，读作 xǐ
音。黑水城文献俗体"洒"与表示洗涤之义的"洒"因为汉字职能上的转
变构成异字同形关系。

汉字是一种复杂的符号体系，这些符号只有保持一定的区别度才不
至于带来使用上的混乱。然而在不受官方规范的民间俗体字中，一些使
用频率较高、书写中经常会遇到的字或词，有时为了减省书写时间，常
用一些约定俗成、形体简单的符号替代，成为俗体。如在敦煌文献中，
佛经文献所占比重较大，"菩萨""菩提"是使用频率非常高的词，在俗
写中分别以"苩"和"蒆""苭"替代；徽州文书中，用"東"的减笔字
"甹""柬"①二字替代"叮咚"等。这些用以替代的符号有时未经过规范，
便会出现用同一个符号替代多个字形的情况，造成异字同形关系。

【例224】某（厶）——畝（厶）

"厶"本为"私"的初文，《说文解字·厶部》："厶，奸衺也，韩非
曰'苍（仓）颉作字，自营为厶'。"段注："公私字本如此，今字私行而
厶废矣。""厶"又同"某"。《玉篇·厶部》："厶，厶甲也。"《正字通·厶
部》："厶，音某，与某同。"在敦煌及徽州文书中，"某"均俗写为
"厶"。黄征认为："疑'某'先通作'牟'，复取'牟'上之'厶'省代，后

---

① 字例见于：方孝坤. 徽州文书俗字研究[M]. 北京：人民出版社，2012.

世遂乃沿用也。"①此说未有定论。徽州文书中的"畞"也有一个俗体字形写作"厶"。"某""畞"二字共用一个俗体字形，构成异字同形关系。

汉字中同形字过多，势必会影响使用。只有汉字字符保持一定的区别度，才不至于让人们在学习、阅读和书写汉字时感到困扰。异字同形关系虽然客观存在，但在实际情况中并未在很大程度上影响汉字的交际。这还是因为字形受"简易律"和"区别律"的双重制约。在汉字字体由甲骨文到楷书演进的过程中，字形也在相对应地逐步简化。《说文解字》一书自产生以来，被奉为经典，后世的汉字研究始终摆脱不了《说文解字》建立起来的系统。文人士族普遍认为凡是见于《说文解字》中的字，便是正统的，不合于《说文解字》的形体，都是"鄙俗"。因此，官方正体字的简化程度相对保守。与其相对的俗体多产生于民间，因不受官方的规范，随意性比较强。自行草书产生以来，又多受行草书书写规则的影响，简化程度更甚。这便会导致大量同形字或形近字的产生。当人们发现同形字或形近字影响汉字使用时，便对其中一字的笔形、构件或利用其他方法进行改动，以增强区别程度，防止混同。还有一种情况，即同形字的一方因本字本用的使用频率极低，在通常的交际领域中一般不出现，因此也不存在使用混乱的情况。

二、同字异形关系

与上述情况相反的是同字异形，即异体字关系。理论上说，一个词只需一个字形来记录。但汉字属表意体系的文字，在形体还未固定的早期文字中，从不同角度对同一个词进行造字，便会产生不同的多个字形。如"𤼌""𤼌""𤼌""𤼌""𤼌"等均是"铸"的金文形体，每个形体的侧重点和象形程度都不同。在这几个字形中，表意构件的数量有多有少，有的字形添加了表音构件，有的字形将多个表意构件减省为一个。然而

---

① 黄征. 敦煌俗字典[M]. 上海：上海教育出版社，2005：281.

这样多个形体共同使用会给汉字交际和使用带来不便。历代政府都十分注重汉字规范，根据使用频率和使用范围，确立其中一个为正体，其余字形就降格为异体。异体字包括异构字和一部分差异较大的异写字两类。异写字多与书写原因相关，异构字则与汉字的结构相关。

（一）正俗异写关系

"在同一体制下，记录同一个词，构形、构意相同，仅仅是写法不同的字样，称作异写字。"①如俗体字形"𡭟""𡭟"虽然省略了声符"叀"中的"厶"，但这种写法并未改变"專"的结构和理据，因此正俗体之间的差异只是写法带来的，属于同字异写关系。

异写字一般是由构件的写法变异和构件位置的不固定造成的。在古文字阶段，汉字以象形字为主，字形不固定，往往随具体言语环境而有所变化，因而异写字的现象比较普遍。例如，"𤰞"和"𤰞"在写法上存在差异；"𠬶"和"𠬶"的写法并无差异，只是构件"又"的位置不同。随着汉字逐渐表音化和符号化，进入隶楷阶段，尤其是经过历代政府对汉字字形的规范性整理，组成汉字各个构件的位置在整字中已基本固定下来，特别是某些构件在整字中的位置不同而能够体现构意时，如"東""杏""杲"和"拿""拾"，以及"忡""忠"，构件的位置更不可轻易改换②。因此，我们所整理的楷书阶段的正俗异写关系基本以构件写法上的变异居多。

1. 写法变异产生的异写字

在楷书阶段，书写汉字首先是通过笔画，由笔画构成构件，再由不同的构件组成汉字。因此，在整个书写活动中最容易产生异写的是笔画。总体上，笔画的异写情况主要包括笔画的长短、笔画的数量、笔画

---

① 王宁. 汉字构形学导论[M]. 北京：商务印书馆，2015：151.
② 并不是所有的楷书字形只要改变构件位置都会影响构意。在一些形声字中，如"鵝""𩾌""鶩"与"群""羣"等，构件位置改变也未影响构意，这种异写关系是由构件位置的不同产生的。

的形态和笔画间的组合模式。

【例 225】适(適)—達；实(實)—實

《说文解字·辵部》："適，之也，从辵、啻声；適，宋鲁语。"声符"啻"小篆字形作"啻"，在隶变过程中改弧为直，隶定作"商"。徽州文书俗体"達"即在正体字的基础上缩短笔程形成。正俗体相比，是由笔画长短不同造成的异写字关系。

俗体字形"實"将正体中的构件"毌"缩短笔程，混同为"田"。正俗体是由笔画长短不同造成的异写关系。

【例 226】归(歸)——歸、歸、歸、歸、歸

所举"歸"字的五个俗体字形均见于徽州文书，与正体字形构成异写关系。所列俗体字形在写法上均对构件"止"有不同程度的变异。"歸"将"止"写作"大"；"歸""歸"对"止"中的部分笔画进行省写，且两笔形书写的顺序及接点各有不同；"歸"将"止"写作一提；"歸"受行草书的影响将"止"写作"止"。"歸""歸"将构件"𠂤"的撇画省略；"歸"字采取借用笔形的方法，将"𠂤"写作"白"。由此可见，所选俗体与正体在笔画数量上形成异写关系。

【例 227】爱(愛)——愛、愛

在楷书阶段，官修字书一般将"愛"上部写作"爫"形，这也是在隶变中逐步对笔画进行改写产生的。"愛"初文作"㤅"，后添加意符"夊"。季旭昇认为："《说文》释为'行皃'，其实可能与'㤅'为同字。"[①]"愛"形体演变过程如下：

---

① 季旭昇. 说文新证[M]. 福州：福建人民出版社，2010：968.

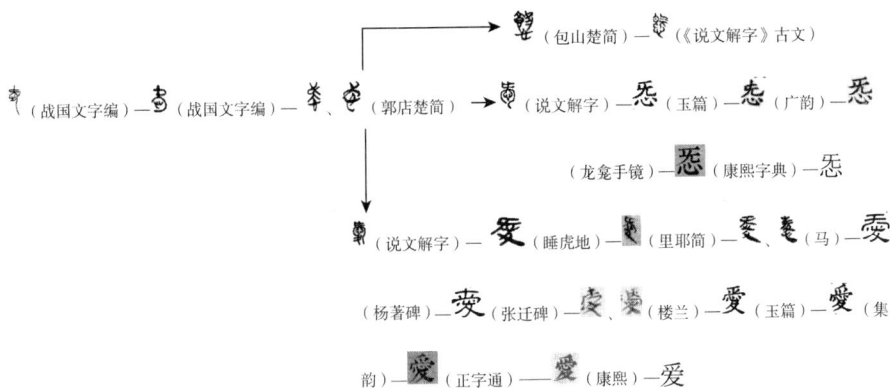

从以上演变过程可以看出，如果按小篆字形"慶"对"愛"进行隶定的话，"愛"当写作"㥁"。杨著碑"㥁"为了字形的美观，将上部构件"旡"的最后两笔写作分散之态，两分散笔形形成的夹角恰好把构件"心"包在其中。张迁碑字形"㥁"，笔形有所变化。上部第二笔的横缩短笔程写作两点，用以包含"心"的两弯笔讹写作"冖"，首笔横画与竖画成相交关系。自此"愛"字形基本在该形体的基础上不断规整化。因"爪"充当构字偏旁且位于整字上部时一般写作"爫"，受此影响，"愛"首笔改横为撇，中间的一竖也改写作点，且与首笔撇画相离，与"爫"混同。所举俗体字形"㥁""㥁"均采用了隶书笔形的写法，与正体字在笔画形态和笔画间的组合模式方面形成异写关系。

2. 构件位置不同产生的异写字

前文提到，当构件的位置能够体现构意时，构件的位置不可轻易改变，但这并不意味着组成汉字的构件位置是一成不变的。在楷书的一些形声字当中，意符和声符的位置改变并不会对整字造成影响，如"峨"与"峩"同，"桐"与"槑"同，"魂"与"鬽"同。这是因为在形声字中，只要声符和意符的示音、表意的功能没有变，构件位置的改变是不影响整字的记词职能的。

【例228】苏(蘇)—蒸

"蘇"以"穌"为声符，俗体字形"蒸"改写了构件"禾""鱼"的位置，使正俗体形成构件位置不同的异写字。

【例229】确(確)—碓、窪

俗体字形"碓"与"確"是笔画组合关系不同的异写字。"碓"为左右结构，另一俗体字形"窪"将构件"石"置于"宀"下，使整字变为上下结构，二字因构件位置不同形成异写关系。

(二)正俗异构关系

"形体结构不同而音义都相同、记录同一个词、在任何环境下都可以互相置换的字，称作异构字。"①王宁先生认为异构字包括两个必要的因素：一是记录汉语词汇的职能相同，二是无论在什么语境下都可以互换。由书写原因产生正俗体的异构关系往往达不到这么严格的标准，换句话说，正俗体的异构关系一般属于广义异体关系。俗体是正体的草写，不受官方规范的限制，也不必受全体社会成员的约定，大多是"急就而成"，这就意味着俗体字形多受具体的言语环境影响。只要在某一个言语环境中，俗体可以替代与其形体、结构均不同的正体记词，我们就认定二字具有异构关系。

1. 形声字正俗体的意符不同造成的异构字

汉字中存在一批字形虽不同但意义相近的字符。当这些字符在形声字中充当意符、具有表意作用时，意义相近的意符有时可以互换而不影响整字。但从汉字规范的角度来看，这部分意符相近字属于重复造字，给汉字使用者带来记忆负担。

【例230】叹(歎)—嘆

"欠"甲骨文字形作"𣢏"，像人张口出气的样子。《说文解字·欠

---

① 王宁. 汉字构形学导论[M]. 北京：商务印书馆，2015：154.

部》：“欠，张口气悟也，像气从人上出之形。”“欠”“口”充当形声字的意符时，义近相通。前文提到“歎”本为从欠、鷬省声的形声字。俗体“嘆”将意符由“欠”改写为“口”。“歎”“嘆”为意符不同的异构字。

【例231】鸡(雞)—鷄

《说文解字·隹部》：“隹，鸟之短尾总名也，象形。”“隹”“鸟”充当形声字的意符时，意义相近可以通用。《说文解字·隹部》：“雞，知时畜也，从隹、奚声。”俗体“鷄”将意符“隹”改换为“鸟”。正俗二体形成意符不同的异构字。

【例232】谷(穀)—糓

“米”“禾”虽然表示代表不同的食物类别，但均属谷类，充当形声字的意符时，意义相近。“穀”为从禾、𣪊声的形声字，徽州文书俗体“糓”将意符改写为“米”，正俗二体形成意符不同的异构字。

2. 形声字正俗体的声符不同造成的异构字

有一些形声字的声符形体繁复，笔画数多，不便书写，书者往往选取形体更简单的声符进行改写。当形声字声符的示音功能随字音变化减弱或丧失时，人们也多会选取更符合实际字音的声符进行改写。

【例233】晒(曬)—𣊭

《说文解字·日部》：“曬，暴也，从日、麗声。”由于声符“麗”的示音功能减弱，敦煌文献将声符“麗”改写为“煞”。《改并五音类聚四声篇海·日部》引《俗字背篇》：“𣊭，曝也，俗作。”《正字通·日部》：“𣊭，俗曬字。”在晾晒义上，正俗体形成了同字异构的关系。

【例234】芦(蘆)—芦；炉(爐)—炉；驴(驢)—馿

正体字“蘆”“爐”“驢”均是以“盧”为声符的形声字。由于“盧”笔画数多，形体繁复，黑水城文献中，将声符改写为更简单和同时不失示音功能的“户”。正俗二体形成声符不同的同字异构。

【例235】粮(糧)—粮

正体字"糧"以"量"为声符，敦煌文献俗体沿用隶书中的俗体字形，将声符改写为笔画数更少的"良"，正俗二体形成声符不同的同字异构关系。

3. 累增意符形成的异构字

当形声字意符的表意功能不明显时，书者有时在该形声字的基础上，再添加意符，以凸显意义信息。该种做法古已有之，《干禄字书》所记载的"菓果，上俗下正""苽瓜，上俗下正"等均属于此种情况。

【例236】园(園)—薗、篽

"園"本为从囗、袁声的形声字，但意符"囗"与"園"的树果之义联系较小，表意功能不明显。俗体字形在此基础上又添加表意字符"艹"或"竹"，凸显整字的意义。正俗体形成同字异构的关系。

【例237】叹(歎)—嘆

敦煌文献俗体字形"嘆"是在正字基础上，再增添表意构件"口"而形成的。

4. 不同构形模式产生的异构字

造字时，对同一个汉字从不同角度、采用不同思路，往往可以产生形体不同的多个字形，导致汉字的构形模式也有所不同。有些新造俗体正是在构形模式方面与正体形成异构关系。

【例238】伞(傘)—繖

"傘"为象形字，像伞盖撑开的样子；"繖"为从糸、散声的形声字。正俗二体由于构形模式不同形成同字异构关系。

【例239】妇(婦)—女頁

"婦"为从女、从帚的会意字，会妇女持扫帚洒扫之意；俗体字形"媍"为从女、负声的形声字。正俗二体由于构形模式不同形成同字异构关系。

【例240】庄（莊）—莊、庒、庄

为避已故皇帝汉明帝的名讳，《说文解字·艸部》未对"莊"字进行构形分析。《说文解字注》："其说解当曰：'草大也，从艸、壯声……此形声兼会意字，壯训大，故莊训草大。'""莊"中的构字部件"爿"受楷书笔形变异折变点的方式写作"爿"，构件"艹"在书写中易与"宀"混同，于是产生俗体字形"莊"。"疒"与"广"形近，俗写中"疒"亦写作"广"，如"病"作"疞"、"痛"作"痛"等。"莊"省写两点即为"庄"。因"土""士"形近易混，在"土"上加一点作"圡"形成俗字"庒"。正字"莊"为上下结构，俗体"庄"改写为从广从土的半包围结构，正俗二体由于构形模式不同形成同字异构关系。

【例241】粪（糞）—坌

"糞"甲骨文字形作"𥼶"，本像双手捧箕弃除的样子。《说文解字·華部》："糞，弃除也，从収推華弃采也。官溥说：似米而非米者，矢字。"由此义引申为污秽、粪便义。段注："古谓除秽曰粪，今人直谓秽曰粪，此古义今义之别也。"《说文解字·土部》："坌，扫除也，从土、弁声，读若粪。"《说文解字注》："坌字，《曲礼》作'粪'。"杨树达《积微居小学述林·〈说文〉读若探源二》："许君知坌为扫除义之本字，经传既借粪为坌，则二字必音同，故云'坌，读若粪'也。但扫除、弃除义同无异，疑坌、粪本一字，而许君误分为二也。"徽州文书视"坌"为"粪"的俗体，二字在扫除义上，形成同字异构关系。

三、音借产生的正俗关系

有一些俗体字本身有独立的形、音、义，只是出于声音上的相同或相近，形体被借用去记录另一个意义，这种情况下的俗体与正体字在形体上毫无关联。这种声音上的联系造成的正俗关系更多是出于字用的角度，并非书写演变造成，但从结果上看，俗体字的字形更加简洁，便于

书写。音借有时是因为正体字使用频率较低，而借用同音的常用字；有时是因为正体字形体繁复，出于快速书写的要求，借用声音相同但形体相对简单的常用字；有时则是因为书者的文化水平较低，掌握汉字的能力不足，不得已使用书者会写的同音字去记录。音借现象有时属于"临时借用"，当这种借用进一步扩大使用范围时，便可能成为"永久借用"。现行简化字就存在这样一批音借字。

【例242】仓（倉）—**苍**；复（複）—**伏**、**付**、**腹**、**覆**；沟（溝）—**勾**

以上音借俗体字见于明清时期的徽州文书。

《说文解字·倉部》"倉"下所收奇字"**全**"与简化字"仓"形体相近。民间俗体中，"倉"简化为"**仓**"，如《宋元以来俗字谱》所录清刊《目连记》《岭南逸事》等，亦与"仓"字形相近。《说文解字·艸部》："蒼，草色也，从艸、倉声。""苍"以"仓"为声符，二字音同，俗体中以"苍"代"倉"。

"腹""覆""複"均以"复"为声符，三字音同，民间俗体以"腹""覆"代"複"。方孝坤认为："在徽州文书中，'復'的用字有九种之多，表明在徽州民间，'復''覆''複'是不分的。"[①]"伏""付"与"複"音同，民间俗体以形体简单的"伏""付"替代"複"。

"勾"是从"句"分化出来的。"句"本读作gōu，甲骨文作"**句**"，金文作"**勾**""**㔿**"等，从字形结构上看由丩、口二构件组合而成。《说文解字·句部》："句，曲也，从口、丩声。"《说文通训定声》认为当作"从丩、口声"。《说文解字·丩部》："丩，相纠缭也。"弯曲缭绕之义正好符合"曲也"的释义，可以充当"句"的意符；"口""句"均在侯部，"丩"在幽部，从声音上看"口"更适合充当声符。后"句"表示章句之义，读作jù。在隶变过程中，"口""厶"常混，"句"有时写作"勾"，如晋祀后

---

① 方孝坤. 徽州文书俗字研究［M］. 北京：人民出版社，2012：89.

土残碑作"勾"。遂以"勾"表示弯曲，"句"表示章句，将"勾"分化出来。《康熙字典》"勾""溝"二字同音，均为古侯切，以形体简单的"勾"替代"溝"。

【例243】谷（穀）—谷；后（後）—后；证（證）—証、证；价（價）—价；卷（捲）—卷；台（臺）—台；咸（鹹）—咸；向（嚮）—向；愿（願）—愿

以上所举字例见于徽州文书，且俗体字形均被收录在《总表》中成为现行简化字标准字形。

《说文解字·谷部》："谷，泉出通川为谷，从水半见，出于口。"《说文解字·禾部》："穀，续也，百穀之总名，从禾、殸声。""谷"本义为两山之间有水流出的低洼地，而"穀"表示百穀总名。二字本不同，利用声音上的联系，借形体简单的"谷"为"穀"。

"后"表示继体从政为君者；"後"从彳，本表示行动迟缓的样子。以"后"代"後"，简化了字形，提高了书写速度。

"證""証"本为两个不同的字。《说文解字·言部》："證，告也，从言登声。""證"本义为告发。《说文解字·言部》："証，谏也，从言正声。""証"本义为直言劝谏。因"'証'很少使用，所以被借为'證'使用"①。以"証"代"證"，不仅字形变得简单，还增强了声符的示音功能。

《说文解字·人部》："价，善也，从人、介声。"《说文新附·人部》："價，物直也，从人賈，賈亦声。""價"本表示物品的价值。"价"本义的使用频率较低，故借形体更为简单的"价"表示价值之义。

《说文解字·卩部》："卷，䣔曲也，从卩、类声。"《说文解字·手部》："捲，气势也，从手、卷声，《国语》曰：'有捲勇'。一曰：捲，收也。"《说文解字注》："谓作气有势也，此与拳音同而义异……捲，收

---

① 张书岩，王铁昆，李青梅，等．简化字溯源[M]．北京：语文出版社，1997：89．

也，此别一义，即今人所用舒卷字也。""卷""捲"二字用法本有别，俗体利用字音上的联系，以"卷"代"捲"。

"台""臺"本为二字。"台"读 yí 音时是从"目(𠙻)"字中分化出来的，金文字形添加构件"口"作"𠙻"。《说文解字·口部》："台，说也。从口、目声。""台"本义当为快乐、喜悦之义，但文献中基本不见直接用"台"字表示该义，而是用分化字"怡"记录。"台"读 tái 音时表示星名，《集韵·咍韵》："台，三台，星名。"《说文解字·至部》："臺，观，四方而高者。""臺"本义表示四方形高且平的建筑物。因与"台"音同，且"台"字形简单，便于书写，俗体中以"台"代"臺"。

《说文解字·口部》："咸，皆也，悉也，从口，从戌。戌，悉也。"《说文解字·卤部》："鹹，衔也，北方味也，从卤、咸声。""咸""鹹"本为二字："咸"用作副词，表示范围；"鹹"表示不淡的味道。民间俗体利用二字音同的联系，以"咸"代"鹹"，简化字形。

"向"甲骨文字形作"𡅏"，会房屋上有窗户之意。《说文解字·宀部》："向，北出牖也，从宀，从口。""嚮"甲骨文作"𧰟"，像两人相对而坐的样子，《类篇·邑部》："嚮，面也。""向""嚮"字音相同，《广韵·去声·漾韵》："嚮，与向通用。"俗体以"向"代"嚮"，简化字形，降低书写难度。

《说文解字·页部》："願，大头也，从页、原声。"段注："本义如此，故从页，今则本义废矣。""願"引申为意愿、愿望之义，《广韵·页部》："願，欲也。"《说文解字·心部》："愿，谨也，从心、原声。"二字音同，俗体以形体简单的"愿"替代"願"。

第五节　楷化过程中俗体字的演进规律

楷化是汉字由隶书演变为楷书的过程，是汉字字体继隶变后发生的又一次重大改造活动。楷书字体萌芽于后汉晚期，经魏晋南北朝的蓬勃发展，至唐朝稳定下来沿用至今。自此之后，再未有新的字体出现。楷书使用时间的跨度之长、使用范围之广，胜过此前任何一个汉字演变阶段。经过楷化，汉字的象形性彻底消失，符号性大大增强，所以楷化对汉字形体的改造更加彻底。通过前文对楷化过程中俗体字笔形变异、构件混同乃至整字字际关系的分析，我们对楷化中俗体字的演进规律进行总结。

一、笔形更加多样化

楷书由隶书发展而来，在笔形上与隶书有很多相似之处，以至于在楷书独立使用的很长一段时间内，还被称作为"隶书"。但如果将典型的隶书——汉隶，和典型的楷书——唐楷放在一起进行比较，楷书则在笔形上与隶书呈现出明显的差异。

前文提到，小篆的十种不同笔形，一般均写作等粗细的线条。经过隶变，汉字的基本笔形在小篆的基础上，又增加了掠和波磔。经过楷化，汉字的基本笔形进一步发展为点、横、竖、折、撇、捺、勾、挑八种，更加多样化和细致化。而不同的用笔方法使这八种基本笔形又可以延伸出若干种不同的笔画形态。书写"点"时，有方圆、长短、正斜、藏露锋之分；书写"横"时，有长短、方圆之分；书写"竖"时，有悬针、垂露、象笏三种形态；书写"折"时，竖折与横折间有方圆笔之间的差异；书写"撇"和"捺"时，分别有横撇与竖撇、横捺与竖捺两种形态；书写"勾"时，从大体上看有竖勾、横折勾、斜勾和搭勾之别。八种基本笔形随提、按、转折等不同方法的使用，使得楷书字体的笔形呈现出十分丰富的面貌。不同笔形在具体书写过程中相互配合，又会组合出许多种不同形态。各书家的用笔和书写风格不同，又可以产生许多变化多端的笔形。这些变化使得在书写楷书时，具有更大的灵活性。因此，笔形的丰富性使得楷书在取代隶书后，一直沿用至今，并依然保持着勃勃生机。

二、结体意识更加强烈

首先，在书写中，笔形的不同也会决定整字间架上的差异。楷书丰富的笔形决定了其整字的结体意识要比隶书更为强烈。一般说来，隶书以突出横画为主，字中的主要横画与右斜勾均利用波磔向右方出锋收笔，这就形成隶书多取横势、字形整体呈扁平的结构；楷书则根据字形的不同随时进行调整，不一定突出某个方向的笔形，且字中的横画无论突出与否，收笔时均顿笔呈下垂之势，字中的右斜画改用斜勾或捺，于是形成楷书取纵势，多呈方形的间架结构。

其次，隶书沿袭小篆的书写习惯，合体字中的各个组成构件一般都看作独立的个体，书写时一般不会改变构件的形态，而是将构件直接"拼合"。楷书则不然，在书写中特别强调"个体服从整体"，因此组成合体字的构件形态、位置、占字比例以及笔画间的相互配合要随时根据整字的需要进行调整。这样，楷书中的构件便不再是机械"拼合"出整字，而是有机结合。李淳《大字结构八十四法》"欲使四方八面，俱拱中心；勾撇点画，皆归间架；有相迎相送照应之情，无或反或背乖戾之失"[1]，说的正是这种现象。

楷书阶段汉字结体意识的增强也是由书写过程中逐渐产生出来的。

（一）为了书写的连贯性

一般情况下，在左右结构的楷体汉字中，左部构件多具有表意功能。当该表意构件的末笔为横时，为了更好地与右部构件相衔接，保证书写的连贯性，常将该构件的末笔由横改写为提。

【例 244】土—塵（塵）、墮（墮）、達（達）—冀（墰）、壞（壞坏）、壇（壇）；

---

① 俞剑华. 书法指南［M］. 北京：当代中国出版社，2014：151.

王—聖(**睢睟**)—環(**瑗**)、瓊(**瑗**)；

金—鐵(**鐵**)、鐘(**鍾**)

"土""王""金"的末笔均为一横。三字在充当构字偏旁且处于整字最左部时，为了保证书写上的连贯性，末笔的横常改写为提，以便与右部构件相衔接。当三字位于整字的其他部位时，则不需要将末笔的横改写。

（二）为了整体结构的紧凑性

楷书书写讲究"让就"原则，即组成汉字的各个构件之间要彼此相让，又要互相依赖。为了使整体结构更加紧凑，有一些原本属于发散性的笔画，在字中写得收敛，给其他构件留出更多的空间，避免笔画、构件间的拥挤，影响整字的美观。

【例245】木—櫃(**櫃柜**)、樸(**樸**)、權(**权權**)、樹(**樹**)；

禾—穩(**穩**)、種(**種**)；

米—糧(**粮**)、妝(**粧**)

"木""禾""米"三字的末笔均为一撇。三字充当构字偏旁且处于整字最左端时，末笔的撇一般缩短笔程改写作一点，以便给右边构件留出更多的空间，使整体字形疏密得当，结构紧凑。

（三）为了字形的美观性

在楷书书写中，一般要遵循"避重捺"的原则，即一个字中如果含有两个或以上的捺笔，为了使整字重心更加稳定，字形结构更加均匀和美观，一般情况下只保留其中一捺，剩下的捺笔均改写为点。

【例246】木—條(**条**)，来—棗(**棗**)，食—養(**養**)，米—齋(**齋**)

"木""来""食""米"的末笔均为一捺。四字充当构字偏旁时，若字中其他构件同样含有捺笔，该四字末笔的捺则遵循"避重捺"的原则，改写为点。

三、更多地借鉴变异字体的书写规则

启功先生曾指出："每一个时代中，字体至少有三大部分，即当时通行的正体字；以前各时代的各种古体字；新兴的新体字或说俗体字。"①在隶变过程中，当时的正体规范字形由小篆发展为隶书，当时的俗体草写字形逐渐发展为草书。裘锡圭先生也认为："在秦国文字的俗体演变为隶书的过程里，出现了一些跟后来的草书相似或相同的写法……这类草率写法作为隶书俗体的一部分，为汉代人所继续使用，并成为草书形成的基础。"②

（一）结构简化，体势多样

在楷书正体字中，有一些字的笔画繁多、结构繁杂，书写不便。行草书里遇到这种情况时，常常省略个别点画，或以使转、游丝的笔法将笔画或构件相互勾连，改变原来的结构，以达到简化汉字字形、方便书写的目的。例如，"𩙿"中的"𦣝"改写为"长"，"𤈶"下的四点连写作一横，"䄖"中的"虫"以简单点画替代，均是以笔画简单的基本形态或构件替代了原来的复杂形态。

行书介于楷书和草书之间，兼有楷书的点画和草书的使转，在结体方面基本对楷书没有太大的改动，只是在用笔上加强了某些点画间的照应关系。草书则不然，通过大量简化乃至同化楷书基本结构的写法，使得书写变得简单便捷。但这在很大程度上改变了楷书原本的基本结构形态。楷书俗体字多受行草书的影响，在结构上多有省减。省减的方式和程度也并非一成不变，这样使得每个字都可能有两种或两种以上的不同写法，造成俗体字形势多样的特点，如"备"在吐鲁番文书中写作"𤇥""𤇥""𤇥"等不同的形态。

---

① 启功.古代字体论稿[M].北京：文物出版社，1964：37.
② 裘锡圭.文字学概要[M].北京：商务印书馆，1988：70.

（二）多用圆笔，多露锋

楷书俗体字多受行草书的影响，在书写中多使用圆笔，行笔时多露锋。

行草书的书写速度要快于楷书，这是因为行草书一般在横折、竖折等突然改变笔道运行方向的笔画中，往往多使用圆笔书写，少使用方笔。方笔书写，在行笔过程中，需要利用提、顿、挫、折等方法改变笔道的运行方向，这样便会减缓书写节奏；圆笔则充分利用毛笔圆锥体笔头的特点，直接顺势转弯，轻快便捷，节省书写时间。如"报"正体字形如"報"，右部构件"㕡"的折笔为方笔，在敦煌俗体字形"報"中，则顺势改变笔道方向，利用圆笔一笔带过，提高书写速度。

行草书书写速度比楷书快的另一个原因在于，行草书的点画，尤其是撇、捺、点，多露锋少藏锋，从而更好地照应笔画间的承接关系。藏锋书写，通常要逆锋起笔、逆锋收笔，这样"欲下先上、欲右先左"的写法，势必减慢书写速度。露锋书写则是顺锋起笔、顺锋收笔，顺势而为省时省力。楷书俗体也多受此影响，行笔时多用露锋。

（三）改变楷书的点画和笔顺

在行草书等变异体字的书写习惯中，为了追求点画带来的气势、书写的连贯性以及整体的韵味，常常改写某些字的书写顺序。如"夲""夲""夲""夲"均为"本"字的草书字形，但四字的笔顺各不相同。

楷书俗体字受行草书的书写规则影响较多，也经常改写楷书的点画和笔顺。正体字"愛"的上部起笔为撇，再写三点；俗体字"愛"则先写横，再写竖，最后书写以游丝相连的两点。俗体字"富"的下部也是先写一长竖，再将"口"和"田"补齐。

172

第五章　隶楷阶段俗体字的特点

通过对隶变、楷化过程中产生俗体字类型的总结和归纳，不难发现，俗体字产生的形式是多种多样的。正体字只有一个标准字形，俗体字往往有多个不同形体。研究俗体字并不是鼓励民众可以不受规范随心所欲俗造、俗写、俗用，而是通过其发展演变的规律，更好地为当今的汉字规范服务，从而使汉字更好地记录汉语，在适当场合更好地发挥其作用。张涌泉教授《汉语俗字研究》一书认为汉语俗字具有通俗性、任意性、时代性、区别性、方域性五个特点，这是就整个汉语俗字的特点得出的结论。我们认为，隶楷阶段这种具有草写性质的俗体字形与其他俗体字形（字书俗字、刻本俗字）相比，还有其自身的特点。

一、便利性

通俗性是从汉语俗字的流通范围来说的，便利性是从汉字书写角度来说的。任何一种工具都要在实际应用过程中不断调整、不断完善以达到最符合人们便利使用的程度。汉字作为记录汉语的工具，受区别律与简易律的双重制约，也在实际书写的过程中不断调整形体使之优化。写本书献俗字的最大特点在于便利性，与正体相比，俗体字大部分具有笔画数少、结构简省、构意明晰等特点。一种新字体的产生都是在旧字体的书写中孕育出来的，在新字体与旧字体并存的阶段，新字体便是旧字体的俗体。隶书是篆书的草写，将篆书"改曲为直"，缩短了篆书的长线条，打破了篆书的结构，可以看作篆书的俗体；楷书是隶书的草写，去掉了隶书的"一波三折"，书写讲究横平竖直，增加了撇、捺、点、提等笔画，又可以看作隶书的俗体。正是俗体书写的便利性和符合工具使用要求的便捷特点，才使隶书、楷书分别取代篆书、隶书上升成为官方认可的规范字体。通过整理不难发现，大部分俗体字无论是笔画，还是结构，都比正体字要简洁，书写起来都更节省时间。

当然，也有部分俗体字的形体比正字要繁复，如敦煌俗字的"贝（貝）"增添偏旁写作"**現**"，"虫（蟲）"增添笔画写作"**蟲**"，"斗（鬥）"增添构件写作"**鬭**"等繁化现象，是否有悖于俗字便利性的特点？答案是否定的。因为从大部分汉字上看，其俗体都比正体书写便利，不能因为出现的个别繁化现象便否认汉字整体的简化趋势和俗体便利性的特点。

二、随意与约定的对立统一性

《汉语俗字研究》认为俗字的任意性表现在"同形异字""异形同字""正俗并用""主观色彩"几个方面。我们认为写本书献俗字的随意性并不是说俗体字可以随意书写，而是在书写时不用像官方规定正字的要求一样，只有一个形体，而是可以从不同角度对记录某个词所用的字形进行改造，所以一个正字在同一时期所对应的俗体往往不止一个，如"总（總）"在敦煌俗体中有"**揔**""**惣**""**揔**"等多个写法不同的俗体。然而俗体也是整个汉字大系统的一部分，"改造"字形必须要符合"约定俗成"的要求。如果不顾"约定"的要求，忽视汉字表意性的特点和造字理据对汉字的影响，随意对汉字进行改造，势必减弱汉字作为记录汉语工具的功能。写本书献俗字的随意性与约定性就是对立统一的综合体。

我们在整理隶楷阶段写本书献的过程中发现，徽州文书中所见俗体字有较强的随意性。这种随意性并非说徽州地区的民众文化程度较低，不了解汉字发展演变的规律随意造字，反而是因为在历史上徽州地区教育水平比较发达，民众文化修养良好，在语言和文化交流中产生的俗体字"别具一格"，独创性很强。这种独创性只在徽州地区体现，对于其他地区来说，便成了"随意"。这种随意是否能被所有社会成员接受，要看民众的"约定"程度。

【例247】岁（歲）

歲（说文解字）—歲（睡）—歲（里）—歲（马）—歲（华山庙碑）—歲（走）—歲（吐）—歲（敦）—歲（黑）—歳、岁、岁（徽明清）—岁、岁、岁（徽清）—歲、歲（徽民国）

"岁（歲）"的俗体字形非常多，我们在此只选取了一部分。不难看出，从《说文解字》小篆开始，"歲"的俗体字形结构几乎没有变化，各阶段的字形都沿用了从步、从戌的结构。在走马楼竹简、吐鲁番、敦煌、黑水城文书中，字形上部的"止"讹写为"上"或"山"，下部的"少"讹写为"止"或"示"，这也只是笔画上的变化。但在明清时代的徽州文书"岁""岁"这两个字形中，将原本的"少"和"戌"的组合分别写作"夕"和两点，对正体字进行了大幅度的省减。清代使用的"岁""岁""岁"是在继承前一阶段字形的基础上经过笔画调整得来的。该字形地域性特点较强，使用范围不广。到了民国时期，又恢复了原始结构。可以看出，俗体字的创造并不是无条件的，要受到全社会用字习惯的"约定"。

【例248】灶（竈）

竈、竈（说文解字）—竈（岳麓）竈（马王堆）—竈（敦煌）—灶灶（徽明清）

《说文解字》正篆字头作"竈"，《说文解字·穴部》："竈，炊竈也。从穴、黽省声。"还有一种形体作"竈"，可隶定为"竈"，为未省写声符的字形。由于"竈"形体复杂，笔画数多，书写极为不便，从《说文解字》开始就使用"省声"后的字形。敦煌俗字将表意字符"穴"中的两点讹写作"土"形。徽州文书直接将该字用会意的造字方法，改写为从土从火的结构。在由"竈"改写为"灶"的初期，体现出俗体字随意性的特点。但改造后的字形不仅大大降低了书写难度，且使该字的造字理据进一步凸显，逐渐得到全体社会成员的接受，约定俗成。改造后的俗体字形"灶"成为当前简化字的标准字形，体现了随意性与约定性的统一。

三、复杂性

正因为写本文献中的俗字具有随意性，所以与历代字书及刻本文献中的俗字相比，还体现了复杂性。下文分别将写本俗字与字书俗字、写本俗字与刻本俗字相比较，分析其复杂性的原因。

（一）写本俗字与字书俗字

写本俗字与字书俗字最显著的差异在于数量上的不同。首先，在写本文献中，书写的随意性导致正俗"一一对应"的情况比较少，大多数的俗体往往不止一个。而字书中所收录的与正字相对应的俗体一般只有一个，极少数正字有多个俗体对应（《龙龛手镜》在正字字头下收录多个俗体，但其编纂目的在于释读佛经文献，与一般字书主要为了规范汉字的使用有很大不同）。其次，写本俗字字形的本质是异体，书写多样，形态丰富，规范化程度较低或者说并未经过规范，所以能直接反映当时汉字书写的实际情况。字书俗字多是经过政府或社会上层知识分子、学者等多方整理，规范化程度较高，反而与当时社会民间实际用字情况存在差异。我们认为，这种差异的原因在于以下两点。

1. 使用人群不同

俗体字产生于社会大众，尤其是中下层人民的手头中，在民间的使用必然广泛，因此写本文献俗字带有社会中下层人民的深刻烙印，汉字只要能"传情达意"即可。但字书编纂者通常是受过正统教育的社会上层知识分子，在编纂字书的时候必然会选择传统正字特别是见于《说文解字》中的形体来统一社会用字。当然上层知识分子也写俗体字，但这部分俗体也只是经过社会上层认可的并经过规范使得通行范围较广的字形，与整个社会用字情况相比，一定存在差异。

2. 使用目的不同

俗体字形多产生于社会下层老百姓的手头书写中，因其"便利"的特点流行于社会各阶层。便利性使得俗体字形多样化，或减少笔画，或改变构字部件，或创造新的会意字，因此到目前为止，学界还没有统一的归纳俗体字类型的标准，只要通过书写能够起到交流的作用，俗字便完成了它的"使命"。至于这个字写得是否符合汉字的造字原则，是否符合官方的规范标准，则显得不重要。字书的编纂，尤其是官修字书，多是由于文字使用混乱影响社会交往，政府为了统一文化、巩固政权所采取的措施。因此，字书编纂的主要宗旨是要求"写正字"，强调正字的重要性，正如《干禄字书》所提到的，"夫篯仕观光，惟人所急，循名责实，有国恒规，既考文辞，兼详翰墨，升沈是系，安可忽诸？用舍之间，尤须折衷，目以干禄，义在兹乎"，将写正字作为科举考试选拔、求取功名利禄的一个重要标准。即使字书中收录了俗体字形，其作用也是突出正字。因此，在编纂字书的过程中，一般只选择几个有代表性、流传时间长、通行范围广的俗体字，所以字书中俗字的数量要少于写本文献中的俗字。

(二)写本文献俗字与刻本俗字

写本俗字与刻本俗字相比，也存在一定的差异，我们认为是由以下三方面造成的。

1. 使用载体不同

写本文献是用毛笔直接写在简牍、帛书或纸上的，因此书写过程中随意性较强，只要手腕、手指或是用笔的提顿稍微改变一下，最终呈现出来的字形就会与标准正字有差异。随着社会经济的发展和生活节奏加快，为了提高书写速度，人们几乎不可能还按照标准正字一笔一画慢慢书写，或是为了字形的美观采用藏锋的笔法，所以将行草书运用到书写习惯中，利用省、并、连、减的方法，或利用露锋顺起顺收的笔法，降低汉字的笔画数和书写难度，从而产生了大量形态丰富的俗体字。刻本文献主要包括碑刻（含刻石）和版刻。碑刻具有悠久的历史，因材料坚硬、不易损毁，能流传后世，所以一般带有特殊的纪念意义，在文字的使用上与手写文献相比也要谨慎得多。鉴于碑刻的俗体字形从数量上看比写本文献所见俗字少，从结构上看要规范得多，手写中随意添加笔画的情况在碑刻中也比较少见。印刷术出现之后逐渐替代了手抄，成为文献流传的最主要方式。印刷术与手抄相比，使用率高，传播速度快、范围广，无论是雕版印刷还是活字印刷，在字形选择上都比较严谨，因此俗体的数量大大减少。

【例 249】阴（陰）

陰（桐柏庙碑）—陰（楼）

上面所示"陰"字的两个形体和结构完全相同，但书写载体的不同，使两个字的风格有所差异，体现在末笔的"厶"形上。桐柏庙碑字形的末笔是由三笔雕刻而成，而楼兰残纸文书中的"厶"只有一笔连写而成。而在楼兰文书中还有另一个俗体字形"陰"，将"昜"省写作"云"，也体现了写本书献俗体的复杂性。

2. 使用工具不同

写本文献使用笔，无论是软笔还是硬笔，书者都易于操作，写出来的字形体自然生动。版刻主要使用刀或锐器来操作，需要一点点在石版或木板上凿刻出来，因此字体风格首先比较生硬，其次手写中很多容易添加的点或笔画在版刻中基本不会出现，造成写本与刻本俗体字形的差异。

3. 书写或雕刻人员的素养不同

写本文献均是由人直接书写出来的，而不同文化素养的人的书写风格也有不同，有的写本字迹清晰、字形规整，俗讹较少，具有很强的艺术欣赏性；有的写本字迹潦草、俗讹较多，甚至认读困难，这也是造成写本文献俗字复杂性的原因之一。刻本文献则是写本文献的"二次加工"。刻本的底本一般都出自文化水平或书写水平较高的上层人士，但在二次加工的过程中依赖于刻工的文化素养。刻工刻技精良、文化素养高，可以使好的写本以原貌呈现或"锦上添花"；刻工刻技拙劣、文化素养低，不注重写本的风格，或主观判断失误，极有可能造成错讹现象。这也是写本文献俗字比刻本复杂的原因之一。

四、继承性与发展性的统一

写本文献的继承性反映了在历时发展过程中汉字字体的演变是渐变式的。受汉字记录汉语作用的影响以及汉字字形受全社会"约定俗成"，汉字在书写中的变化一定是微变，而继承性就体现在微变中。通过对隶楷阶段汉语俗字发展过程的梳理，我们发现每一个阶段的俗体字形对其上一个和下一个阶段来说，都具有承上启下的作用，后一个阶段的俗体总是在前一阶段俗体的基础上发展而来的，体现了写本文献俗字继承性与发展性的统一。

【例 250】阳（陽）

"阳"为从昌，易声的形声字。其俗体字形分两路进行演变：第一路字形变化与《说文解字》小篆字形几乎无异，从秦隶到汉隶，每一阶段字形都完全继承上一阶段的字形，唯独在校官碑"陽"字形中，声符中的构件"日"与中间的一横共用笔画写作一个整体。第二路字形变化则主要体现在偏旁上，将原本的"昌"改写为"阝"，个别形体如走马楼字形"陽"，省略掉了中间的一横。

【例251】麦(麥)

麥(说文解字)— 麦(睡)— 麦(马)— 麦(西狭颂)— 麦(楼)— 麦(吐)— 麦(敦)— 麦(黑)— 麦(徽)

"麥"本为会意字，其小篆形体为从来、从夊的结构，在睡虎地秦简中，将"來"字中间的两个折笔连写为一横，由此其俗体字形基本固定下来写作"麦"，在后世的汉隶和楷书中未产生变化，该形体也成为简化字的来源，体现出俗体字形继承和发展的统一性。

第六章　草书楷化对汉字简化的影响

从动态书写角度研究俗体字形在隶变和楷化过程中的规律，特别是受行草书影响的书写方式，可以对汉字规范化整理和研究提供帮助。本章对当前使用的采用草书楷化法进行简化的通用规范汉字进行研究。所选材料为《通用规范汉字表》（以下简称《字表》），对其中采用的草书楷化法进行数据上的测查，评价草书楷化对汉字简化工作的优劣得失。

第一节　草书楷化法的可行性

草书的含义有广义和狭义之分。从广义角度看，任何时代、任何字体，只要写得潦草的字都可以看作草书。从狭义角度看，草书特指在汉字形体演变过程中与隶书和楷书相对的草写形式。此处所指的草书即狭义的草书。草书与隶、楷书相比，结构明显简化，大大降低了汉字的书写难度，因此在简化汉字的方式中，选取草书字形是非常直接而且方便的。但直接选取草书字形有时会因其字形的潦草狂放导致识别度较低，使用价值不高，于是又在草书字形的基础上再进一步楷化。草书楷化法是"把手写草书体整理成为印刷楷书体的一种简化汉字方法。亦即把笔画连接、形体圆浑的行书、草书，按楷书的要求，改变为笔画分离、形体方正的字体，达到简化汉字结构目的的方法"①。

利用草书简化汉字的方法古已有之。从汉字形体的发展轨迹来看，草书的产生和快速发展是因为正体字形笔画繁复不便于书写，为了提高书写速度，在写字时，有意省减过多的笔画，或用简单构件替代复杂构件，或利用字形点画之间的联系顺势连起来书写。草书书写本身就是一个对汉字进行简化的过程。唐代的字样学著作《干禄字书》中收录了大量因草写形成的俗体字，如"御御""正匹""從従"等。1922年钱玄同等人在国语统一筹备委员会第四次大会上提出了《减省现行汉字的笔画案》，该方案将"采用固有的草书"作为汉字简化的方式之一。1964年首次发布、1986年重新发布的《总表》也将"草书楷化"作为汉字简化的方式之一。

第二节 对《字表》草书楷化字的测查

2013年国务院颁布的《字表》是在参考了1955年发布的《第一批异体字整理表》，1964年首次发布、1986年重新发布的《总表》，1965年发布的《印刷通用汉字字形表》，1988年发布的《现代汉语常用字表》和《现代汉语通用字表》等新中国成立以来汉字规范化工作的一系列成果的基础上，利用语料库统计技术与人工干预相结合的研究方法，遵照信息时代的特点和汉字发展、汉字使用的实际情况研制而成的。为了保持社会用字稳定，《字表》继承了新中国成立以来的汉字简化的成果，也自然收录了大量草书楷化字。

我们对《字表》草书楷化简化字的判断标准主要采用张书岩等《简化字溯源》下编中对简化字来源的解说。

---

① 陈越. 偏旁简化、草书楷化综论[J]. 中国语文，1965（4）：284.

对《字表》草书楷化字的测查结果见表6-1。

表 6-1 《字表》草书楷化字测查结果表

序号	字级	《字表》序号	简化字	繁体字	可否类推	含该构件类推简化字总数
1	一	0055	门	門	可类推	73
2	一	0072	马	馬	可类推	84
3	一	0083	专	專	可类推	6
4	一	0100	车	車	可类推	99
5	一	0114	贝	貝	可类推	161
6	一	0118	见	見	可类推	36
7	一	0127	长	長	可类推	10
8	一	0143	仑	侖	可类推	10
9	一	0157	乌	烏	可类推	4
10	一	0165	为	爲	可类推	5
11	一	0188	书	書		1
12	一	0221	龙	龍	可类推	21
13	一	0225	东	東	可类推	7
14	一	0233	帅	帥		1
15	一	0234	归	歸	可类推	1
16	一	0287	乐	樂	可类推	8
17	一	0296	鸟	鳥	可类推	100
18	一	0306	兰	蘭		1
19	一	0310	头	頭		1
20	一	0316	写	寫	可类推	1
21	一	0339	发	發、髮	可类推	6
22	一	0347	丝	絲	可类推	2
23	一	0363	执	執	可类推	9
24	一	0365	扫	掃		1
25	一	0373	亚	亞	可类推	10

续表

序号	字级	《字表》序号	简化字	繁体字	可否类推	含该构件类推简化字总数
26	一	0379	过	過	可类推	1
27	一	0402	夹	夾	可类推	15
28	一	0406	尧	堯	可类推	18
29	一	0413	师	師	可类推	5
30	一	0418	当	當、噹	可类推	7
31	一	0439	岂	豈	可类推	12
32	一	0452	乔	喬	可类推	10
33	一	0468	伤	傷		1
34	一	0486	会	會	可类推	12
35	一	0510	壮	壯		1
36	一	0512	妆	妝		1
37	一	0514	庄	莊		1
38	一	0515	庆	慶		1
39	一	0532	关	關		1
40	一	0544	兴	興		1
41	一	0558	农	農	可类推	6
42	一	0563	寻	尋	可类推	8
43	一	0566	尽	盡、儘	可类推	4
44	一	0570	孙	孫	可类推	3
45	一	0579	妇	婦		1
46	一	0588	买	買	可类推	1
47	一	0599	寿	壽	可类推	10
48	一	0656	报	報		1
49	一	0707	来	來	可类推	9
50	一	0717	时	時	可类推	3
51	一	0828	状	狀		1
52	一	0836	应	應		1

序号	字级	《字表》序号	简化字	繁体字	可否类推	含该构件类推简化字总数
53	一	0882	穷	窮	可类推	1
54	一	0902	层	層		1
55	一	0912	陆	陸		1
56	一	0961	拣	揀		1
57	一	0977	势	勢		1
58	一	1034	丧	喪		1
59	一	1042	卖	賣	可类推	10
60	一	1068	齿	齒	可类推	18
61	一	1119	图	圖		1
62	一	1194	鱼	魚	可类推	127
63	一	1229	郑	鄭	可类推	2
64	一	1232	单	單	可类推	20
65	一	1285	实	實		1
66	一	1303	肃	肅	可类推	7
67	一	1334	参	參	可类推	11
68	一	1337	练	練		1
69	一	1407	带	帶	可类推	3
70		1458	牵	牽		1
71	一	1471	临	臨		1
72	一	1476	尝	嘗	可类推	2
73	一	1617	将	將	可类推	3
74	一	1641	养	養		1
75	一	1649	娄	婁	可类推	24
76	一	1655	炼	煉		1
77	一	1693	举	舉	可类推	1
78	一	1723	昼	晝		1
79	一	1809	热	熱		1

续表

序号	字级	《字表》序号	简化字	繁体字	可否类推	含该构件类推简化字总数
80	一	1812	壶	壺		1
81	一	1883	监	監	可类推	6
82	一	1948	称	稱		1
83	一	1987	爱	愛	可类推	5
84	一	2221	梦	夢		1
85	一	2423	渊	淵		1
86	一	2544	联	聯		1
87	一	2726	装	裝		1
88	一	3024	誉	譽		1
89	一	3029	寝	寢		1
90	一	3118	稳	穩		1
91	一	3206	聪	聰		1
92	二	3509	韦	韋	可类推	21
93	二	3550	刍	芻	可类推	9
94	二	3738	佥	僉	可类推	17
95	二	4780	啬	嗇	可类推	5
96	二	5250	褒	襃		1
97			讠	言	简化偏旁，可类推	168
98			饣	食	简化偏旁，可类推	49
99			昜	昜	简化偏旁，可类推	21
100			纟	糸	简化偏旁，可类推	177
101			収	臤	简化偏旁，可类推	8
102			灬	火火	简化偏旁，可类推	28
103			临	臨	简化偏旁，可类推	5
104			钅	金	简化偏旁，可类推	271
105			兴	與	简化偏旁，可类推	10
116			圣	罜	简化偏旁，可类推	12

序号	字级	《字表》序号	简化字	繁体字	可否类推	含该构件类推简化字总数
117			圣	聖	简化偏旁，可类推	21
118			亦	戀	简化偏旁，可类推	15

通过上表内容可以统计出，可以类推简化的草书楷化字共 55 个，可类推简化的草书楷化偏旁共 12 个，其中"讠""钅""纟"三个简化偏旁的类推简化字总数均超过 100 个。我们对草书楷化字的类推性做一分析，见表 6-2。

表 6-2　草书楷化字类推数量表

类推字数量	可类推简化的草书楷化字字例
≥20	门马车贝见龙鸟鱼单娄韦(11)
10~19	长仑亚夹尧岂乔会寿卖齿参佥(13)
5~9	专乌为东乐发执师当农寻来肃监爱刍啬(17)
<5	归写丝过尽孙买时穷郑带尝将举(14)

通过该表可以看出，草书楷化是一种重要的汉字简化方法，总体上看不仅使个体汉字的笔画数大大降低，并且类推简化的原则还使草书楷化法具有很强的能产性，使整个汉字系统都得到有效简化。此外，《字表》在对所收繁体字进行草书楷化转写时，基本上秉持"约定俗成"的原则，选取历代已经出现过的具有群众使用基础的草书字形，而非新造草书楷化字。

第三节　对草书楷化法的评价

王宁先生曾指出："汉字的使用和发展都带有社会性，每一个汉字字符的创造与改变，一般都经过三个阶段：个人使用、社会通行和权威规范。从个人使用到社会通行，这是汉字自行发展的阶段；从社会通行到权威规范，这是人为规范的阶段。"①草书楷化法运用到汉字简化工作中，也经历了如此阶段。

草书在日常书写活动中因其书写上的便利性和审美上的多样性，在整个社会阶层均得到广泛应用。在这个阶段中，草书字符的社会性和记录汉语的使用价值得到显著增强。但这种"草写"的势头如果不加以控制和规范，势必走向另一个极端，狂草正是其例。狂草因其笔势连绵环绕、潦草狂放、变化无穷而具有很高的艺术价值，但一般人不识狂草，狂草因此失去了其最基本的作为交际工具的使用价值。此外，"千人千草"同样影响汉字的交际性。因此，想要充分利用草书的优势，必须在其自行发展的基础上进行人为规范，使汉字演变的合理性和构形系统的严密性和规范性得到保障。使用草书楷化简化汉字属于新中国成立以来的汉字简化工作，尤其是利用草书楷化法选取的汉字字形，从总体上看，是符合汉字历史发展趋势的。

王宁教授认为汉字系统优化必须要遵循的五个原则："(一)有利于形成和保持严密的文字系统；(二)尽量保持和维护汉字的表意示源功能；(三)最大限度地减少笔画；(四)字符之间有足够的区别度；(五)尽可能顾及字符的社会流通程度。"②通过前文的测查可以看出，利用"草书楷化"对汉字进行简化的方式具有较强的能产性，使大批汉字得到有效简化。但"草书楷化"历来褒贬不一。通过对《字表》草书楷化字进行分析，我们认为使用草书楷化法，无论是对个体汉字还是汉字系统都得到了一定程度的简化，但实际操作过程中有时带有一定盲目性，使汉字的构形理据难免遭到破坏。

---

① 王宁. 汉字学概要[M]. 北京：北京师范大学出版社，2001：58.
② 王宁. 汉字的优化与简化[J]. 中国社会科学，1991(01)：79.

一、使形源不同的构件发生混同

草书书写改换汉字的点画用笔或对构件进行省减、省变，导致很多来源不同的简化字字形发生构件混同。

【例252】头（頭）、实（實）、买（買）

简化字"实""买"均含有构件"头"，但来源却不同。"頭"本为从页、豆声的形声字，《汉简文字类编》所收居图三五41.11A字形中，"頭"草写作"三ㄋ"，赵孟頫《急就章》作"以"；"實"为从宀、从贯的会意字，王羲之《破羌帖》作"实"；"買"为从网、从贝的会意字，倪元璐《家书》作"買"。三字在形体上本无任何联系，经过草书楷化后共同以"头"为组成构件，使形源不同的构件发生混同。

【例253】报（報）、热（熱）

简化字"报"和"热"都含有构件"扌"，但二字中的"扌"却并非构件"手"的分化形体。"報"的草书字形作"报"（郗愔《至庆帖》）、"扒"（皇象《急就章》）、"报"（文征明《滕王阁序》）等；"熱"的草书字形作"热"（赵孟頫《六体千字文》）、"热"（王羲之《大热帖》）、"热"（米芾《逃暑帖》）、"势"（沈粲《千字文》）等，均是利用使转的方法，将笔画数多的构件以简单笔画勾连起来，使"幸""坴"与"扌"形体混同。简化汉字时，二字在草书形体的基础上，利用草书楷化法，将构件"幸""坴"改写为"扌"，使形源不同的构件发生混同。

【例254】会（會）、尝（嘗）、动（動）、运（運）

简化字"会""尝""动""运"四字均含有构件"云"，但"云"的来源却不相同。"會"的草书字形作"会"（孙过庭《书谱》）、"会"（王羲之《服食帖》）、"会"（智永《千字文》）等，"嘗"字的草书形体写作"尝"（赵构《真草千字文》）、"尝"（欧阳询《千字文》）、"尝"（韩道亨《草诀歌》）

等，二字中的构件"云"是利用草书楷化法改写而成。"動"本为从力、重声的形声字，简化时利用符号"云"替代声符；"運"本为从辵、军声的形声字，简化时选取示音功能更强的声符"云"。

二、构形理据减弱或丧失

草书为了快速书写，使用大量点画少的构件或运用使转写法代替点画多的构件，再经过楷化，导致一批字形的构形理据性减弱或丧失，部分构件变为纯粹的记号，不利于汉字的使用和学习。此处仅举几例予以简单说明。

【例 255】尧（堯）

《说文解字·垚部》："垚，土高也，从三土。"《说文解字·垚部》："堯，高也，从垚在兀上，高远也。""垚"既与"兀"拼合会高远之意，同时"垚"在"堯"中也具有示音功能。鲜于枢《行次昭陵》将"堯"草写作"尧"，据此形草书楷化为"尧"，成为简化字标准字形。楷化后，整字的构形理据减弱，字形上部新产生的构件"戈"，非"戈"非"弋"非"戈"，没有任何构形理据，变为一个纯粹的记号，且该记号与戈、弋、戈形体相近，极易混淆，无形中增添学习负担，只能死记硬背。

【例 256】长（長）

"長"的甲骨文形体作"長"，像人长发挂着拐杖之形，有时字形中也会省写拐杖作"長"。此字构形与"老"相近，本义为年长①。小篆字形作"長"，《说文解字·長部》"长，久远也"当为其引申义。隶变中，改曲为直写作"長"，简化字"长"是利用其草书字形"长"（皇象《急就章》）、"长"（孙过庭《书谱》）等楷化而成。楷化后的字形理据和构意基本丧失，成为一个记号字。

---

① 还有一种说法是根据字形上部的长头发，认为本义表示长久之长。

三、产生新的形素

前文提到可类推的草书楷化简化字具有较强的能产性。但一些不可类推的草书楷化字，不仅能产性极低，反而在一定程度上给汉字系统增添了新的形素，造成汉字系统的冗杂。

【例 257】书（書）

《说文解字·聿部》：“書，箸也，从聿、者声。”怀素《自叙帖》草写作“**𡘳**”。根据此字形楷化后，汉字系统产生了新的形素。由于《字表》中“书”仅此一例，不充当构件组成其他字形，也不具有类推性，因此并不符合语言文字的经济性原则，属于汉字系统中的冗余。

【例 258】专（專）

前文分析到“專”从叀、从寸，本义为纺砖，根据其草书字形楷化后写作“专”，构形理据和构意基本无法从字形上识别出来。虽然构件“专”的能产性不算很低，《字表》中只在“传”“转”“砖”“抟”“胯”“啭”中充当构件，但从整个汉字系统上看，增添了新的形素。

此外，从汉字书写的角度来看，“书”“专”字形不太符合人们的书写习惯和审美习惯。“书”不如“書”稳固，“专”弯折太多，与楷书“四平八稳”的写法相悖。

四、降低汉字的区别度

草书易书写的原因在于利用了简单的结构形态替代复杂结构，但这样的替代往往非“一一对应”。一个简单形体在草书中可以对应多个复杂形体，使大量汉字构件出现混同现象，如“**ʓ**”在“明”“将”“得”“过”“高”“马”“尊”等字中分别写作“**明**”“**将**”“**得**”“**过**”“**马**”“**马**”“**尊**”，使形源不同的构件在草书中发生混同。混同的构件经过楷化之后极易产生一批形近字，降低汉字的区别度。

【例259】乐（樂）、东（東）、柬

"樂""東"二字在怀素《小草千字文》中分别作"乐""东"，"柬"在宋克《急就章》作"柬"，三字草书字形相近，草书楷化后"乐""东"二字形体相近，"柬"字虽未简化，但由"柬"作为构件的"揀""練"草书楷化后作"拣""练"，字形右边构件与"乐""东"相近，字形区别度不高，实际书写中容易混淆。

【例260】发（發）、友

《说文解字·弓部》："發，射发也，从弓、癹声。"草书字形写作"发"（祝允明《前后赤壁赋》）、"发"（孙过庭《书谱》）、"发"（赵佶《千字文》）等，简化字根据其草书字形楷化作"发"。楷化后的字形与"友"形体和字音均非常相近，字形区别度较低，书写中极易发生混淆。

【例261】水、言

"水""言"二字在作偏旁时分别写作"氵""讠"，其中"言"草书楷化为"讠"，二形相近。在手写体中极易混淆，如"没有"和"设有"的区别度不高。

五、类推范围不确定

《字表》为了保证社会用字稳定而沿用《总表》中的简化字字形，对于《总表》中不是很合理的地方也一并继承下来，如类推简化的范围。《总表》刻意追求汉字的简化，缺乏汉字的系统性概念。"專"草书楷化为"专"，但以"专"为声符的"團"却简化为"团"；"柬"在"拣""练""炼"中已简化为"东"，但在"闌"和以"闌"为构件的汉字中，却并未类推。"闌"已简化为"阑"，"瀾"简化为"澜"，但从"闌"的"欄""爛""攔"却分别简化为"栏""烂""拦"。

总体上看，草书楷化一方面使汉字的笔画数大大减少，方便了人们的书写，特别是在新中国成立初期的扫盲阶段，对于汉字学习和文化普及起到积极作用，但另一方面在运用草书楷化方法简化汉字时，由于时代和指导思想的局限性，没有考虑到汉字系统的整体性和科学性，没有做到对汉字字形的优选，使汉字字形和汉字构形理据均遭到一定程度的破坏。"从现有简化字来看，一些不十分优化的简字，大部分来自草书楷化。"①在今后的汉字规范化工作中，应当对"草书楷化"字给予更多的关注，合理优化汉字字形及整个楷书汉字系统。

---

① 王宁．二十世纪汉字问题的争论与跨世纪的汉字研究[J]．中国社会科学，1997(1)：159.

结　　语

　　本书以《简化字总表》第一表、第二表非类推简化的 482 个简化字为研究对象，从动态文字学的角度分析其隶楷阶段手写俗体字形的发展演变过程。我们认为，每一种新字体在产生之际都是当时的"俗体"，后因字形简洁、书写便捷的特点，逐步上升为官方认可的正体。当前使用的简化字字形大多来源于历代的日常简便俗体。新中国成立以来的汉字简化工作更多秉承"从俗从简"的原则，在选取历代已有的形体基础上，整理并将之规范化。很多简化字形体在隶楷阶段已经出现。

　　汉字字体演变的根本原因在于书写。隶书改变了小篆随体诘屈的线条，使汉字符号化和笔画化，失去象形意味，更加便于书写；楷书进一步去掉隶书中的波磔，使笔画横平竖直。楷书俗体字又多受行草书连笔书写的影响，从而提高书写速度。在隶变楷化的过程中，笔形的变化往往导致构件发生改变，产生构件的混同或分化；构件的混同或分化又影响整字字际关系，这是一个连锁反应。当字际关系的改变影响汉字交际时，人们便会采用一些方法，改变其中几个字的形体，将这些字区别开来。从总体上看，在区别律与简易律对立统一的双重要求下，汉字形体在书写中不断调整形体达到优化。

　　本书的不足之处在于：

　　1. 由于时间和著者能力有限，本书字形发展演变各阶段的材料选取范围较窄，更多近年来新出简帛文献、敦煌文献以及明清时期的档案文书等材料没有纳入书中，结论显得粗疏。从动态书写角度看，字形演变各阶段的跨度较广，深度还需增强。

2. 由于资料有限，本书所截取的图片多为影印版或硕博论文中所引用的图片，图片的清晰度较低，在辨认方面造成很大不便；或是因一些俗体字形经过论文作者的重新摹写（如徽州文书俗体字），无法看到原貌，前人误释也因而难以发现，实为遗憾。

3. 石刻文献是一种特殊的手写字形，包含了大量了俗体字形，本书因局限于写本文献，未能将石刻文献，尤其是楷书阶段的石刻文献纳入其中。

4. 所选字形未标明字形所在文句，不便读者复核，降低了文末附录字表的实用性。

著者今后的工作方向就是将更多更新且字形清晰的写本文献材料纳入本书的体系当中，将汉字演变的过程进一步细化，同时更多关注俗体字的地域性特点，将通行俗体字与具有地域特点的俗体进行比较。更重要的是收集更多字形材料，将汉字学研究与计算机技术相结合，为汉字字料库的建设提供参考。

参考文献

一、专著类

[1]蔡忠霖.敦煌汉文写卷俗字及其现象[M].台北：文津出版社，2002.

[2]陈松长.马王堆简帛文字编[M].北京：文物出版社，2001.

[3]陈五云.从新视角看汉字学：俗文字学[M].郑州：河南人民出版社，2000.

[4]陈晓强.敦煌契约文书语言研究[M].北京：人民出版社，2012.

[5]段玉裁.说文解字注[M].上海：上海古籍出版社，2008.

[6]范子靖.汉字简化之旅[M].上海：上海锦绣文章出版社，2016.

[7]方勇.秦简牍文字编[M].福州：福建人民出版社，2012.

[8]方孝坤.徽州文书俗字研究[M].北京：人民出版社，2012.

[9]黄征.敦煌俗字典[M].上海：上海教育出版社，2005.

[10]季旭昇.说文新证[M].福州：福建人民出版社，2010.

[11]教育部语言文字信息管理司.信息时代汉字规范的新发展：《通用规范汉字表》文献资料集[M].北京：商务印书馆，2015.

[12]孔仲温.玉篇俗字研究[M].台北：台湾学生书局，2000.

[13]李洪智．汉代草书研究［M］．北京：北京师范大学出版社，2014.

[14]李学勤．字源［M］．天津：天津古籍出版社，2013.

[15]李运富．汉字学新论［M］．北京：北京师范大学出版社，2012.

[16]梁春胜．楷书部件演变研究［M］．北京：线装书局，2012.

[17]刘延玲．魏晋行书构形研究［M］．上海：上海教育出版社，2004.

[18]刘中富．《干禄字书》字类研究［M］．济南：齐鲁书社，2004.

[19]陆明君．魏晋南北朝碑别字研究［M］．北京：文化艺术出版社，2009.

[20]陆忠发．当代汉字学［M］．上海：上海古籍出版社，2014.

[21]乜小红．俄藏敦煌契约文书研究［M］．上海：上海古籍出版社，2009.

[22]欧昌俊，李海霞．六朝唐五代石刻俗字研究［M］．成都：巴蜀书社，2004.

[23]齐冲天．书法文字学［M］．北京：北京语言文化大学出版社，1997.

[24]启功．古代字体论稿［M］．北京：文物出版社，1964.

[25]启功，秦永龙．书法常识［M］．北京：中华书局，2017.

[26]秦汉魏晋篆隶字形表编写组．秦汉魏晋篆隶字形表［M］．成都：四川辞书出版社，1985.

[27]秦永龙．汉字书法通解：行·草［M］．北京：文物出版社，1997.

[28]裘锡圭．文字学概要［M］．北京：商务印书馆，1988.

[29]任平．说隶：秦汉隶书研究［M］．北京：北京时代华文书局，2016.

[30]王利器. 颜氏家训集解[M]. 增补本. 北京:中华书局, 1993 年.

[31]王宁.《通用规范汉字表》解读[M]. 北京:商务印书馆, 2013.

[32]王宁. 汉字构形学导论[M]. 北京:商务印书馆, 2015.

[33]王宁. 汉字构形学讲座[M]. 上海:上海教育出版社, 2002.

[34]王敏, 陈双新.《通用规范汉字表》七十问[M]. 北京:语文出版社, 2016.

[35]许慎. 说文解字[M]. 北京:中华书局, 1963.

[36]徐秀兵. 近代汉字的形体演化机制及应用研究[M]. 北京:知识严权出版社, 2015.

[37]于淑健. 敦煌佛典语词和俗字研究:以敦煌古佚和疑伪经为中心[M]. 上海:上海古籍出版社, 2012.

[38]曾良. 俗字及古籍文字通例研究[M]. 南昌:百花洲文艺出版社, 2006.

[39]张书岩, 王铁昆, 李青梅, 等. 简化字溯源[M]. 北京:语文出版社, 1997.

[40]张涌泉. 敦煌俗字研究[M]. 2 版. 上海:上海教育出版社, 2016.

[41]张涌泉. 敦煌写本文献学[M]. 兰州:甘肃教育出版社, 2013.

[42]张涌泉. 汉语俗字丛考[M]. 北京:中华书局, 2000.

[43]张涌泉. 汉语俗字研究[M]. 增订本. 北京:商务印书馆, 2010.

[44]赵红. 敦煌写本汉字论考[M]. 上海:上海古籍出版社, 2012.

[45]赵平安. 隶变研究[M]. 保定:河北大学出版社, 1993.

二、期刊论文类

[1]卜师霞.《通用规范汉字表》关于异体字的整理[J].云南师范大学学报(哲学社会科学版),2014,46(6).

[2]陈建裕.五十年来的汉语俗字研究[J].平顶山师专学报,1999(8).

[3]储小旵,张丽.宋元以来契约文书俗字在大型字典编纂中的价值[J].中国文字研究,2014,19(1).

[4]丛文俊.从书体问题说到隶变的早期特征[J].历史教学,1992(8).

[5]陈越.偏旁简化、草书楷化综论[J].中国语文,1965(4).

[6]杜丽荣,邵文利.谈谈《通用规范汉字表》异体字整理中存在的问题[J].学术界,2015(2).

[7]杜镇球.篆书各字隶合为一字篆书一字隶分为数字举例[J].考古学,1935(2).

[8]樊俊利.从战国时期六国金文角度看汉字的隶变[J].语文研究,2013(3).

[9]郭瑞.汉字楷化过程中构件形体的混同与分化:以魏晋南北朝石刻文字为例[J].中国文字研究,2013,17(1).

[10]郝茂.《说文》所录俗字的古今传承[J].中国文字研究,2011(2).

[11]黄征.欧阳询行楷《千字文》俗字与敦煌俗字异同考辨[J].敦煌研究,2009(1).

[12]蒋礼鸿.中国俗文字学研究导言[J].杭州大学学报,1959(6).

[13]蒋维崧.由隶变问题谈到汉字研究的途径和方法[J].山东大学学报,1963(3).

[14]井米兰.敦煌俗字与宋本《玉篇》俗字字形之差异及其原因初探[J].宁夏大学学报(人文社会科学版),2010,32(5).

[15]李发.北朝石刻俗字类型举隅[J].南昌航空大学学报(社会科学版),2008(6).

[16]李国英,周晓文.字料库建设的必要性与可行性[J].北京师范大学学报(社会科学版),2009(5).

[17]李印华.从隶变过程看书体演变规律[J].书法赏评,2008(6).

[18]梁春胜.魏晋南北朝石刻俗字考释[J].中国语文,2013(4).

[19]刘靖文.书法及书写用品的发展对汉字楷化的推动[J].华南理工大学学报(社会科学版),2009,11(5).

[20]刘志基.隶书字形趋扁因由考[J].中国文字研究,1999(1).

[21]柳建钰.《篆隶万象名义》俗字小议[J].南阳师范学院学报,2010,9(11).

[22]彭砺志.草书与近代汉字改革[J].吉林大学社会科学学报,2010,50(2).

[23]秦永龙,李洪智.隶变过程中字形的歧异及优化选择[J].民俗典籍文字研究,2004(1).

[24]裘锡圭.从马王堆一号汉墓"遣册"谈关于古隶的一些问题[J].考古,1974(1).

[25]石正军.秦汉简帛书法赏析[J].书法赏评,2014(4).

[26]孙建伟.对现行规范汉字的几点思考:以《通用规范汉字表》拟微调的44个字形为例[J].南阳师范学院学报,2013,12(1).

[27]陶小军,王菡薇.从隶变与楷变看书法的时代性[J].江苏社会科学,2015(5).

[28]王宁.《通用规范汉字表》与辞书编纂[J].辞书研究,2014(3).

[29]王宁. 论汉字规范的社会性与科学性：新形势下对汉字规范问题的反思[J]. 中国社会科学，2004(3).

[30]王宁. 谈《规范汉字表》的制定与应用[J]. 语言文字应用，2008(5).

[31]王宁. 再论《通用规范汉字表》发布的背景和制定的意义：兼论汉字规范保持稳定的重要性[J]. 云南师范大学学报(哲学社会科学版)，2014，46(6).

[32]王宁. 再论汉字规范的社会性与科学性：关于制定规范汉字表的思考与建议[J]. 语言文字应用，2006(4).

[33]王宁. 二十世纪汉字问题的争论与跨世纪的汉字研究[J]. 中国社会科学，1997(1).

[34]王东海，杜敏，陈淑梅. 简评《通用规范汉字表》简繁字的处理原则[J]. 陕西师范大学学报(哲学社会科学版)，2009，38(6).

[35]王贵元. 汉字笔画系统形成的过程与机制[J]. 语言科学，2014，13(5).

[36]王贵元. 汉字构形系统及其发展阶段[J]. 中国人民大学学报，1999(1).

[37]王贵元. 汉字形体结构的体系性转换[J]. 语文研究，2014(1).

[38]王贵元. 汉字形体演化的动因与机制[J]. 语文研究，2010(3).

[39]王贵元. 隶变问题新探[J]. 暨南学报(哲学社会科学版)，2011，33(3).

[40]王立军.《通用规范汉字表》与"繁简之争"[J]. 寻根，2009(10).

[41]王立军. 汉字的自然发展规律与人为规范：兼谈《规范汉字表》研制的科学理念[J]. 语言文字应用，2008(2).

［42］王立军．汉字形体变异与构形理据的相互影响［J］．语言研究，2004（3）．

［43］王立军．楷书书写中的力学原则［J］．河南师范大学学报（哲学社会科学版），2001（6）．

［44］王晓黎，靳勇．略谈汉字楷化的几个问题［J］．语海新探，2002（1）．

［45］吴晓峰．试论隶变给汉字结构带来的深刻变化［J］．长春师院学报（社会科学版），1998（2）．

［46］许征．《通用规范汉字表》研读［J］．现代语文（语言研究版），2015（12）．

［47］杨宝忠．"隶变"问题讨论（上）：关于隶变过程中的偏旁同化现象［J］．历史教学，1992（8）．

［48］臧克和．楷字的区别性：楷化区别性的丧失及其重建［J］．中国文字研究，2007（2）．

［49］臧克和．楷字的时代性：贮存楷字的时间层次问题［J］．中国文字研究，2007（1）．

［50］詹鄞鑫．俗文字学研究综述及相关问题［J］．中国文字研究，2008（1）．

［51］张书岩．《规范汉字表》对异体字的确定［J］．语言文字应用，2005（1）．

［52］张涌泉．汉语俗字新考［J］．浙江大学学报（人文社会科学版），2005（1）．

［53］张涌泉．试论审辨敦煌写本俗字的方法［J］．敦煌研究，1994（2）．

［54］赵立伟．从隶变看俗字的产生［J］．聊城大学学报（社会科学版），2004（5）．

［55］赵曜曜，周欣．敦煌写卷疑难俗字考释五则［J］．现代语文

（语言研究版），2016(5).

[56]郑贤章.汉文佛典疑难俗字札考[J].古汉语研究，2011(2).

[57]郑振峰，何林英.书写意识和书写生理在汉字隶变中的作用[J].语文研究，2013(2).

[58]程福宁，王斌礼."标准草书"与汉字书写的现代化问题[J].西藏民族大学学报(哲学社会科学版)，2016，37(4).

三、学位论文类

[1]艾东门.《广韵》俗字研究[D].昆明：云南大学，2014.

[2]陈瑞峰.《甘肃藏敦煌文献》俗字研究[D].金华：浙江师范大学，2012.

[3]范晓琳.《元刊杂剧三十种》俗字俗词俗语与版式研究[D].太原：山西师范大学，2013.

[4]何继军.唐代"三书"俗字研究[D].合肥：安徽师范大学，2004.

[5]金双平.敦煌写本《四分律》俗字研究[D].南京：南京师范大学，2014.

[6]荆青菁.从《通用规范汉字表》看异体字整理工作[D].济南：山东大学，2016.

[7]李艳.敦煌俗字偏旁研究[D].杭州：杭州师范大学，2016.

[8]李永忠.草书流变研究[D].北京：首都师范大学，2003.

[9]刘瑜.论隶变对书法点画、书势、空间的影响[D].武汉：湖北美术学院，2016.

[10]刘芳芳.通用规范汉字构件分析及其在对外汉字教学和中文信息处理中的应用[D].济南：山东大学，2015.

[11]刘凤山.隶变研究[D].北京：首都师范大学，2006.

[12]刘明荷.《规范汉字表》异体字整理工作的继承与创新[D].济

南：山东大学，2012.

[13]罗明辉.草书字体演变研究[D].南昌：江西师范大学，2012.

[14]彭琪.《字鉴》正俗字研究[D].吉首：吉首大学，2013.

[15]漆光其.隶变楷变因素研究[D].徐州：江苏师范大学，2013.

[16]覃继红.《长沙走马楼三国吴简·竹简》俗字研究[D].重庆：西南大学，2009.

[17]陶家骏.敦煌研究院藏佚本《维摩诘经注》写卷研究[D].苏州：苏州大学，2012.

[18]田芳.隶变新探[D].天津：天津师范大学，2014.

[19]汪安安.唐代大历年间石刻俗字研究[D].上海：上海师范大学，2013.

[20]夏敏.《康熙字典》俗字整理与研究[D].上海：华东师范大学，2015.

[21]肖倩.敦煌写卷中古俗字研究[D].南京：南京师范大学，2014.

[22]薛皖东.《干禄字书》所收俗字与敦煌俗字比较研究[D].南京：南京师范大学，2013.

[23]杨朝栋.《上海博物馆藏敦煌吐鲁番文献》佛教文献中的俗字研究[D].南京：南京师范大学，2013.

[24]袁佳佳.《规范汉字表》在汉字简化方面的继承和创新[D].济南：山东大学，2012.

[25]张敏.《正名要录》研究[D].保定：河北大学，2006.

[26]郑贤章.《龙龛手镜》研究[D].长沙：湖南师范大学，2002.

[27]周炜文.颜真卿行书研究[D].北京：首都师范大学，2014.

[28]周志波.《古俗字略》研究[D].保定：河北大学，2008.

[29]朱轶.《宋元以来俗字谱》俗字研究[D].福州：福建师范大学，2007.

［30］尚磊明．唐代碑刻行草书构形研究［D］．重庆：西南大学，2011．

［31］刘家军．晋以前汉字草书体势嬗变研究［D］．厦门：厦门大学，2008．

［32］寻鹏．章草书形体演变研究［D］．济南：山东大学，2010．

附录一 482 简化字隶书俗体字形表

说明：

1. 本表所列字头按音序排列，同一声母中按《简化字总表》第一表、第二表的先后顺序进行排列。

2. 本表所选字形均采用扫描切图录入，部分字形模糊或残缺的以摹本代替并注明。

3. 每一字形下注明材料出处，但受篇幅限制，只注明来源于哪些材料，如"睡"代表"睡虎地秦简"，"青"代表"青川木牍"，而不具体到编号。

4. 所选材料简称、全称及材料来源等具体情况如下：

睡—睡虎地秦简—《睡虎地秦墓竹简》《云梦睡虎地秦墓》《书写历史——战国秦汉简牍》；

青—青川木牍—《出土文献研究》第八辑木牍正反图片；

放—天水放马滩秦简—《天水放马滩秦简》；

龙—龙岗秦墓竹简—《龙岗秦简》；

周—关沮周家台秦简—《关沮秦汉墓简牍》；

里—里耶秦简—《里耶发掘报告》；

岳—湖南岳麓书院藏秦简—《岳麓书院藏秦简》（一）；

马—《马王堆汉墓帛书》；

北—北大藏西汉竹书—《北大藏西汉竹书·仓颉篇》；

东汉魏晋碑刻—《隶辨》；

走—走马楼简—《长沙走马楼三国吴简·竹简》（贰）；

楼—楼兰残纸—《楼兰汉文简纸文书集成》。

附表 1　482简化字隶书俗体字形表

简体	繁体	小篆	秦简/牍	西汉简	东汉魏晋碑刻/简	魏晋简、残书
碍	礙	礙			砬兲无极山碑、景石门颂	
肮	骯	骯				
袄	襖	襖				
爱	愛	愛	愛、愛岳、愛里	愛 马	愛杨著碑、愛三公山碑、愛张迁碑、愛校官碑、愛郙阁颂	愛 愛 愛楼
坝	壩					
板	闆					
办	辦	辦				
帮	幫					
宝	寶	寶			寶校官碑、寶景北海碑阴、寶夏承碑、寶韩勅碑	寶 寶楼
报	報	報	報岳、里	報 報 報 马	報华山庙碑、報桐柏庙碑、報鲁峻碑、報韩勅碑、報曹全碑、報白石神君碑	報 報楼
币	幣	幣		弗马、幣北	幣孔庙碑、幣孙叔敖碑	
毙	斃	斃			斃范式碑	

续表

简体	繁体	小篆	秦简/牍	西汉简	东汉魏晋碑刻/简	魏晋简、残书
标	標	（篆）				
表	錶					
别	彆					
卜	蔔					
补	補	補	睡、里	马	孔龢碑、史晨后碑	行书、嵩〔嵩〕楼
罢	罷	罷	睡、里	马	魏受禅表	
备	備	備	睡、里	马	孔龢碑、韩勑碑、无极山碑	行书、嵩〔嵩〕楼
贝	貝	貝	睡、岳	马	孔宙碑	
笔	筆	筆	睡	北	刘宽碑、王纯碑、咸伯著碑	楼
毕	畢	畢	睡、岳、周	马	史晨后碑、曹全碑、校官碑	走
边	邊	邊	睡、里	马、北	老子铭、刘修碑、丁鲂碑、韩勑碑	走
宾	賓	賓	里	马、北	度尚碑、仪礼·乡饮酒、西狭颂、修华岳碑	楼

208

续表

简体	繁体	小篆	秦简/牍	西汉简	东汉魏晋碑刻/简	魏晋简、残书
才	纔					
蚕	蠶		睡	马、北	魏受禅表、张迁碑、武威医简五六	楼
灿	燦			北		
层	層					
搀	攙					
谗	讒					
馋	饞					
缠	纏		睡掌	马	石经鲁诗残碑、校官碑	
忏	懺					
偿	償		龙牵、睡、里			楼
厂	廠					
彻	徹		睡、牵、里	马	义井碑阴、景、仪礼·秦射	楼
尘	塵			北	桐柏庙碑	
衬	襯					

209

续表

简体	繁体	小篆	秦简/牍	西汉简	东汉魏晋碑刻/简	魏晋简、残书
称	稱	稱	稱青牍、稱稱睡	馬	稱熹·公羊·桓十五年、稱孔宙碑、魏孔羡碑、稱李翊碑、稱武荣碑	
惩	懲	懲				
迟	遲	遲		馬	遲韩勑碑、遲曹凤碑	
冲	衝	衝		衝衝衝馬、北	衝王君石路碑	
丑	醜	醜	醜睡、醜岳牍	馬	醜孔彪碑、醜谯敏碑	
出	齣	齣				
础	礎	礎				
处	處	處	處睡、處睡牍、處周、處里	馬	處郑季宣碑、處熹·公羊·宣六年、處娄寿碑、處桐柏庙碑、處曹全碑、處韩勑碑阴、處孙叔敖碑、處灵台碑、處史晨碑	樓
触	觸	觸		馬、北	觸史晨奏铭、觸华山庙碑	

续表

简体	繁体	小篆	秦简/牍	西汉简	东汉魏晋碑刻/简	魏晋简、残书
辞	辭	辭		马	辭华山庙碑、辭孔宙碑、辭杨君石门颂	辞楼
聪	聰	聰			聰议郎元宾碑、聰李翊夫人碑、聰夏堪碑、聰张迁碑	
丛	叢	叢	睡	北	叢隙阮碑阴	丛楼
参	參	參	睡、岳、龙、周、里	马、北	參杨著碑、參唐扶颂、參北海相景君铭、參衡方碑、參朗侯小子残碑	参
仓	倉	倉	睡、岳、里	马、北	倉魏受禅表、倉北海相景君铭、倉史晨碑	仓走 楼
产	產	產	睡、岳、龙、周、里	马	產刘熊碑、產鲁峻碑、產孙叔敖碑、產曹全碑	
长	長	長	睡、岳、龙、奉、周、里	马、北	長衡方碑、長韩勅碑、長魏上尊号奏、長校官碑、長郙阁颂、長·僖十年	长 楼
尝	嘗	嘗	睡、里	马	嘗魏孔宙姜碑、嘗孙叔敖碑、嘗·诗·那	尝楼

续表

简体	繁体	小篆	秦简/牍	西汉简	东汉魏晋碑刻/简	魏晋简、残书
车	車	車	睡、岳、龙、周、里	马	韩勑碑	楼
齿	齒	齒	放、睡等、周、故…里	马	孙叔敖碑阴、孙根碑、孙叔敖碑	楼
虫	蟲	蟲	睡	马、北	唐扶颂	
刍	芻	芻	睡	马		
从	從	訓	放、岳、龙、周、里等	马	校官碑、袁良碑、史晨碑、孔宙碑、张迁碑、孔王碑、韩勑碑	走、楼
鼠	鼠	鼠	周等、里	马、北	任伯嗣碑、美人墓志、张纳功德叙、徐	
担	擔	擔	周	马	郑烈列志	
胆	膽	膽			石定墓志	
导	導	導			衡方碑、司隶功勋铭	
灯	燈					

212

续表

简体	繁体	小篆	秦简/牍	西汉简	东汉魏晋碑刻/简	魏晋简、残书
邓	鄧		睡摹、岳、里	北	桐柏庙碑、曹全碑阴、辟雍碑	走
敌	敵			马	·公羊·文七年、魏受禅表、曹全碑	
条	條				曹全碑	楼
递	遞					楼
点	點			北		
淀	澱					
电	電				武荣碑、周憬功勋铭	
叠	疊					
斗	鬥		睡、岳、周	马	白石神君碑、韩勅碑	走蹴 斗 楼
独	獨		煀摹睡、岳、周摹繁里	马	刘熊碑、郑固碑、熹·易·夫、武梁祠画像题字	
吨	噸					

213

续表

简体	繁体	小篆	秦简/牍	西汉简	东汉魏晋碑刻/简	魏晋简、残书
夺	奪		睡、零睡掌	马	鲁北海相景君铭	走
堕	墮	隓		马	隋太公吕望表	
达	達	達	睡	马、北	逢杨著碑、逢曹全碑阴、逢景北海碑阴、逵华山庙碑、逢冯焕碑阴、逢景·诗·子衿	逢走、淫楼
带	帶	帶	睡掌、岳、里	马	帶孔彪碑、帶尧庙碑、帶张迁碑、帶杨著碑	马
单	單	單	睡掌、周、里	马	單衡方碑、單熹·春秋·文十四年	楼
当	當	當	睡、岳、龙、周、里	马	當孔龢碑、當武荣碑、當熹·仪礼·乡饮酒、當郙阁颂、當熹·仪礼	楼
党	黨	黨	睡掌、里	马	黨夏承碑、黨孔宙碑、黨辟雍碑阴	走、楼
东	東	東	睡掌、岳、周、里	马	東尹宙碑、東北海相景君铭、東夏承碑、東曹全碑、東韩勑碑	走、楼

214

续表

简体	繁体	小篆	秦简/牍	西汉简	东汉魏晋碑刻/简	魏晋简、残书
动	動	動		马	東力曹全碑、重力夏承碑、重力熹・公羊・文十五年	楼
断	斷	斷	睡、嶽睡、掌、里	斷马、北	斷周憬功勋铭、斷杨君石门颂、斷熹・诗・殷武、斷曹全碑、斷熹・乡饮酒	斷楼
对	對	對		马	對孔龢碑、對张迁碑、對熹・仪礼・乡饮酒	封封楼
队	隊	隊			隊陈球碑、朱龟碑	
儿	兒	兒	睡	兒北	兒鲁峻碑、兒杨统碑	
尔	爾	爾		爾马	爾熹・公羊・文二年、爾孔彪碑、爾魏上尊号奏、爾张纳功德叙、爾绥民校尉熊碑	尒楼
矾	礬	礬	秦岳掌			
范	範	範				
飞	飛	飛			飛李朔夫人碑、飛夏承碑、飛郭究碑、飛熹・易、乾文言	飛楼

续表

简体	繁体	小篆	秦简/牍	西汉简	东汉魏晋碑刻/简	魏晋简、残书
坟	墳	墳		北	填景北海碑阴、填郑固碑	
奋	奮	奮	睡、牍	马、北	奮唐扶颂、奮魏上尊号奏、奮范式碑	
粪	糞	糞	放、睡、费里	居延简甲一八零二、北	糞度尚碑	
凤	鳳	鳳		马	鳳修华岳碑、鳳费凤别碑、鳳刘熊碑、鳳史晨奏铭	鳳楼
肤	膚	膚	睡	马、北	膚白石神君碑、膚衡方、膚易、膚睎	
妇	婦	婦	睡、岳、贤周	马	婦费凤别碑、婦曹全碑、婦仲吴、婦衡方山碑、婦易、家人	
复	復	復	放睡、復復岳、費周、復里	马、北、牍	復唐著碑、復唐扶颂、復杨统碑、復杨孔彪碑、復韩勑碑、復曹全碑、復校官碑	復復走、復復復、楼
复	複	複	睡、牍	马		

216

续表

简体	繁体	小篆	秦简/牍	西汉简	东汉魏晋碑刻/简	魏晋简、残书
发	發				發 韩勅碑、發 鲁峻碑、發 衡方碑、發·坤、易·聚、發 辟雍碑	……楼
	髮				長髟 娄寿碑、長髟 衡立碑、長髟 李朔夫人碑、長髟 孔彪碑、袁良碑	楼
丰	豐				豐 桐柏庙碑	楼
风	風				風 鄐阁颂、風 衡方碑、風 曹全碑、風 夏承碑、風 杨震碑、風绥民校尉熊君碑	闯楼
盖	蓋				蓋 桐柏庙碑、蓋 曹全碑、蓋 北海相景君铭、易·说卦	楼
干	幹				幹 北海相景君铭、幹 武荣碑、幹 郎仲奇碑、幹 张迁碑、幹 张纳功德叙	
	乾				乾 孔龢碑、乾 衡方碑、乾·熏、易·乾文言	

217

续表

简体	繁体	小篆	秦简/牍	西汉简	东汉魏晋碑刻/简	魏晋简、残书
赶	趕					
个	個	𬷕				
巩	鞏	鞏			鞏魏元丕碑	
沟	溝	溝		溝马、溝北	溝史晨后碑	
购	購	購	睡、睡拳、购岳、购購里	購马、購北	購武梁祠画像题字	
构	構	構	睡拳、构岳、构里	構马	構杨著碑、構东海庙碑	
谷	榖	榖	谷睡、谷里	马	榖白石神君碑、榖孔彪碑、榖史晨后碑、榖桐柏庙碑、榖曹全碑	楼
顾	顧	顧	睡拳、顾岳	马	顧娄寿碑、顧樊敏碑	楼
刮	颳			马、北	刮郙阁颂、刮魏王基残碑	走、楼
关	開	開	岳、龙、里	马、北		楼

续表

简体	繁体	小篆	秦简/牍	西汉简	东汉魏晋碑刻简	魏晋简、残书
观	觀	觀	觀睡、觀睡、觀睡里	馬北	觀老子铭、觀孔宙碑阴、觀三公山碑、觀史晨后碑、觀武荣碑、觀诗·鱼藻、觀见	觀走、觀楼
柜	櫃	囷	柜放		柜淮源庙碑	
冈	岡	岡	岡青、岡康、岡岳、岡里	馬		
广	廣	廣	廣睡、廣睡、廣睡里	廣马	廣武荣碑、廣曹全碑、廣熹·书序、廣熹·易·说卦	廣走、廣楼
归	歸	歸	歸睡、歸睡、歸龙犟里、歸简、周、歸	歸北马	歸老子铭、歸熹·易·益、歸尹宙苗碑、歸北海相景君铭、歸张迁碑、歸夏承碑、歸无极山碑	歸楼
龟	龜	龜		龜马	龜尹宙苗碑、龜熹·易·益、龜帝尧碑、龜校官碑、龜桐柏庙碑、龜孙叔敖碑	龜楼
国	國	國	國、國、國马	國、國、國马	國武荣碑、國曹全碑、國熹·公羊·宣六年、國白石神君碑、國魏上尊号奏	國、國、國楼、

219

续表

简体	繁体	小篆	秦简/牍	西汉简	东汉魏晋碑刻/简	魏晋简、残书
过	過	調	睡虎、岳、放、里	马	遏 冯焕碑阴、過 华山庙碑、遏 陈球后碑、遏 王纯碑、遏 郙阁颂、遏 陈西狭颂、遏 羊窦道碑	走、楼
汉	漢	灘	睡虎、岳、北	马、北	漢 尹宙碑、漢 孔宙碑、漢 史晨奏铭、漢 韩勑碑、漢 武荣碑、漢 衡方碑、漢 熹孔鲧碑	
号	號	鷭	睡虎、岭	马	號 衡方碑、號 孙根碑、號 夏承碑、號 郙阁颂、莠·易、莠 郙阁颂	
合	閤	閤			閤 曹全碑、閤 孔扶碑	
爰	爰	轟				
后	後	撲	睡虎、岳、里、同、复、里	马	後 韩勑碑、後 华山庙碑、夏 张迁碑、夏 衡立碑、夏 衡方碑、熹·诗·瞻印	强、楼
胡	鶘					
壶	壺	壺	睡虎、周	马	壺 韩勑碑、壺 三公山碑	

220

简体	繁体	小篆	秦简/牍	西汉简	东汉魏晋碑刻/简	魏晋简、残书
沪	滬					
护	護	護	里		護 魏上尊号奏、護 景北海碑阴、護 尧庙碑	護 走
划	劃	劃				
坏	壞	壞	壞壞壞 睡虎地	壞 马、壞 北	壞 桐柏庙碑、壞 曹全碑、壞 景北海碑阴、壞 张寿碑	壞懷懷 楼
坏	壞	壞	壞壞壞壞 岳麓、壞壞 里	壞壞壞壞 马、壞 北	壞 史晨后碑、壞 魏孔羡碑	
欢	歡	歡			歡 校官碑、歡 曹全碑、歡 唐扶表碑、歡 耿勋碑	歡 楼
环	環	環	環環環環環 里、環 岳、環 周	環環環 马	環 王元宾碑、環 袁良碑	
还	還	還	還還 睡虎地		還 袁良碑、還 老子铭、還 史晨后碑、還 郙阁颂、還 熹・春秋・庄八年	還走、還、還、還 走 楼
回	回					

221

续表

简体	繁体	小篆	秦简牍	西汉简	东汉魏晋碑刻简	魏晋简、残书
伙	夥	夥				
获	獲	獲	睡、岳、里	马、北	獲 韩勑碑、获 支晨表铭、获官碑、獲 校官碑、獲 睡·诗·绿衣、全 曹、獲 熹	楼
华	穫	穫	睡、里	马		
华	華	華	睡、岳、里	马、北	華 孔庙碑、華 张平子碑、華 郑固碑、華 韩勑碑、華 白石神君碑、郭究碑、華 景北海碑阴、華 熹·春秋·昭十二年、固	楼
画	畫	畫	睡、岳、周	马	畫 修华岳碑、畫 逢盛碑、畫 韩勑碑	畫走
汇	匯	匯			匯 唐扶颂	
会	彙	彙				
会	會	會	睡、岳、里	马	會 华山庙碑、會 孔庙碑、會 修华岳碑、會 熹·春秋·僖廿六年	會走、楼

续表

简体	繁体	小篆	秦简/牍	西汉简	东汉魏晋碑刻/简	魏晋简、残书
击	擊	擊	放、岳、周、里	马	张表碑、孔彪碑、城圯碑、熹·易·益	走
鸡	雞	雞	睡、岳、里	马	孔龢碑、熹·诗·君子于役	楼
积	積	積	睡、岳、镇、里		夏承碑、北海相景君铭	楼
极	極	極	睡、掌	马、北	史晨后碑、韩勑碑、成尧碑	楼
际	際	際			孔宙碑铭、曹全碑、张迁碑、史晨奏铭	
继	繼	繼		马	衡方碑、尧庙碑、蔡湛颂、李翊碑、曹全碑、石门颂、陈球碑、尹宙碑、帝尧碑、苑镇碑	
家	傢	傢				
价	價	價				
艰	艱	艱			杨君石门颂	楼

续表

简体	繁体	小篆	秦简/隶	西汉简	东汉魏晋碑刻/简	魏晋简、残书
歼	殲		睡	马	议郎元宾碑、夏承碑	
茧	繭		里		魏受禅表	
拣	揀				平舆令薛君碑	
硷	鹼					
舰	艦					
浆	漿			马	武梁祠堂画像	
桨	槳			马		
奖	獎		里		周憬功勋铭	
讲	講			马	校官碑、刘宽碑、娄寿碑、魏孔羡碑、武荣碑	
酱	醬		睡	马		
胶	膠		睡掾	北	衡方碑	
阶	階			马	曹全碑、衡方碑、鲁峻碑阴、北海相景君铭、熹·诗·风雨、熹·诗·瞻印	

续表

简体	繁体	小篆	秦简/牍	西汉简	东汉魏晋碑刻/简	魏晋简、残书
疗	療	療				
洁	潔	潔			絜校官碑、絜桐柏庙碑、絜夏承碑、絜白石神君碑	
借	藉	藉			藉郑固碑、藉议郎元宾碑、藉平子碑、藉张	
仅	僅	僅				
惊	驚	驚	睡	马、北	驚北海相景君铭、驚袁博残碑	驚走、楼
竞	競	競	周、里	马、北	競孙根碑、競繁阳令杨君碑	
旧	舊	舊		马、北	舊祝穆后碑、舊白石神君碑、舊衡方碑、舊张迁碑、裴岑、舊曹全碑、舊魏孔	
剧	劇	劇		马	剧孔宙碑阴、剧韩勑碑阴、剧唐扶颂、北海碑阴题名、剧景韩勑两侧	

续表

简体	繁体	小篆	秦简/牍	西汉简	东汉魏晋碑刻/简	魏晋简、残书
据	據	據	睡、岳、里	马、北	摵 唐扶颂、扷 敦阮神祠碑、摵 夏承碑、揯 北海相景君铭、摓 郑固庙碑	走、攃 楼
惧	懼	懼	睡	马、北	懼 孔宙碑、懼 武梁祠画像题字、懼 魏上尊号奏	楼
卷	捲	籲				
几	幾	幾	睡、岳、里	马	幾 高彪碑、幾 郭究碑、幾 孔彪碑	
夹	夾	夾	睡	马	夾 曹全碑、夾 刘熊碑、夾 魏大飨碑	
戋	戔	戔	睡	马	戔 刘熊碑、戔 校官碑	
监	監	盬	睡、龙、里	马	監 尧庙碑、監 杨震碑·诗·小弁	盬 走、盬 楼
见	見	見	放、龙、周、里	马	見 郑固碑、見 韦勋碑、見 熹·易·	見 走、見 楼
荐	薦	薦	睡、岳	马	薦 度尚碑、薦 孔彪碑、薦 史晨后碑、薦 熹·仪礼·乡饮酒	

续表

简体	繁体	小篆	秦简/牍	西汉简	东汉魏晋碑刻/简	魏晋简、残书
将	將	㸒	岳、丿龙牍、丿里	马	将•孔宙碑、将•校官碑、将•衡方碑、将•韩勑碑阴、将•张表碑、将•北海相景君铭、将•熹、将•公食、将•仪礼	将 将 走、将 将 楼
节	節	㡬	龙牍、岳、丿里	北	節•武梁祠堂画像、節•北海相景君铭、節•韩勑碑阴、節•张迁碑、節•仪礼、節•熹、節•戚伯著碑、節•既夕	節 走、節 楼
尽	盡	盦	牍、丿里	马	盡•易、盡•说卦、盡•盖尹宙碑、盡•史、盡•晨奏铭	尽 楼
进	進	譴	里	马	進•景北海碑、進•韩勑碑阴、進•易、進•乾文言	進 楼
举	舉	㪍	岳、周牍、丿里	马	舉•景北海碑阴、舉•武荣碑、舉•韩勑碑两侧碑题名、舉•周憬功勋铭、舉•雍城碑阴	舉 楼
开	開	開	丙放、丿牍岳、牍周、㢱岳	北	開•桐柏庙碑、開•曹全碑、開•郙阁颂	開 楼

227

续表

简体	繁体	小篆	秦简/牍	西汉简	东汉魏晋碑刻/简	魏晋简、残书
克	剋				北海相景君铭、夏斗衡方碑	
垦	墾	墾				
恳	懇	懇				
夸	誇	誇				
块	塊	塊		北	帝尧碑	
亏	虧	虧	周、同肇	北	老子铭、周憬功勋铭、张公神碑、北海相景君铭	
困	睏					
壳	殼	殼				
腊	臘	臘			张迁碑	
蜡	蠟					
兰	蘭	蘭		马	夏承碑、张迁碑	楼
栏	欄					

续表

简体	繁体	小篆	秦简/牍	西汉简	东汉魏晋碑刻/简	魏晋简、残书
拦	攔	攔				
累	纍			马	老子铭、周憬功勋铭	
垒	壘	壘		北		
类	類	類	睡、岳	马、北	老子铭、郑固碑、贳白石神君碑、魏高彪碑、魏受禅表	楼
里	裏	裏	睡	马	吴仲山碑	
礼	禮	禮	里、岳	马、北	校官碑、鲁峻碑、史晨奏铭、北海相景君铭、孔耽神祠碑、孔宙碑、华山亭碑	走
隶	隸	隸	睡、岳、龙寨、里	北	石门颂、鲁峻碑、杨淮表记、夏承碑	
帘	簾	簾	岳			
联	聯	聯	岳	马		
怜	憐	憐		马	张寿碑、郙阁颂	

229

续表

简体	繁体	小篆	秦简/牍	西汉简	东汉魏晋碑刻/简	魏晋简、残书
炼	煉	煉		马		走
练	練	練		練 練 马	練 张迁碑、練 魏受禅表	走
粮	糧	糧		北	糧 华山庙碑、糧 王纯碑、糧 韩勑碑	
疗	療	療				
辽	遼	遼			遼 高彪碑、遼 杨君石门颂、遼 李翊碑、遼 衡·公羊·桓十一年	
丁	瞭	瞭				
猎	獵	獵	獵 睡	獵 獵 马		
临	臨	臨	臨 臨 臨 睡、臨 岳、臨 里	马	臨 鲁峻碑、臨 韩勑碑两侧题名、臨 衡方碑、北海相景君铭	楼
邻	鄰	鄰	鄰 鄰 鄰 睡、鄰 岳	马	鄰 繁阳令杨君碑、鄰 郙阁颂、韩勑碑两侧题名、易·谦	
岭	嶺	嶺				

续表

简体	繁体	小篆	秦简/牍	西汉简	东汉魏晋碑刻/简	魏晋简/残书
庐	廬	廬	廬岳	廬马、廬北	廬孔宙碑、廬韩勑碑阴、盧韩勑两侧题名、盧衡方碑、盧鲜于璜碑	
芦	蘆	蘆蘆		蘆马	蘆灵台碑	
炉	爐					
陆	陸	陛	陸睡摹、陛睡、陸睡岳	陸马	陸朱龟碑、陸孔宙碑阴碑阴、陛孔宙碑阴、陸韩勑碑阴	
驴	驢	驢糧			驢馬驢 流沙简	驢楼
乱	亂	亂	亂睡摹、亂睡周	亂乱乱乱马、亂北	亂熹·易、乱·苯、亂乚老子铭、亂孔乚韩勑碑、亂孔乚曹全碑、亂孔乚周公礼殿记	亂乱楼
来	來	来	来来来睡、来龙、来周、里、来来来来岳	来来来来马、来北	来孔宙碑、来韩勑碑、来衡方碑	来走、来走、来、来楼
乐	樂	樂	樂睡、樂岳摹、樂岳摹、樂、樂里 周、樂里	樂樂马	樂孔宙碑、樂华山庙碑、樂孔宙碑、樂熹、樂熹·诗、樂南山有台	

231

续表

简体	繁体	小篆	秦简/牍	西汉简	东汉魏晋碑刻/简	魏晋简、残书
离	離	離	睡、睡虎、周、睡	马、北	離老子铭、雜景、易·说卦、高庚碑、辨韩勑碑	楼
历	歷	歷	走岳		應嘟阁颂、歷衡方碑、歷曹全碑	
	曆	曆	体里		曆刘曜碑	
丽	麗	麗	睡虎、青岳	马	麗张迁碑、麗张纳功德叙、飨记残碑	魏大
两	兩	兩	龙峯、周、里	甲、马	兩刘熊碑、兩周憬、兩魏受禅表、功勋铭	兩南楼
灵	靈	靈	靈睡虎、睡	马	靈韩勑碑、靈史晨奏铭、郑邵今景君阙铭、靈郑固碑、靈尧庙碑、靈夏堪碑、靈王稚子阙、靈帝尧碑、灵台·诗·灵台	
刘	劉				墼刘君神道、墼刘华山亭碑、墼刘鲁峻碑阴、韩勑碑阴、墼劝辟雍碑、墼劝司农刘夫人碑、墼刘帝尧碑	刘走、劉楼

232

续表

简体	繁体	小篆	秦简/牍	西汉简	东汉魏晋碑刻/简	魏晋简、残书
龙	龍		睡、放、睡里	马、北	韩勑碑、鲁峻碑阴、白石神君碑	走、楼
娄	婁		睡、睡周、睡里	马、北	史晨奏铭、娄寿碑、春秋·僖廿二年	走、楼
卢	盧		岳、岳、睡里	马	杨著碑、孔宙碑阴、桐柏庙碑	走、楼
虏	虜		睡里	马	魏上尊号奏、造桥碑	楼
卤	鹵		睡	北		楼
录	錄		睡里	北	衡方碑、曹全碑、繁阳阳令杨君碑、春秋·公羊·成元年	楼
虑	慮		睡	马	魏受禅表、孔耽神祠碑、碑雍碑阴	走、楼
仓	倉			马	张休淮涘铭	走、楼
罗	羅		睡、铜周、里	马	孔耽神祠碑、魏大飨记残碑	走、楼

续表

简体	繁体	小篆	秦简/牍	西汉简	东汉魏晋碑刻/简	魏晋简、残书
么	麼	𪎮				
霉	黴	黴				
蒙	矇	矇			曚 陈球后碑	
	濛	濛				
	懞	懞				
梦	夢	夢	夢、夢 睡、岳、龙牵	夢 夢 马	夢 孙叔敖碑、夢 刘熊碑	
面	麵	麵				
庙	廟	廟	廟 龙牵、里	廟廟廟 马、霸 北	廟 孔龢碑、廟 韩勑碑	廟 走
灭	滅	滅		甙 马	滅 华山庙碑、滅 灵台碑、滅 景· 春秋·僖十七年	
蔑	衊	衊				
苗	畝	畝	睡、岳、龙、周、里		畝 丁鲂碑、畝文 孔庙碑	畝 走
马	馬	馬	睡、岳、龙、周、里	馬馬馬 马	馬 孔彪碑、馬 曹全碑、馬 唐公房 碑、馬 景·碑、馬、馬 仪礼·既夕	馬 走、馮 马 楼

234

续表

简体	繁体	小篆	秦简/牍	西汉简	东汉魏晋碑刻/简	魏晋简、残书
买	買		睡、岳、龙摹、里	马、北	史晨后碑	走、楼
卖	賣		岳、里	马	孙叔敖碑	楼
麦	麥		睡、睡摹、里	马	史晨后碑、西狭颂	走、楼
门	門		放、睡、岳、周、里	马、北	景北海碑阴、韩勑碑、熹·公羊·宣六年	楼
黾	黽				黾池五瑞碑	
恼	惱					
脑	腦					
拟	擬				郙阁颂、曹全碑、魏受禅表、范式碑	
酿	釀			马		
疟	瘧			马、北	樊敏碑	

续表

简体	繁体	小篆	秦简/牍	西汉简	东汉魏晋碑刻/简	魏晋简、残书
难	難	難	難放、難岳、難里	難難難難马	難杨君石门颂、難赵君碑、難郙阁颂、難羊窦道碑	難走、難難難難楼
鸟	鳥	鳥	鳥鳥睡、鳥龙摹、鳥鳥鳥里	鳥鳥鳥鳥马、鳥北	鳥唐公房碑、鳥修华岳碑、鳥孔耽神祠碑、鳥严訢碑	
聂	聶	聶	聶睡、聶里	聶聶马、聶北	聶杨著碑、聶周憬功勋铭、聶辟雍碑	
宁	寧	寧	寧寧寧寧睡、寧睡摹	寧寧寧马	寧北海相景君铭、寧曹全碑、寧孔宙碑、寧衡方碑	
农	農	農	農睡摹、農龙摹、農周	農马	農司农刘夫人碑、農孔龢碑、農华山庙碑、農北海相景君铭、農曹全碑	農走
盘	盤				盤刘宽碑	
辟	闢	闢			闢魏受禅表	
苹	蘋					
凭	憑	憑			憑修华岳碑	憑楼

续表

简体	繁体	小篆	秦简/牍	西汉简	东汉魏晋碑刻/简	魏晋简、残书
扑	撲	撲	撲、撲龙筹、撲、撲里	撲撲撲马、撲北	撲杨震碑、撲戚伯著碑、撲熹·易·旅、撲魏上尊号奏	撲楼
仆	僕	僕			撲刘宽碑、仆孔宙碑、撲魏受禅表	
朴	樸	樸				
启	啓	啟	啟睡、啟、啟、啟里	啟北	啟华山亭碑、啟魏受禅表、啟帝尧碑、啟王纯碑、啟周公礼殿记	啟楼
签	籤	籤				
干	韃	韃				
牵	牽	牽	牽睡、牽睡牽		牽熹·易·夬	
纤	纖	纖		纖马		
窍	竅	竅				
窃	竊	竊	竊里	竊马、竊北	竊孔彪碑、竊祝穆后碑	竊杨楼

237

续表

简体	繁体	小篆	秦简/牍	西汉简	东汉魏晋碑刻/简	魏晋简、残书
寝	寢	(篆)	睡摹、里	陶、陶、北	爰费凤碑、隔隽方碑、寀魏孔羡碑	
庆	慶	(篆)	睡摹、里	马、北	庆唐扶颂、庆灵台碑、庆韩勑碑、庆易·丰、庆魏上尊号奏、庆魏受禅表	
琼	瓊	(篆)	睡		璚刘觅碑	
秋	鞦					
曲	鵵					
权	權	(篆)	睡、岳、里	马	權谯敏碑、權孙叔敖碑	楼
劝	勸	(篆)	岳	马、北	藋力尧庙碑、藋力帝尧碑、藋力刘熊碑	
确	確				沪郦阁颂、沪隹高彪碑、沪霍郑烈碑	
齐	齊	(篆)	周、岳、周、摹、里	马	夵韩勑碑阴、齐桐柏庙碑、齐黑、齐黑·春秋、憯·借廿六年	乔
岂	豈	(篆)		马	壹北海相景君铭、壹魏孔羡碑	楼

238

续表

简体	繁体	小篆	秦简/牍	西汉简	东汉魏晋碑刻/简	魏晋简/残书
气	氣	氣	睡、里、岳、周、周	马、北	氣华山庙碑、氣白石神君碑、氣朱龟碑、氣张迁碑、氣史晨后碑、氣衡方碑、氣灵台碑、易・说卦	气楼
迁	遷	遷	里	马	遷孔宙碑、遷鲁峻碑、遷华山庙碑、遷衡方碑、遷景北海碑、遷张迁碑、春秋・昭十八年	遷楼
佥	僉	僉	龙辈	马	佥张迁碑、佥繁阳令杨君碑、佥郙阁颂	佥楼
乔	喬	喬			喬三公山碑、高陈球碑	
亲	親	親	睡辈、岳	马	亲孔龢碑、亲北海相景君铭、亲见娄寿碑、亲韩勅碑	亲亲楼
穷	窮	窮	里	马	窮郑固碑、窮刘宽碑、窮北海相景君铭、窮韩勅碑、易・说卦	穷走
区	區	區	周	马	區张迁碑、區朱龟碑	區區走
让	讓	讓		马、北	讓孔宙碑阴、讓北海相景君铭、曾讓曹全碑、讓郙阁颂、讓・书・尧典	讓走楼

239

续表

简体	繁体	小篆	秦简/牍	西汉简	东汉魏晋碑刻/简	魏晋简、残书
扰	擾				擾刘修碑、擾灵台碑、擾史晨后碑、擾李翊碑	
热	熱			马、北	熱耿勋碑	楼
认	認					
洒	灑				洒陈球后碑	
伞	傘					
丧	喪			马	喪曹全碑、喪鲁峻碑、喪谒者景君墓表、喪夏承碑、喪衡方碑	楼
扫	掃				掃王元宾碑、掃修华岳碑	
涩	澀					
晒	曬					
伤	傷			马、北	傷北海相景君铭、傷夏承碑、傷造桥碑	楼
舍	捨					

续表

简体	繁体	小篆	秦简/牍	西汉简	东汉魏晋碑刻/简	魏晋简、残书
沈	瀋	瀋				
声	聲	聲	睾放拏、肩岳、庸里	磬馨 马	聲老子铭,聲韩勑碑,瞽衡方碑,瞽校官碑,瞽灵台碑,瞽孔宙庙碑,瞽尧庙碑,瞽华山亭碑,瞽娄寿碑,瞽殷张迁碑,瞽熹·宣八年	聲 楼
胜	勝	勝	睡、胜岳、朕周里、朕里	勝勝勝勝 马、朕北	朕熹·公羊·宣十二年 勝景北海碑阴,朕樊安碑,朕繁阳令杨阳君碑阴,朕刘熊碑	勝 走
湿	濕	濕	濕岳	濕濕濕 马	濕韩勑碑阴,濕孙叔敖碑	
实	實	實	睡、实龙拏、实里	實實實 马	賓孔彪碑,賓尹宙碑,賓无极山碑,賓熹·仪礼·既夕,賓平舆令薛君碑,賓孙叔敖碑	楼
适	適	適	適適適睡、適里	適適 马	適袁良碑,適杨震碑	適楼
势	勢	勢			勢郭辅碑,勢雍劝阙碑,勢高彪碑	

续表

简体	繁体	小篆	秦简/牍	西汉简	东汉魏晋碑刻/简	魏晋简、残书
兽	獸	獸	睡、龙牍	马	石经论语残碑、唐公房碑、无极山碑、桐柏庙碑、魏受禅表、公山碑	走、奇楼
书	書	書	睡、岳、秦、周、里	马	夏承碑、北海相景君铭、书·公羊·僬廿八年、熹	走、奇楼
术	術	術	周、岳	卫、术 马、北	唐公房碑、北海相景君铭、衡方碑	—
树	樹	樹	周、里	马 北	熹景北海碑阴	—
帅	帥	帥	睡	—	刘熊碑、孔彪碑、灵台碑	冲、走
松	鬆	鬆	里	—	—	—
苏	蘇	蘇	里	马、北	华山庙碑、熹·易·晨、徐氏纪产碑	走、奇楼
	囌					
虽	雖	雖	放牍、睡、龙牍、里	马	史晨表铭、张迁碑·易·坤文言、赵宽碑、熹	楼

续表

简体	繁体	小篆	秦简/牍	西汉简	东汉魏晋碑刻/简	魏晋简、残书
随	隨	（篆）	（睡、睾）	（马）	隨 尹宙碑、隨 老子铭、隨 杨君石门颂、隨 周憬功勋铭、隨 陈球后碑、遀 高彪碑、遀 论语·微子	（楼）
啬	嗇	（篆）	（睡、里）	（马）	啬 曹全碑阴、啬 张迁碑、啬 熹·诗、啬 桑柔	（楼）
杀	殺	（篆）	（睡、龙辈、北）	（马、北）	殺 石经论语残碑、殺 樊敏碑、殺 宣六年、殺 武梁祠堂画像、杀 孙叔敖碑·公羊	（楼）
审	審	（篆）	（里、睡、岳）	（马）	審 史晨奏铭、審 郙阁颂	（走、楼）
圣	聖	（篆）	（睡、岳）	（马）	聖 孔龢碑、聖 韩劫碑、聖 桐柏庙碑、聖 景北海碑阴、聖 熹·易·说卦	（楼）
师	師	（篆）	（睡、北）	（马、北）	師 老子铭、師 尹宙碑、師 熹·春秋、師 甘六年、師 韩劫碑、師 鲁峻碑、師 衡方碑	（涪、走、楼）

243

续表

简体	繁体	小篆	秦简/牍	西汉简	东汉魏晋碑刻/简	魏晋简、残书
时	時	旹	青川牍、睡、岳、龙、周、沱、里	马、北	孔宙碑、孔龢碑、曹全碑、景、易·乾、曾无极山碑	楼
寿	壽		睡、岳、周、刘、里	马	韩勅碑、北海相景君铭、鲁、吴、鲁峻碑阴、尹宙碑、樊安碑、仲山碑、羊窦道碑、吴	
属	屬		睡、岳、睡、掌、里	马	华山亭碑、帝尧碑、曹全碑、尧庙碑、西狭颂、杨统碑、刘宽碑阴、桐柏庙碑	冯、走
双	雙	雙		马	武荣碑	
肃	肅	肅	岳	马	华山庙碑、夏承碑、尹宙碑、桐柏庙碑、张纳功德叙	
岁	歲	歲	里、岳、周	马	华山庙碑、白石神君碑、曹全碑、郑固碑、张迁碑、郙阁颂	走、楼

续表

简体	繁体	小篆	秦简/牍	西汉简	东汉魏晋碑刻/简	魏晋简、残书
孙	孫	㷗	放、睡、里	马、北	孙 景北海碑阴、孙 孔龢碑、孙 尹宙碑、孙 校官碑、孙 张迁碑、孙 熹·春秋·襄廿九年	走、楼
台	臺、檯、颱	臺、圂	里	马、北	臺 尹宙碑、臺 景北海碑阴、臺 韩勑碑	楼、
态	態	㦤			态 武梁祠堂画像	
坛	壇	壇		马	坛 桐柏庙碑、坛 白石神君碑、坛 帝尧碑、坛 郑固碑、坛 华山庙碑	
叹	歎	歎			叹 尹宙碑、叹 韩勑碑、叹 孔羡碑、叹 魏李翊夫人碑、叹 石门颂、叹 史晨奏铭	楼
誊	謄	謄	里			

245

续表

简体	繁体	小篆	秦简/牍	西汉简	东汉魏晋碑刻/简	魏晋简、残书
体	體	體	睡、睡、睪周、里		繁阳令杨君碑、體、易·坤文言、賨鲁峻碑、北海相景君铭、尧庙碑、張迁碑、无极山碑	楼
枲	糶	糶	睡、睪里	马		楼
铁	鐵	鐵	睡、睡、岳、周、里	马	羊窦道碑	楼
听	聽	聽	睡、睪里	马	白石神君碑、樊安碑、孔、三公山碑、无极山碑、灵台碑、易·说卦	楼
厅	聽	頭跫	周	马	孔龢碑、韩勑碑	头、走、颓　诣楼
头	頭					
图	圖	圖	睡、里	马	韩勑碑、鲁峻碑、刘熊碑、尧庙碑、北海相景君铭、尧帝尧碑、书·大诰	圈楼

续表

简体	繁体	小篆	秦简/牍	西汉简	东汉魏晋碑刻/简	魏晋简、残书
涂	塗	塗		埵鲞马	塗李翕夫人碑、塗史晨后碑、塗石门颂、塗孙叔敖碑、塗隶·易·暌	
团	團	團				
椭	橢	橢				
条	條	條		條北	條白石神君碑、條复民租碑、條陈球碑	陈楼
洼	漥	漥				
袜	襪					
网	網	網		鞬马	図三公山碑、図蔡湛颂、図曹全碑、尸张寿碑	
卫	衞	襟	斜衡睡	衞衡马、衞北	衛孔宙碑阴、衛刘曜碑、衛周憬功勋铭、衛北海相景君铭、衞熹春秋·憙廿六年、衞西狭颂、衞魏孔羡碑	衞楼

247

续表

简体	繁体字	小篆	秦简/牍	西汉简	东汉魏晋碑刻/简	魏晋简、残书
稳	穩	穩	睡、龙辇、里	马		
务	務	務		马	務张迁碑、務魏上尊号奏、務衡方碑、務尧庙碑	楼
雾	霧	霧		北	霧魏孔羡碑	
万	萬	萬	睡、岳、里	马	萬曹全碑、萬华山庙碑、萬尹宙碑、萬北海相景君铭、萬尧庙碑、萬易·说丰	萬走、萬楼
为	爲	爲	睡、岳、龙、里	马	爲孔龢碑、爲夏承碑、爲白石神君碑、爲史晨奏铭、爲郙阁颂、爲张迁碑阴	爲走、爲飘、爲楼
韦	韋	韋	睡、岳、里	马	韋武荣碑、韋张迁碑阴	韋楼
乌	烏	烏	岳、周	马、里	烏郑固碑、烏李刚石室画像	
无	無	無	里	马、北	無袁良碑、無华山亭碑、無校官碑、無北海相景君铭、無白石神君碑、無白石神君碑、無孔龢碑	無走、無楼

续表

简体	繁体	小篆	秦简/牍	西汉简	东汉魏晋碑刻/简	魏晋简、残书
牺	犧	犧	里		犧白石神君庙碑、犧帝尧碑	
习	習	習	習睡、里	習马	習娄寿碑、習孔庙碑、習熹·易·坤文言	習走
系	係 繋	係 繋	係睡睾、係周、係岳里	像馅 马、馅北	係高彪碑、係张迁碑、易·随　繋孔龢碑、繋魏上尊号奏、繋北海相景君铭	
戏	戲	戲	馘睡睾、馘睡、岳、里	馘 馘 馣 馣 马、北	戲樊敏碑、戲武梁祠堂画像、戲石经尚书　韩勅碑、戲孙叔敖碑、戲圉令赵君碑残碑	
虾	蝦	蝦				
吓	嚇	嚇				
咸	鹹	鹹		北	石经尚书残碑	

续表

简体	繁体	小篆	秦简/隶	西汉简	东汉魏晋碑刻/简	魏晋简、残书
显	顯	顯	睡簋、里	马	孔宙碑、景北海碑阴、镇严发残碑、鲁峻碑、绥民校尉熊君碑	
宪	憲	憲	睡	马	灵台碑、孔彪碑、夏承碑、魏孔羡碑	
县	縣	縣	睡簋、龙岗、周、里	马、北	侯成碑、校官碑、曹全碑、孔宙碑、尧庙碑、张迁碑、王稚子阙	走、楼
响	響	響			刘宽碑、史晨奏铭	
向	嚮	嚮			刘熊碑、魏大飨记残碑	
协	協	協			刘熊碑、蔡湛颂、尧庙碑、范式碑	
胁	脅	脅		马	刘宽碑、鲜于璜碑	楼
亵	褻	褻				
脾	髀	髀		马	魏大飨碑、魏王基残碑	

续表

简体	繁体	小篆	秦简/牍	西汉简	东汉魏晋碑刻/简	魏晋简/残书
兴	興	詞	睡、睡、睡辈、里	马、北	北海相景君铭、韩勑两侧题名、张迁碑、尹宙碑、仪礼·乡饮酒	碑、楼
须	鬚					
悬	懸				魏上尊号奏	
选	選			马	孔龢碑	
旋	鏇					
献	獻	獸	睡、睡辈、里	马、北	费凤别碑、曹全碑阴、史晨后碑、张公神碑、李翊夫人碑、仪礼·聘礼	
乡	鄉	鄉	睡、周、龙辈、里	马	郑固碑、鲁峻碑阴、张迁碑、韩勑两侧题名、曹全碑、北海相景君铭、易·说卦	楼
写	寫	圓	睡、龙辈、里	马	谯敏碑、魏敬阮碑	楼

续表

简体	繁体	小篆	秦简/牍	西汉简	东汉魏晋碑刻/简	魏晋简、残书
寻	尋	尋	縛、掃 睡、畱 周	嚲嘷 马	尋 韩勑碑阴、尋 魏孔羡碑、尋 衡方碑	尋 走
压	壓	壓		壓 马	麻 繁阳令杨君碑	
盐	鹽	鹽	鹽 睡、鹽 睡、鹽 里	鹽 马	鹽 刘宽碑、鹽 武梁祠画像题字	
阳	陽	陽陽	贻 睡、掌、陽 睡、掌、陽陽 睡、岳、里	陽陽陽 马、北	陽 郑固碑、陽 孔龢碑、陽 韩勑碑阴、陽 校官碑、陽陽 韩勑碑、易、易·说卦	陽 汤走、隖 杨楼
养	養	養	養 睡、里	養養養 马	養 朱龟碑、養 史晨奏铭、養 尧庙碑、養 孙根碑	春 眷走
样	樣					
样	樣					
钥	鑰	鑰				

252

续表

简体	繁体	小篆	秦简/牍	西汉简	东汉魏晋碑刻/简	魏晋简、残书
药	藥	藥	藥、藥 里、藥 岳峯	藥 马、藥 北	藥 馥阮碑阴、藥 唐公房碑、樂 曹全碑	
爷	爺					
叶	葉	葉	葉 里、葉 葉 睡、葉 龙	葉 葉 马、葉 北	葉 繁阳令杨君碑、葉 夏承碑、葉 华山庙碑、葉 曹全碑、葉 熹·诗、鲍有苦叶	
医	醫	醫	醫 醫 睡	醫 醫 马、醫 北	醫 郙阁碑、醫 衡方碑	醫 楼
亿	億	億		億 马	億 谯敏碑、億 严訢碑、億 韩勑碑	億 走
忆	憶	憶				
应	應	應	應 睡、應 睡、應 應 里	應 應 應 马	應 夏承碑、應 史晨奏铭、應 尧庙碑、應 王孝渊碑	應 走、應 楼
痈	癰	癰	癰 睡峯、癰 周、癰 里	癰 马	癰 冯焕诏、癰 尧庙碑	
拥	擁	擁			擁 侯成碑、擁 曹真碑	
佣	傭	傭				

253

续表

简体	繁体	小篆	秦简/牍	西汉简	东汉魏晋碑刻/简	魏晋简/残书
踊	踴				踊夏堪碑	
忧	憂	憂	憂睡、憂岳、憂周	憂憂憂憂马	憂鲁峻碑、憂史晨奏铭、憂武荣碑、憂曹全碑、憂度尚碑、憂衡方碑、憂仲山碑、憂景·诗·小明	憂走、憂憂楼
优	優	優		優马	優·熹·诗、優·校记、優国令赵君碑、優武荣碑、優尹宙庙碑、優晁君碑	
邮	郵	郵	郵周、郵岳、郵周、郵里		郵夏承碑、郵邦季宣残碑阴、郵尹宙庙碑、郵曹全碑、郵武荣碑、郵韩勅碑阴、郵唐扶颂、郵孙根碑	郵軌楼
余	餘	餘	餘睡、餘岳、餘周、餘里	餘餘餘马、北	餘史晨奏铭、餘桐柏庙碑、餘曹全碑	餘走、餘、餘楼
御	禦	禦		御御御马	禦费凤碑、禦张纳功德叙、禦谷朗碑、禦吴谷朗碑、禦吴大猿碑	
吁	籲	籲				
郁	鬱	鬱	鬱睡、鬱睡	北	鬱周憬功勋铭、鬱魏上尊号奏	

254

续表

简体	繁体	小篆	秦简/牍	西汉简	东汉魏晋碑刻/简	魏晋简、残书
誉	譽		睡	马	孔宙碑、唐公房碑、熹·易·楚	
渊	淵		岳拳	马、北	孔宙碑阴、北海相景君铭、郙阁颂、曹全碑、淵熹	楼
园	園		睡、龙拳、里	马	北海碑阴、唐扶颂、鲁峻碑	走
远	遠		睡、放、龙拳、睡周、渊里	马	北海相景君铭、武荣碑、韩勅碑阴、桐柏庙颂、熹·诗·河广、曹全碑	走、远走、楼
愿	願		睡、放、睡周、里	马、北	杨统碑、熹夏承碑、唐公房碑、熹夏承碑、熹·乾文言	楼
跃	躍			北	张公神碑、熹夏承碑、熹·易	
运	運		里	北	魏孔羡碑、魏受禅表	走
酝	醞					走

255

续表

简体	繁体	小篆	秦简/牍	西汉简	东汉魏晋碑刻/简	魏晋简、残书
亚	亞	亞		马	亞史晨奏铭、亞费凤别碑	
严	嚴	嚴	睡	马	嚴唐扶颂、嚴灵台碑阴、嚴孔宙碑、嚴杨统碑、嚴繁阳令杨君碑、嚴孟孝琚碑	楼
厌	厭	厭	里	马、北	厭修华岳碑、厭娄寿碑	走
尧	堯	堯	岳	马、北	堯修华岳碑、堯帝尧碑、堯衡方碑、堯无极山碑	
业	業	業	岳	马	業郑固碑、業郙阁颂、業张纳功德叙、業唐扶颂、易·坤文言、易·蒙	走、楼
页	頁	頁			頁曹全碑阴	
义	義	義	里	马	義华山庙碑、義东海庙碑、義袁良碑、義鲁峻碑、易·蒙、易·说卦	走、楼
艺	藝	埶			埶王元宾碑、埶北海相景君铭、埶史晨奏铭、埶夏承碑、埶张表碑、埶丁鲂碑、埶尧庙碑、埶张寿碑	

续表

简体	繁体	小篆	秦简/牍	西汉简	东汉魏晋碑刻/简	魏晋简、残书
阴	陰	陰	周、里	马、北	陰 韩勑碑、桐柏庙碑、陰 武梁祠堂画像、陰 鲁峻碑、陰 韩勑碑两侧题名、陰 熹易坤	残楼
隐	隱	隱	睡、里	马、北	隐 熹·春秋、隐 老子铭、隱 元年、隱 敷阮神祠碑、隱 曹全碑、隱 衡方碑	
犹	猶	猶	睡、拳	马	猶 杨统碑、猶 白石神君碑、猶 华山庙碑、猶 张迁碑、猶 范式碑	楼
鱼	魚	魚	睡、岳、拳、龙、周、里	马、北	魚 孔宙碑阴、魚 熹·易、垢	走、楼
与	與	與	睡、岳、放、拳、龙、周、里	马、北	与 曹全碑、易、乾文言、与 韩勑碑、易、北海相景君铭、与 周憬功勋铭	走、5楼、楼
云	雲	雲	睡、拳、岳、龙	马、北	雲 曹全碑、雲 华山庙碑、雲 武梁、雲 何君阁道碑、雲 熹	

257

续表

简体	繁体	小篆	秦简/牍	西汉简	东汉魏晋碑刻/简	魏晋简、残书
杂	雜	雜	睡、剏睡	马	孔龢碑、魏孔宙碑	东走、楼
眦	眦					
脏	臟 髒					
酱	醬	醬	睡、睡牍	马	周公礼殿记、鄐阁颂、石门颂、张公神碑	
寨	寨	寨	岳牍、睡牍	马、北	华芳墓志	
灶	竈	竈	睡、岳、里	马		
斋	齋	齋		居延甲九二零	华山亭碑、武梁祠画像题字	
毡	氈	氈	周、里			
戕	戕	戕	睡、周、里	马	周公礼殿记、曹全碑、井道碑、魏王基残碑	执走、残楼

258

续表

简体	繁体	小篆	秦简/隶	西汉简	东汉魏晋碑刻/简	魏晋简、残书
赵	趙		里、放肆、封睡	马	尹宙碑、冯绲碑、韩勑碑阴、杨君石门颂、曹全碑阴	走、楼
折	摺					走
这	造		走			信走
征	徵		睡、岳、里	马	熹·书·尧典、鲁峻碑、北海相景君铭、史晨奏铭	楼
症	癥					
证	證				孔耽神祠碑	
只	隻			马	吴仲山碑	
致	緻				武梁祠堂画像、桐柏庙碑、杨震碑	
制	製					

259

续表

简体	繁体	小篆	秦简/牍	西汉简	东汉魏晋碑刻/简	魏晋简、残书
钟	鐘	鐘/鑞	睡墓、岳	马	金重杨著碑、金重繁阳令杨君碑、金重张纳碑	睡唾 走
	鍾	鑞			金重夏承碑、金重韩勑碑、金重郑固碑 校官	
肿	腫	腄		馗彊 马		睡唾 走
种	種	牖	睡墓、嵌里 岳		種衡方碑、種张迁碑、種武祠画像题字	僥 走、蝩 程楼
众	眔	眤	眾罘 睡墓、岳岳里	眾罘罘 马	眔校官碑、眔桐柏庙碑、眔熹·公羊·宣六年	衆 楼
昼	畫	畫	睡墓、更岳墓、里	畫畫畫 马	畫桐柏庙碑、畫淮源庙碑	
朱	硃	硃			小蜀朱龟碑、爛熹	
烛	燭	燘	糟周	爛焗 马、螺 北		
筑	築	頼	瑂放墓、築墓	築築	築周公礼殿记、築熹·仪礼·既夕、築熹·春秋·昭九年、築魏受禅表	

续表

简体	繁体	小篆	秦简/隶	西汉简	东汉魏晋碑刻/简	魏晋简、残书
庄	莊		里、睡	马、北	武梁祠堂画像、孙叔敖碑、郭究碑、严訢碑	走
桩	樁					
妆	粧			马		
装	裝					
壮	壯		里	马	周憬功勋铭、度尚碑、熹・易・杂卦	
状	狀		睡簟、岳簟、滕女、揪里	马	复民租碑、孔龢碑	
准	準			北	桐柏庙碑	
浊	濁			马	修华岳碑、熹・诗・小雅・谷风、三・孙叔敖碑	
总	總		睡	马、北	华山亭碑、樊敏碑	
钻	鑽			马	费凤碑、武荣碑	

续表

简体	繁体	小篆	秦简/牍	西汉简	东汉魏晋碑刻/简	魏晋简、残书
郑	鄭	鄭	睡、周、岳、隶里	马、北	鄭·熹、鄭·僖十一年、鄭韩勑碑两侧题名、鄭张公神碑、鄭唐公房碑、鄭郑子真舍宅残碑	走
执	執	執	睡、放、隶里	马、北	執侯成碑、執夏承碑、執尹宙碑、執石经论语残碑、執史晨后碑、執绥民校尉熊君碑、執武荣碑	
质	質	質	睡、岳、龙辈、隶里	马	質校官碑、質北海相景君铭、質武梁祠画像题字	質走、質楼
专	專	專		马	專孙叔敖碑、專韩勑后碑	專走

附录二　482 简化字楷体俗体字形表

说明：

1. 本表所列字头按音序排列，同一声母中按《简化字总表》第一表、第二表的先后顺序进行排列。

2. 本表所选字形均采用扫描切图录入，部分字形模糊或残缺的以摹本代替并注明。

3. 每一字形下注明材料出处，但受篇幅限制，只注明来源于哪些材料。

4. 所选材料简称、全称及材料来源等具体情况如下：

吐鲁番文书：《吐鲁番出土文书》。

敦煌文献：《敦煌俗字典》。

黑水城文献：《俄藏黑水城文献》（1～6 册），《英藏黑水城文献》。

宋元以来契约文书：《徽州文书俗字研究》下编。

附表 2　482 简化字楷体俗体字形表

字头	繁体	吐鲁番文献	敦煌文献	黑水城文献	徽州文书（宋元）	徽州文书（明清）	徽文（民国）
碍	礙		碍 寻	寻		寻寻	
肮	骯						
袄	襖		襖				
爱	愛	愛	爱 爱 爱	爱		爱爱爱爱	
坝	壩						
板	闆						
办	辦					办	
帮	幫		帮			帮帮	
宝	寶	寶	宝宝 宝	宝宝		宝宝宝	
报	報	敕报报	敕报报报	报		报	
币	幣		幣幣幣				
毙	斃		毙	毙			
标	標	標	摽摽 摽	摽摽			
表	錶						

续表

字头	繁体	吐鲁番文献	敦煌文献	黑水城文献	徽州文书（宋元）	徽州文书（明清）	徽文（民国）
别							
卜	蔔						
朴	樸	榊	補 楠	補 楠			
罢	罷	罷	罷 罷 罷	罷			
备	備	備 備 備 倫	備 備 庵	備 偝		備 備 偝	
贝	貝	貝	貝 貝 兜				
笔	筆	筆 筆 筆	筆 筆 笔	笔			
毕	畢	畢	畢	畢			
边	邊	邊 逸	逸 逸 迊 迋	迊 迋		边 逡 逸	边
宾	賓	賓	賓	賓	賓 賓		
才	纔			纔		纔 纔	
蚕	蠶	蠶 蠶 蚕	蠶 蠶 蠶	蠶 蠶		蚕	
灿	燦		燦	虹		灿	
层	層						

续表

字头	繁体	吐鲁番文献	敦煌文献	黑水城文献	徽州文书（宋元）	徽州文书（明清）	徽文（民国）
攃	攃		攃				
诼	譅		饒				
诼	饡					𡧃	
缠	纏		纏纏經	纏繩纏			
忏	懺		懴皷	懴			
偾	憤	憤					
厂	厰		厰厰	厰			
彻	徹	徹	徹徹	徹			
尘	塵	塵	塵塵坣	塵塵			
衬	襯		襯襯				
称	稱	稱稱	稱稱稱	稱稱		稱稱	
惩	懲		懲懲				
迟	遲		遲遲	遲遲		遲遲遲遲遲	

续表

字头	繁体	吐鲁番文献	敦煌文献	黑水城文献	徽州文书（宋元）	徽州文书（明清）	徽文（民国）
冲	衝						
丑	醜						
出	齣						
础	礎						
处	處						
触	觸						
辞	辭						
聪	聰						
从	叢						
参	參						
仓	倉						
产	產						

续表

字头	繁体	吐鲁番文献	敦煌文献	黑水城文献	徽州文书（宋元）	徽州文书（明清）	徽文（民国）
长	長						
尝	嘗						
车	車						
齿	齒						
虫	蟲						
刍	芻						
从	從						
鼠	鼠						
担	擔						
胆	膽						
导	導						
灯	燈						

续表

字头	繁体	吐鲁番文献	敦煌文献	黑水城文献	徽州文书（宋元）	徽州文书（明清）	徽文（民国）
邓	鄧		邓				
敌	敵	敌	敌				
余	餘	逺	馀馀	逺			
递	遞	逓		逓		递递递递	
点	點	点	点	点		㸃夹点	
淀	澱		㴱				
电	電		电				
冬	鼕		鼕				
斗	鬥	闘鬭	閗	鬪斗鬭	鬥闘鬧鬭	鬥闘鬧鬭	
卡	卡	卡卞	卡卞卡	卡			
独	獨	獨獨	獨獨			独	
吨	噸						
夺	奪	夺	夺夺夺				

269

续表

字头	繁体	吐鲁番文献	敦煌文献	黑水城文献	徽州文书（宋元）	徽州文书（明清）	徽文（民国）
堕	堕		隋隋				
达	達	達進達	達達迖	達達		达	
带	帶	帶帶帯	帶	帯帯		帯带	
单	單	單單單	單	軍單		單單單單單	
当	當	児	當當当当當	當		当	当
党	黨	堂堂堂	堂堂	黨		党	
东	東		東			东	
动	動	動動	動動動動			達	
断	斷	断断	断断断断	断断断		断斷断断	
对	對	對對	封對對封對	封封對		對对	
队	隊						
儿	兒	現兒	児兒	児			
尔	爾	尒爾	爾尒尒尒	尒尒		爾	

续表

字头	繁体	吐鲁番文献	敦煌文献	黑水城文献	徽州文书（宋元）	徽州文书（明清）	徽文（民国）
矾	礬						
范	範						
飞	飛	飞					
坟	墳						
奋	奮						
粪	糞						
凤	鳳						
肤	膚						
妇	婦						
复	復						
	複						

271

续表

字头	繁体	吐鲁番文献	敦煌文献	黑水城文献	徽州文书（宋元）	徽州文书（明清）	徽文（民国）
发	發	㧁	㧁㧁㧁㧁	㧁㧁		㧁	
丰	豐	豐	㧁㧁㧁	㧁		豐	
风	風		㧁㧁㧁㧁	㧁			
盖	蓋	㧁㧁㧁	㧁㧁㧁	㧁		㧁㧁	
干	幹		㧁	㧁		㧁	
干	乾	㧁	㧁㧁㧁㧁	㧁㧁			
赶	趕			㧁			
个	個			㧁		㧁㧁	
巩	鞏			㧁			
沟	溝		㧁㧁			㧁㧁	
购	購						
构	構		㧁㧁			㧁	

272

续表

字头	繁体	吐鲁番文献	敦煌文献	黑水城文献	徽州文书（宋元）	徽州文书（明清）	徽文（民国）
谷	穀						
顾	顧						
刮	颳						
关	關						
观	觀						
柜	櫃						
冈	岡						
广	廣						
归	歸						
龟	龜						
国	國						

续表

字头	繁体	吐鲁番文献	敦煌文献	黑水城文献	徽州文书（宋元）	徽州文书（明清）	徽文（民国）
过	過	過	過過過	過		过過	过
汉	漢	漢	漢	昜		汉	
号	號		号号	号		号號	
合	閤						
羹	轟						
后	後	後	後後後後	後		后後	
胡	鬍						
壶	壺		壺壺壺壺	壺		壶	
沪	滬						
护	護	護	護護護	護護護		扩护	
划	劃						

续表

字头	繁体	吐鲁番文献	敦煌文献	黑水城文献	徽州文书（宋元）	徽州文书（明清）	徽文（民国）
怀	懷						
坏	壞						
欢	歡						
环	環						
还	還						
回	迴						
伙	夥						
获	穫						
华	華						
画	畫						
汇	匯						

续表

字头	繁体	吐鲁番文献	敦煌文献	黑水城文献	徽州文书（宋元）	徽州文书（明清）	徽文（民国）
会	會						
击	擊						
鸡	雞						
积	積						
极	極						
际	際						
继	繼						
家	傢						
价	價						
艰	艱						
歼	殲						
茧	繭						
拣	揀						

276

续表

字头	繁体	吐鲁番文献	敦煌文献	黑水城文献	徽州文书（宋元）	徽州文书（明清）	徽文（民国）
硷	礆						
舰	艦		艦				
姜	薑		薑				
浆	漿		槳 槳	槳			
桨	槳						
奖	獎	奖		獎 獎			
讲	講		講 講 講				
酱	醬						
胶	膠	膠	膠 膠				
阶	階		階 階	階		土皆 石皆	
疗	癆		癆				
洁	潔		潔 潔 潔	潔			
借	藉		藉 藉				

续表

字头	繁体	吐鲁番文献	敦煌文献	黑水城文献	徽州文书（宋元）	徽州文书（明清）	徽文（民国）
仪	儀		仪				
惊	驚	惊 惊	惊	驚		驚	
竞	競	竞	竞 竞	竞			
旧	舊		舊 舊 舊	舊 舊		旧	
剧	劇		剧 剧				
据	據		据 据	拠		据 据 据 据 据 据 据	
惧	懼		惧 惧				
卷	捲					卷	
几	幾	几		几 几		几	
夹	夾		夹	夹 夹			
戋	戔						
监	監		监			监	

278

续表

字头	繁体	吐鲁番文献	敦煌文献	黑水城文献	徽州文书（宋元）	徽州文书（明清）	徽文（民国）
见	見		見				
荐	薦		荐				
将	將	将 将	將 将 将 揭	将 将		将	
节	節	節 节 節	節 節 節 節	即 莭		即	
尽	盡	盡 盡 盡	盡 盡 尽	盡 尽		尽 尽 尽	尽
进	進		进 進				
举	舉	举 举	舉 舉 举	举 举		举 举 举 举 举 举	举
开	開		開 開 開	開			
克	尅		尅 尅	尅			
垦	墾						
恳	懇		懇 懇	懇		恳	
夸	誇						

279

续表

字头	繁体	吐鲁番文献	敦煌文献	黑水城文献	徽州文书（宋元）	徽州文书（明清）	徽文（民国）
块	塊			塊			
亏	虧		虧虧虧	虧虧			
因	䁥						
壳	殼						
腊	臘	臘	臘臘	臘			
蜡	蠟		蠟蠟				
兰	蘭	蘭	蘭蘭	蘭		⺬	
栏	欄		欄欄				
拦	攔						
累	纍		纍	纍		纍	
全	壘	壘	壘	纍纍			
类	類	類	類類類	類			
里	裏		裏裏	裏		裏裏	裏裏

续表

字头	繁体	吐鲁番文献	敦煌文献	黑水城文献	徽州文书（宋元）	徽州文书（明清）	徽文（民国）
礼	禮	札礼礼礼	禮礼礼礼	礼		礼	
隶	隸		隸隸	隸			
帘	簾		簾簾				
联	聯		聯			聨丝	耳火
怜	憐		忴				
炼	煉			煉			
练	練		練				
粮	糧	糧糧	粮				
疗	療	疼	療療				
辽	遼		遼遼				
了	瞭						
猎	獵	猎	獵獵				
临	臨	臨	臨臨臨	南临临临		临	

续表

字头	繁体	吐鲁番文献	敦煌文献	黑水城文献	徽州文书（宋元）	徽州文书（明清）	徽文（民国）
邻	鄰		鄰隣	隣		隣隣	
岭	嶺						
庐	廬		廬廬嶐盧	盧		庐	
芦	蘆			蘆芦		芦	
炉	爐		爐爐爐	爐炉			
陆	陸	陸	陸陸				
驴	驢	驢驢	驢驢	驢		驴驴	
乱	亂	亂亂乱乱	乱乱乱乱乱乱	乱		乱乱乱	
籴	籴	籴籴籴	籴籴籴	籴		籴	
乐	樂	樂樂	樂樂樂樂	樂樂樂		樂	
离	離	離離	離離離離	離			
历	歷	歷歷	歷歷	歷		歷歷歷	
	曆	曆曆	曆曆	曆		曆	

续表

字头	繁体	吐鲁番文献	敦煌文献	黑水城文献	徽州文书（宋元）	徽州文书（明清）	徽文（民国）
丽	麗		麗			麗	
两	兩	两 两 両	兩 両			両 両 両	
灵	靈	霊 靈	霊 霊 靈 霊	霊		灵 霊	
刘	劉	劉 刘 刘	劉	劉 刘 刘 刘		刘	
龙	龍	龍 龍 龍 龍	龙 龙 龍 龍	龍 龍 龍 龍 龍 龍 龍 龍			
娄	婁	婁	婁	婁			
卢	盧	盧	盧	盧			
虏	虜		虜 虜 虜				
卤	鹵						
录	錄	録	録 録	録			
虑	慮	慮 慮	慮 慮	慮 慮			

续表

字头	繁体	吐鲁番文献	敦煌文献	黑水城文献	徽州文书（宋元）	徽州文书（明清）	徽文（民国）
仑	侖	侖		邬			
罗	羅	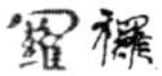 罗�074	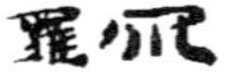 罗川兀				
么	厱	㲳㠌					
霉	黴						
蒙	矇						
	濛						
	懞						
梦	夢	梦	梦	 夢夢夢		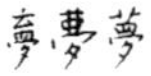 梦梦梦夢	
面	麵	麪	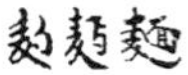 麪麪麵	麪		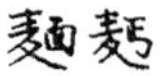 麪麪	
庙	廟		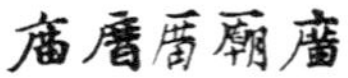 庙庙庙庙	庙		庙	
灭	滅		 減減灭	減			
麓	麓						

284

续表

字头	繁体	吐鲁番文献	敦煌文献	黑水城文献	徽州文书（宋元）	徽州文书（明清）	徽文（民国）
亩	畝						
马	馬						
买	買						
卖	賣						
麦	麥						
门	門						
电	電						
恼	惱						
脑	腦						
拟	擬						

续表

字头	繁体	吐鲁番文献	敦煌文献	黑水城文献	徽州文书（宋元）	徽州文书（明清）	徽文（民国）
酿	釀						
疟	瘧						
难	難						
鸟	鳥						
聂	聶						
宁	寧						
农	農						
盘	盤						
辟	闢						
苹	蘋						
凭	憑						
扑	撲						

续表

字头	繁体	吐鲁番文献	敦煌文献	黑水城文献	徽州文书（宋元）	徽州文书（明清）	徽文（民国）
仆	僕	㡥	僕 僕	㥩			
朴	樸		樸 樸			朴	
启	啓		啟 啓 啓 启				
签	籤						
千	韆						
牵	牽		牽 牽 牽	牽			
纤	纖		纎				
窍	竅		竅				
窃	竊	竊	竊 竊 竊	竊 竊		竊	
寝	寢	寢	寢 寢	寢		寢	
庆	慶		慶	慶		慶 慶	
琼	瓊		瓊 瓊			瓊	

287

续表

字头	繁体	吐鲁番文献	敦煌文献	黑水城文献	徽州文书（宋元）	徽州文书（明清）	徽文（民国）
秋	鞦						
曲	麯						
权	權	权	榷榷榷榷			权榷	
劝	勸	劝	劝劝	劝		劝又力危力	
确	確		确确			弓确确确确	
齐	齊	齐	齐齐齐多	齐齐		齐齐	
岂	豈		岂岂				
气	氣		氣氣氣气			气气	
迁	遷		遷遷		迁	迁迁遷遷	
佥	僉	佥	佥佥			佥	
乔	喬	乔	乔乔乔乔			乔	
亲	親		親親				
穷	窮						

288

续表

字头	繁体	吐鲁番文献	敦煌文献	黑水城文献	徽州文书（宋元）	徽州文书（明清）	徽文（民国）
区	區						
让	讓						
扰	擾						
热	熱						
认	認						
洒	灑						
伞	傘						
丧	喪						
扫	掃						
涩	澀						
晒	曬						
伤	傷						
舍	捨						

续表

字头	繁体	吐鲁番文献	敦煌文献	黑水城文献	徽州文书（宋元）	徽州文书（明清）	徽文（民国）
沈	潘						
声	聲	聲	聲聲聲聲	聲聲聲		声	
胜	勝	勝勝	胜朦	時			
湿	濕		濕逗	濕濕濕		逄	湿
实	實	實實	實實寄	寒		寒寒寒	寒
适	適		適			逄	
势	勢	勢	勢	勢勢		执扔	
兽	獸	獸	獸獸獸	獸獸			
书	書	書	書書書	書	書	书	
术	術		術	術			
树	樹		樹	樹		樹樹	
帅	帥						
松	鬆						

续表

字头	繁体	吐鲁番文献	敦煌文献	黑水城文献	徽州文书（宋元）	徽州文书（明清）	徽文（民国）
苏	蘇						
	穌						
虽	雖						
随	隨						随
啬	嗇						
杀	殺						
审	審						
圣	聖						
师	師						
时	時						
寿	壽						
属	屬						
双	雙						

291

续表

字头	繁体	吐鲁番文献	敦煌文献	黑水城文献	徽州文书（宋元）	徽州文书（明清）	徽文（民国）
肃	肅						
岁	歲						
孙	孫						
台	臺						
	檯						
	颱						
态	態						
坛	壇						
	罈						
叹	歎						
誊	謄						

292

续表

字头	繁体	吐鲁番文献	敦煌文献	黑水城文献	徽州文书（宋元）	徽州文书（明清）	徽文（民国）
体	體	体 軆	軆 軆 体	軆		体 軆 軆 軆 軆 軆 軆	
籴	糴	籴	糴	籴			
铁	鐵	鐡	鐡 鐵 鐵	鐡		鐡	
听	聽	聽	聽 聽 聰 耳聰	聽聰 聽		听 聽 聰	听
厅	廳	廳	頋 随 卪	卪		厅	
头	頭		頭 随 卪	卪		头	
图	圖	图 圖	圖 圗 圗 圓	圖		圖 圗 圗 圙 圙	圙
涂	塗	塗 塗	塗 塗 塗	塗 塗			
团	團	団 団					
楠	椭						
条	條	條	修 條 條			条	

续表

字头	繁体	吐鲁番文献	敦煌文献	黑水城文献	徽州文书（末元）	徽州文书（明清）	徽文（民国）
洼	漥	𣲷					
林	褸						
网	綱		銅 鋼 𱊷 剛 𥄂 䋞	𱊷			
卫	衛		偉 俻 衛 衛				
稳	穩		隐 隱 穩	穩		堻 𮣙	
务	務	㸤 務	路 務 務 務			務 務 務	
雾	霧		霧				
万	萬	萬 万	萬 萬 𠫤	万	万	万 萬 萬 萬	
为	鳥	𮮰 为 𮮰	为 为 𮮰 为	𮮰 𮮰 𮮰		为 𱍸 为	
韦	韋		韋				
乌	鳥		烏 烏 烏				

294

续表

字头	繁体	吐鲁番文献	敦煌文献	黑水城文献	徽州文书（宋元）	徽州文书（明清）	徽文（民国）
无	無						
牺	犧						
习	習						
系	係						
戏	戲						
虾	蝦						
吓	嚇						
咸	鹹						
显	顯						
宪	憲						
县	縣						

续表

字头	繁体	吐鲁番文献	敦煌文献	黑水城文献	徽州文书（宋元）	徽州文书（明清）	徽文（民国）
响	響		響				
向	嚮	協	協			嚮何	
协	協		協 叶			协	
胁	脅		脅				
衺	褻		褻				
衋	衋					衋	
兴	興	興	興	興		興	興
须	鬚		鬚 鬚 鬚	鬚			
悬	懸		懸 懸	懸			
选	選		選	選		選	
旋	鏇						
献	獻	獻	獻 獻 獻 獻	獻		獻 獻	
乡	鄉	鄉	鄉		鄉	鄉	

续表

字头	繁体	吐鲁番文献	敦煌文献	黑水城文献	徽州文书（宋元）	徽州文书（明清）	徽文（民国）
写	寫	寫寫	寫寫	寫寫		寫寫	
寻	尋	寻	寻寻				
压	壓	壓	壓懸壓壓壓	壓		壓	
盐	鹽	鹽鹽	鹽鹽鹽鹽	鹽鹽鹽		鹽	
阳	陽		陽陽	陽			
养	養	養	養養	養		養養養養養	
摒	攘		攘				
样	樣		樣			樣樣樣樣	
钥	鑰					鑰鑰	
药	藥		藥藥藥	藥		藥	
爷	爺			爺			
叶	葉	葉	葉葉葉葉	葉		葉葉	
医	醫	醫	醫醫醫醫醫	醫			

续表

字头	繁体	吐鲁番文献	敦煌文献	黑水城文献	徽州文书（宋元）	徽州文书（明清）	徽文（民国）
亿	億		悗				
忆	憶	慮	憶			憶	
应	應	薩 秦	癰 応 應	應		应 摩 癰 摩	
痈	癰		癰 摩	灘			
拥	擁		擁 擁				
佣	傭		傭				
踊	踴						
忧	憂		憂	憂		憂 憂 没 憂 憂	
优	優		優	優		優	
邮	郵		邦				
余	餘	餘	餘 慾	餘			
御	禦	禦	御 禦				
吁	籲						

298

续表

字头	繁体	吐鲁番文献	敦煌文献	黑水城文献	徽州文书（宋元）	徽州文书（明清）	徽文（民国）
郁	鬱		欝 欝 欝 欝				
誉	譽	渊	誉	誉			
渊	淵		渊 渊 渊 渊				
园	園		園 園 園		園 園 園		
远	遠	逺 逺	逺 逺	逺			
愿	願	願 願 願 願 願	願 願 願 願 願	願 願		願 願 願 願 願 願 願 願 願 願 願	愿
跃	躍		躍 躍 躍				
运	運						
酝	醞		醞				
亚	亞	亚	亚		亚	亚	
严	嚴	嚴 嚴	嚴 嚴 嚴	嚴		严 严 严	

续表

字头	繁体	吐鲁番文献	敦煌文献	黑水城文献	徽州文书（宋元）	徽州文书（明清）	徽文（民国）
厌	厭						
尧	堯						
业	業						
页	頁						
义	義						
艺	藝						
阴	陰						
隐	隱						
犹	猶						
鱼	魚						
与	與						

续表

字头	繁体	吐鲁番文献	敦煌文献	黑水城文献	徽州文书（宋元）	徽州文书（明清）	徽文（民国）
云	雲						
杂	雜						
脏	臟						
脏	臟						
髒	髒						
凿	鑿						
枣	棗						
灶	竈						
斋	齋						
毡	氈						
战	戰						
赵	趙						
折	摺						

续表

字头	繁体	吐鲁番文献	敦煌文献	黑水城文献	徽州文书（宋元）	徽州文书（明清）	徽文（民国）
这	造		造				
征	徵	徴	徴 徴 徴				
症	癥	瘣	瘣 瘣				
证	證		証 証（武周）			証仸正	
只	隻		隻	隻		隻	
纸	紙		秖	秖 秖			
致	緻						
制	製		製				
钟	鐘						
钟	鍾		鍾鍾				
肿	腫						
种	種		種				
众	衆	衆	衆 衆 衆 衆 衆	衆	衆 衆 衆	衆 衆 衆 衆 衆 衆	衆 衆

续表

字头	繁体	吐鲁番文献	敦煌文献	黑水城文献	徽州文书（宋元）	徽州文书（明清）	徽文（民国）
昼	晝		昼				
朱	硃						
烛	燭	燭	燭濁			火虫金燭	
筑	築		築築等				
庄	莊	庄	庄庄庄	庄庄		庄·庄话	
桩	樁		糚	桩			
妆	妝		粧粧			妆妆	
装	裝	装	装装	装			
壮	壯	壮壮	壮壮壮壮	壮			
状	狀	状	状状状状状	状		准	
准	準						
浊	濁		濁				

303

续表

字头	繁体	吐鲁番文献	敦煌文献	黑水城文献	徽州文书（宋元）	徽州文书（明清）	徽文（民国）
总	總	悤悤	穏悤惣搃惣	惣悤惣		惣搃惣惣惣惣惣	
钻	鑽		鑽				
郑	鄭		鄣郣			郢	
执	執	執悤執執	執執執執		扎	扎扎扎扠	
质	質			専		衙	
专	專	専専		専専	専専		